职业教育改革创新示范教材

Qiche ji Beijian Yingxiao

汽车及备件营销
（第 2 版）

彭小晴　江　薇　主　编
　　　　何本琼　副主编

人民交通出版社股份有限公司
China Communications Press Co.,Ltd.

内 容 提 要

本书是职业教育改革创新示范教材之一，主要内容包括汽车销售概述、汽车市场营销实务、汽车整车销售核心流程、汽车备件管理与营销、客户关系管理和汽车销售顾问的自我管理与提升。

本书可作为中等职业学校汽车运用与维修专业、汽车整车与配件营销专业的教材，也可供汽车维修及相关技术人员参考阅读。

图书在版编目(CIP)数据

汽车及备件营销 / 彭小晴，江薇主编. —2版. —北京：人民交通出版社股份有限公司，2019.11
职业教育改革创新示范教材
ISBN 978-7-114-15803-2

Ⅰ. ①汽… Ⅱ. ①彭… ②江… Ⅲ. ①汽车—市场营销学—中等专业学校—教材 ②汽车—配件—市场营销学—中等专业学校—教材　Ⅳ. ①F766

中国版本图书馆CIP数据核字(2019)第189181号

书　　　名：	汽车及备件营销（第2版）
著 作 者：	彭小晴　江　薇
责任编辑：	戴慧莉
责任校对：	刘　芹
责任印刷：	张　凯
出版发行：	人民交通出版社股份有限公司
地　　址：	(100011)北京市朝阳区安定门外外馆斜街3号
网　　址：	http://www.ccpress.com.cn
销售电话：	(010)59757973
总 经 销：	人民交通出版社股份有限公司发行部
经　　销：	各地新华书店
印　　刷：	北京市密东印刷有限公司
开　　本：	787×1092　1/16
印　　张：	14.25
字　　数：	323千
版　　次：	2012年4月　第1版
	2019年11月　第2版
印　　次：	2019年11月　第2版　第1次印刷　总第3次印刷
书　　号：	ISBN 978-7-114-15803-2
定　　价：	36.00元

(有印刷、装订质量问题的图书由本公司负责调换)

职业教育改革创新示范教材编委会

（排名不分先后）

主　　任：曹剑波（武汉市交通学校）

副 主 任：龚福明（武汉交通职业学院）

　　　　　曾　鑫（武汉软件工程职业学院）

　　　　　田哲文（武汉理工大学）

　　　　　许小兰（荆州市创业职业中等专业学校）

　　　　　周广春（武汉市交通学校）

委　　员：张宏立　何本琼　向志伟　杨　泽　张生强　罗　琼

　　　　　马生贵　蔡明清　易建红　向忠国　朱胜平　程　宽

　　　　　彭小晴　江　薇　杨　猛　易昌盛

　　　　　李和平（武汉市交通学校）

　　　　　董　蓉　杨晓炳　涂金林　杨寒蕊　何孝伟　张继芳

　　　　　覃绣锦　陈士旭　李　刚　汤进球　吕　晗

　　　　　胡　琼（荆州市创业职业中等专业学校）

　　　　　董劲松（武汉市第三职教中心）

　　　　　孟范辉　弓建海　李　奇　许家忠

　　　　　魏　超（张家口机械工业学校）

　　　　　朱　岸（武汉市机电工程学校）

　　　　　高元伟（辽宁省交通高等专科学校）

　　　　　雷小平（武汉市第二轻工业学校）

　　　　　李　丹（湖北科技职业学院）

第2版前言 / FOREWORD

本套"职业教育改革创新示范教材",自2012年首次出版以来,多次重印,被全国多所中等职业院校选为汽车运用与维修专业教学用书,受到了广大师生的好评。

为了体现现代职业教育理念,贴近汽车运用与维修专业实际教学目标,促进"教、学、做"更好地结合,突出对学生技能的培养,使之成为技能型人才,2018年8月,人民交通出版社股份有限公司吸收教材使用院校的意见和建议,组织相关老师,经过充分研究和讨论,确定了修订方案,对本套教材进行了修订。

根据教学需求,本套教材将第一版的12个品种进行整合,形成第2版的10个品种,其中将《汽车发动机机械维修》与《汽车发动机电控系统维修》整合为《汽车发动机构造与维修》,《汽车传动系统维修》《汽车制动系统维修》《汽车行驶系统与转向系统维修》整合为《汽车底盘构造与维修》,《汽车车身维修技术》拆分为《汽车车身及附属设备》与《汽车钣金维修》,《汽车涂装工艺》与《汽车涂装工艺工作页》合并为《汽车涂装工艺》。教材修订后,在结构和内容上与教学内容更加吻合,更注重对学生实践能力的培养。

《汽车及备件营销》的修订工作,就是在本书第1版的基础上吸收了教材使用院校教师的意见和建议,在会议确定的修订方案指导下完成的。教材的修订内容主要在以下几个方面:

(1)删掉第二章汽车销售服务礼仪;
(2)增加"汽车市场营销实务"为第二章内容;
(3)将第三章至第四章合并修改为第三章汽车整车销售核心流程;
(4)将第四章客户的跟踪与管理修改为第五章客户关系管理。

本书由武汉市交通学校的彭小晴、江薇担任主编,武汉市交通学校的何本琼担任副主编。

限于编者水平,书中难免有疏漏和错误之处,恳请广大读者提出宝贵建议,以便进一步修改和完善。

职业教育改革创新示范教材编委会

2019 年 2 月

目录 CONTENTS

第一章　汽车销售概述

第一节　顾问式汽车销售概述 …………………………………………… 1
第二节　汽车销售岗位概述 ……………………………………………… 12
第三节　汽车销售流程概述 ……………………………………………… 16

第二章　汽车市场营销实务

第一节　汽车市场营销基础 ……………………………………………… 20
第二节　汽车消费者购买行为分析 ……………………………………… 30
第三节　汽车市场营销策划 ……………………………………………… 41
第四节　汽车市场营销策略 ……………………………………………… 49

第三章　汽车整车销售核心流程

第一节　客户接待 ………………………………………………………… 68
第二节　需求分析 ………………………………………………………… 79
第三节　新车介绍 ………………………………………………………… 99
第四节　试乘试驾 ………………………………………………………… 123
第五节　报价成交 ………………………………………………………… 130
第六节　车辆交付 ………………………………………………………… 141
第七节　售后跟踪 ………………………………………………………… 150

第四章　汽车备件管理与营销

第一节　汽车备件管理与营销概述 ……………………………………… 157
第二节　汽车备件常识 …………………………………………………… 158
第三节　汽车备件管理 …………………………………………………… 165
第四节　汽车备件营销 …………………………………………………… 172
第五节　汽车备件管理系统 ……………………………………………… 175

第五章　客户关系管理

第一节　客户关系管理概述 …………………………………………………… 181
第二节　客户开发与管理 ……………………………………………………… 186
第三节　客户关系管理系统 …………………………………………………… 194

第六章　汽车销售顾问的自我管理与提升

第一节　汽车销售顾问的职业道德 …………………………………………… 199
第二节　汽车销售顾问的自我管理与成长 …………………………………… 202
第三节　汽车销售顾问的职业生涯规划 ……………………………………… 208

参考文献

第一章 汽车销售概述

学习目标

通过本章的学习,你应能:
1. 理解顾问式汽车销售的概念;
2. 认识汽车销售岗位的基本内容;
3. 知道汽车销售的基本过程。

世界上许多优秀的销售大师销售的第一个产品都是汽车,如美国的顶尖销售大师齐格勒,日本的国家级销售高手本田村木,欧洲的保险销售专家德莱美隆,他们都是国家级荣誉的获得者。如果一个国家没有销售人员,它就不是商业化的现代社会的国家。这些专家一致认为,如果一个销售人员可以将汽车销售好,那么世界上就没有什么东西是他销售不好的了。

可见,销售汽车并不是一件简单的事情。销售面对的是完全不同的客户,这些客户在不同时间和不同状态下,会有不同的需求和表现。作为销售高手,既要满足客户的需求,又要达到销售的目的;既要让不同层次的客户满意,又要为公司赢得利润。

第一节 顾问式汽车销售概述

销售不是在向客户卖车,而是在帮客户买车。顾问式销售,顾名思义就是站在专业角度和客户利益角度提供专业意见和解决方案以及增值服务,使客户能作出对产品或服务的正确选择并发挥其价值,在顾问式销售过程中,建立起客户对产品或服务的品牌提供者的感情以及忠诚度,有利于进一步开展关系销售,达到较长期稳定的合作关系,从而能形成独具客户信赖的市场竞争力。

为了更好地理解顾问式销售,下面我们通过一个故事来进行说明。

一条街上有三家水果店。一天,有位老太太进了第一家店来买水果,问:"有杏子卖吗?"店主说:"老太太,买杏子啊?您看我这杏子又大又甜,刚进的货,新鲜得很呢!"没想到老太太一听,竟扭头走了。店主纳闷着想,哎,奇怪啊,我哪里做得不对得罪老太太了(第一家店的营业员刚一介绍,老太太扭头就走,所以第一家店一斤杏子也没卖出)?

老太太接着来到第二家水果店,同样问:"有杏子卖吗?"第二位店主热情地说:"老太太,您要买杏子啊,我这里杏子有酸的也有甜的,那您是想买酸的还是想买甜的呀?""我想买一斤酸杏子",老太太说。于是,老太太买了一斤酸杏子就回去了(第二家店卖出了一斤)。

第二天,老太太又来到这条街,道路对面的第三位店主马上迎上去,把老太太接到店里:"老太太您好,今天还是买酸杏子吗?"老太太说:"是啊。"店主在给老太太秤杏子时问道:"在我这买杏子的人一般都喜欢甜的,可您为什么要买酸的呢?""哈哈,最近我儿媳妇怀上孩子啦,特别喜欢吃酸杏子。""哎呀!那要特别恭喜您老人家快要抱孙子了!有您这样会照顾儿媳妇的婆婆,可真是您儿媳妇的福分啊!""嗯,怀孕期间最要紧的当然是吃好、胃口好、营养好啊!""是啊,怀孕期间的营养是非常关键的,要多补充些高蛋白的食物,多吃些维生素丰富的水果,生下的宝宝会更聪明些!""是啊!那哪种水果含的维生素更丰富些呢?""猕猴桃含维生素最丰富!""那你这有猕猴桃卖吗?""当然有,您看我这进口的猕猴桃,个儿大汁多,含维生素多,您要不先买一斤回去给您儿媳妇尝尝!"这样,老太太不仅买了一斤杏子,还买了一斤进口的猕猴桃,而且以后几乎每隔一两天就要来这家店里买各种水果(第三家店不仅卖出了杏子还卖出了猕猴桃,并且让老太太成为店里常客)。

这三家水果店的店主代表了三种不同的销售人员,第一个店主是王婆卖瓜式销售,只是告诉客户自己产品的特点,而不了解客户需要什么;第二个店主懂得通过简单的提问找出客户的一般需要;而第三个店主不仅了解和满足了客户的一般需求,而且还挖掘了客户的深层次需求,在这个阶段,销售人员从销售员的角色转向作客户信赖的顾问,帮助客户分析问题解决问题,获得客户的信任。顾问式销售的特点是深入了解产品的特点,能够挖掘出客户的深层次需求,能够将产品的特性转化成客户感兴趣的好处与利益。

目标和愿望决定了客户遇到的问题和挑战,客户有了问题和挑战就要寻找解决方案,解决方案包含需要购买的产品和服务以及对产品和服务的要求,这几个要素合在一起就是需求。客户要买的产品和购买指标是表面需求,客户遇到的问题才是深层次的潜在需求,如果问题不严重或者不急迫,客户是不会花钱的。因此,潜在需求就是客户的燃眉之急,任何购买背后都有客户的燃眉之急,这是销售核心的出发点,而潜在需求产生将会决定表面需求。所以,顾问式销售的核心是把握客户的需求,帮助客户找到深层次的潜在需求,并且满足其深层次的需求。顾问式销售过程如图1-1所示。

| 寻找客户需求 | ➡ | 满足客户需求 | ➡ | 达成双赢目标 | ➡ | 创造忠诚客户 |

图1-1 顾问式销售过程

一、顾问式汽车销售

1 传统的汽车销售

在传统的汽车销售中,由于市场和消费者的不成熟,销售的竞争往往是价格的恶性竞争,销售过程关注更多的是产品 Product、价格 Price、渠道 Place、促销 Promotion(以下简称"4P"),汽车销售只是卖出汽车或服务换取报酬,没有关注客户的真实需求,汽车销售人员的兴奋点在所销售的汽车产品上,强调的是销售人员和企业的盈利,忽视了销售过程中对客户的服务,也忽视了客户的利益,这种销售我们称为传统汽车销售。随着市场竞争的加剧,这种销售方式和销售理念将逐渐淡出,取而代之的是顾问式汽车销售。

2 顾问式汽车销售

实际上,销售顾问不是向客户销售车辆,而是帮客户选择购买车辆,客户花钱买的不单是汽车本身,而是汽车带给他们的好处,同时还更在意购买汽车产品过程中所享受到的服务。随着汽车销售市场和消费者的不断成熟,汽车销售也由 4P 观念转向 4C 观念(客户需求 Customer-need、成本 Cost、便利性 Convenience、与客户的沟通 Communication),汽车市场的竞争也由价格竞争转向服务的竞争。现在,汽车销售是在满足客户需求的基础上进行的,根据客户需求,提供汽车产品及服务换取应得的报酬,同时让客户在购买汽车的过程中感到满意,实现客户与汽车销售企业的双赢。这种销售,我们称为顾问式汽车销售。顾问式汽车销售的前提是要发现客户的潜在需求,并通过汽车销售过程中的服务满足客户的这些需求,最终创造企业、销售人员、客户的共赢局面。

3 顾问式销售与传统销售的差异

顾问式销售与传统销售的差异如图1-2所示。

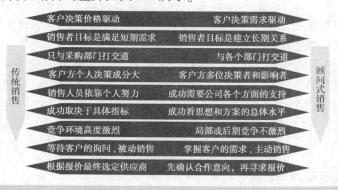

图1-2 顾问式销售与传统销售的差异

顾问式销售与传统销售流程对比如图1-3所示。

从图1-3中不难看出,顾问式销售与传统式销售所用的销售流程都是一样的,所不同的是,销售人员在每个阶段所用的时间和耗费的精力比例不同。顾问式销售注重的是前期准备工作,包括销售资料、名片及销售工具的准备,并尽可能多的收集客户方面的资料。顾问式销售重视客户需求的了解与分析,做到满足客户需求,排除客户异议,帮助客户选择最适合的产品。在这种销售模式下,由于前期工作的充分到位,从而大大减少了在议价成交阶段所耗费的时间和精力,使销售顾问更容易与客户达成协议。所以,顾问式销售最重要的目的在于强化销售流程,提升销售成交比例。

随着市场和消费者的逐渐成熟,企业已经从恶性的价格竞争转变到良性的服务竞争(图1-4)。传统销售理论认为,客户是上帝,好产品就是性能好、价格低,服务是为了更好地卖出产品;而顾问式销售认为,客户是朋友,是与销售者存在共同利益的群体,好产品是客户真正需求,服务本身就是为了与客户达成沟通。可以看出,顾问式销售将销售者定位在客户的朋友、销售者和顾问三个角色上。因此,如何扮演好这三种角色,是实现顾问式销售的关键所在。

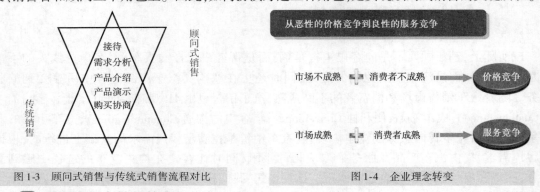

图1-3 顾问式销售与传统式销售流程对比　　　图1-4 企业理念转变

4 顾问式汽车销售的特征

从顾问式销售活动的过程来看,具有以下四个突出特征。

(1)权威性。新型的顾问式销售模式要求顾问式销售人员即销售顾问拥有丰富的汽车知识和投资理念,从而使客户得到的建议更具有权威性,进而得到客户的信赖。

(2)咨询说服性。通过提供汽车技术咨询来说服客户是顾问式汽车销售的重要手段,也是顾问式汽车销售的核心。汽车销售顾问要运用自己所掌握的汽车技术知识,运用销售技巧劝说客户,促使客户接受汽车销售顾问的观点。

(3)双向性。汽车销售顾问需要与客户进行信息沟通和情感交流,同时还要向客户提供诸如汽车咨询、代理赔付、购买保险等其他售后服务,从而与客户建立双向的长期关系。

(4)互利性。汽车销售顾问必须首先取得客户的信任,引起客户的兴趣,客户才会接受销售顾问所推荐的汽车。要想引起客户的兴趣,必须让客户感知到购买销售顾问建议的汽车是很适合自己的。

5 顾问式汽车销售的意义

作为现代营销观念的典型代表,顾问式销售有着现代营销观念的很多特征。现代营销强调买方需求,即通过产品与创意,传递产品和与产品有关的所有事情,来满足客户需要。而顾问式销售的出发点也在于客户的需求,其终结点在于对客户信息研究、反馈和处理。在销售过程中,经销商在厂商和用户中起到桥梁作用,实现信息流的有效传递,一方面将厂商信息有效地传递给客户,另一方面,经销商作为产品流通中最接近消费者的一个环节,最了解客户需求,应该实现对客户需求的有效收集和及时地反馈给厂商。

一般说来,顾问式销售给客户带来最大的好处就是使客户在收集信息、评估选择和购买决定这三个过程中得到一个顾问,从而减少购买支出;同时,通过面对面的感情直接交流,给客户带来情感收入。顾问式销售给企业带来的利益在于能够最大限度地引起客户的消费需求,增加企业销售机会;同时,让客户产生好的购后反应。"一个满意的客户是企业最好的广告。"因此,满意的客户群能够促进企业的长期发展。顾问式销售使企业和客户之间建立了双赢的销售关系。

顾问式销售贯穿于销售活动的整个过程。顾问式销售不是着眼于一次合同的订立,而是长期关系的建立。顾问式销售在实务中的应用,不仅要求销售人员能够始终贯彻以客户利益为中心的原则,而且要求销售人员坚持感情投入,适当让利于客户。这样,一定能够达到双赢效果,使公司的发展得到良性循环。

作为现代营销的最先进理念,开展顾问式销售对专业的销售人员也提出了一定的要求。对销售人员来说,销售就是一种职业,是一种做人的挑战,是一种激烈的竞争,是一种自我管理,所以,专业的销售人员在力量、灵活性及耐力等方面要具有较高的素质。

二、汽车销售的三大要素

汽车销售的三个要素是客户对汽车产品及服务的信心、客户对汽车产品及服务的需求、客户是否具备购买力,我们将其概括为信心、需求、购买力(图1-5)。

客户只有有了需求,才会考虑购买相应的产品和享受相应的服务。有了需求后,还要考虑对产品和服务的信心。有了需求但没有对产品和服务的信心,同样不会有购买意愿。有了需求和信心后,如果没有足够的购买力,同样不能购买产品和享受服务,也就不会产生销售。所以,构成销售的三个要素缺一不可。在汽车销售的过程中,销售人员的主要工作就是挖掘和创造客户的需求,同时建立客户对汽车产品及服务的信心,进而促使客户购买,最终达成汽车销售的完成。

比如一位家长因接送孩子上学的需要考虑购买一辆汽车(需求),他首先会根据自己的经济情况(购买力)确定所购买车辆的价格区间,然后会根据自己掌握的信息考虑汽车的品牌和在哪家4S店购买(对产品和企业的信心)。在汽车销售的这三个要素当中,汽车销售人员能够影响的往往是客户购买的信心和挖掘客户真实的需求,而对于购买力的影响往往作用较小。

图1-5 汽车销售三个要素

1 信心

信心是属于我们要控制的范围。客户对产品的信心往往建立在产品本身、品牌、企业信誉、服务人员等因素上。所以企业和汽车销售人员最需要做的就是建立客户对产品的信心，否则客户就不会购买我们品牌的车辆，或者不通过我们店的销售人员购买。

2 需求

需求是属于我们能有影响的范围。客户的需求分为感性需求、理性需求、主动需求、次要需求等。客户表面上告诉我们的需求，往往是他本人真实需求的一部分。所以挖掘客户的真实需求，对客户进行需求分析，帮助客户购买到真正符合他的汽车产品，也是汽车销售人员的专业职能所在。据调查，大多数客户是不知道自己的真实需求的，他们购买汽车产品的决定感性需求占的比例很大。所以汽车销售人员要学会创造客户的需求并分析客户的需求，帮助客户一起分析购车的用途、用车的成本、购买后给客户带来的价值等因素，体现汽车销售人员作为销售顾问的价值，帮助客户买到真正称心如意的汽车。

3 购买力

购买力是我们要注意关心的范围。客户的购买力取决于他的"决定权"和"使用权"。汽车销售的完成，一定要看客户的购买力，要帮客户一起分析他的购买力。同时让客户去影响共同决定购买力的人或者建议客户采用汽车贷款和汽车金融、汽车置换的方式提前消费汽车。

三 顾问式汽车销售服务需要具备的工作理念

理念可以指导工作，理念可以帮助摆正工作心态，作为一名汽车销售顾问，应该具备哪些先进的工作理念呢？汽车经销店的利润来源于销售和售后，不论是售前还是售后，汽车销售顾问无时无刻不在经历销售自己、销售服务、销售公司、销售品牌的各个过程中。因此，汽车销售人员在与客户接触的各个关键点，应全力提高客户的满意度，取得客户的信赖，发现潜在客户的需求并满足这些需求，创造双赢的局面，这就是商家倡导的"客户关怀"的顾问式销售理念（图1-6）。

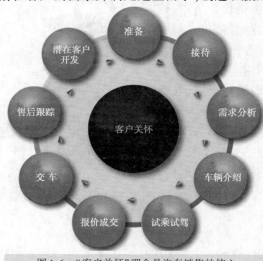

图1-6 "客户关怀"理念是汽车销售的核心

通过前面的分析发现，顾问式汽车销售更关注客户的需求和满足客户的需求，强调销售过程的服务和让客户满意。客户满意（Customer Satisfaction）是评价销售活动质量的尺度，销售人员应与客户建立良好的关系，不断扩大自己的销售业务，高质量的产品和高质量的销售服务是达成客户满意的关键因素。

越来越多的汽车销售企业设置了客户关怀专员这个岗位，客户满意度成为每个汽车品牌和厂家都在关注的一个工作指标，客户满意度的提升将会给企业带来极大的利润提升空间,因此,汽车销售人员一定要将提升客户满意度这个工作理念时刻放在自己的工作过程中。

客户满意度是"客户的期望"与"客户的实际体验"相对比的结果(表1-1)。它不是一个绝对值,而是一个相对值,客户满意度与客户期望和现实中客户所获得的现实体验有很大关系。客户满意度不是一个瞬间值,而是一项需要长期进行的管理工作,它只会在踏实的日常管理中不断提升。

客户满意度方程式　　　　　　　　　　　　　　　　表1-1

客户的期望 > 客户的实际体验	1. 感觉不满,转移阵地; 2. 经验积累,另寻他选
客户的期望 = 客户的实际体验	1. 无其他厂商,继续来往; 2. 寻找更满意的厂商; 3. 关系无法长久维持
客户的期望 < 客户的实际体验	1. 感觉满意,持续来往; 2. 经验积累,口碑形成

(一)客户满意度的"蝴蝶效应"

客户满意度已经贯穿到企业与客户接触的各个环节,会给企业带来直接的效益。

(1)100个高度满意品牌的客户会带来25个新客户,使企业实现直接成本最小化销售。

(2)每一个高度满意品牌的客户会与3~8人分享愉快经历,促进企业知名度、美誉度传播。

(3)获得一个新品牌客户的成本是保持一个高度满意品牌客户成本的5~8倍,企业应努力降低客户获取成本。

(4)每收到一次客户强烈抱怨及投诉就意味着有20名有同感的客户存在。

(5)96%的不满客户并不打算投诉,但这些不投诉的客户会把不满告诉8~10人。

(6)以客户为中心导向的公司利润比非以客户为中心导向的公司利润高出40%~60%。

(二)客户满意度的三个构成要素

客户满意度的三个构成要素如图1-7所示。

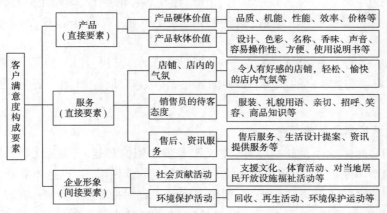

图1-7　客户满意度的三个构成要素

(三)客户满意度的提升

提升客户满意度,关键要转变观念,主要体现在以下三个方面。

1 客户期望值与客户满意度

客户购买产品或服务时常会体验到满意、失望、感动等心理感觉。这些心理感觉,就是客户内心的期望值与获得实际感觉值比较得出的一种心理体验。客户根据已有的体验,掌握的信息或通过别人的介绍对即将要购买的产品和服务有一种内心的期待,这种内心的期待值我们称为客户的期望值。企业或工作人员实现给予客户的各种体验我们称为客户实际的体验值,期望值与实际体验值的比较,客户可以有三种不同的心理感觉(图1-8):失望、满意、感动。

客户的心理感觉与我们的销售有着密不可分的联系,让客户感动会促进最后销售的达成(图1-9),所以我们要尽量超越客户的期望值。

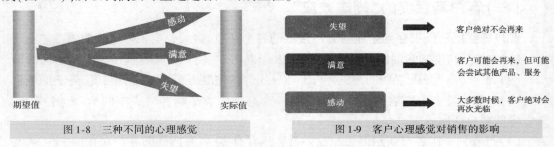

图1-8　三种不同的心理感觉　　　　图1-9　客户心理感觉对销售的影响

只有超越客户期望值的产品和服务才能造就忠诚的客户,如何超越客户的期望值呢?根据对期望值的理解,我们发现要想让客户满意或感动有两种方法:一是适当降低客户的期望值,二是提高给客户的实际值。工作中,两种方法都可以采用。

1 超越客户期望值的方法

(1)不花钱的方法:记住客户的姓名、情况;记住客户的生日、结婚纪念日,打电话表示祝贺;态度热情、保持微笑、工作勤奋;整洁的环境,个人清洁;迎送客户;24h电话随时有人接听。

(2)花钱不多的方法:赠送小礼品、卡片;饮料、茶水、报刊、音乐、药品、免费的工作午餐;统一制服,形象;接送客户的服务;提供幽雅的环境;节日、生日给有记录的客户送鲜花、礼物。

2 超越客户期望值的程度

给客户的实际体验不是越高越好,建议比客户期望值超越一点点就好。因为客户的期望值会在体验中不断提高,一次超越太多会增加企业的营销成本,也达不到让客户惊喜的目的。客户期望值来源于其以往的经验,期望值不会一直保持在同一水平,客户先前来汽车经销店有香槟喝,客户很满意,那么下一次再给客户香槟喝他们会感觉到这是应该的,他们会期望更好的服务。

2 关键时刻(MOT)的概念

在竞争日益激烈的市场,产品本身所能带给客户的感动已经不是非常明显,在众多的汽车销售公司里,由于每种品牌、每种型号的汽车,都以完全相同的规格出厂,汽车本身的品质事实上都是大同小异的,无论是性能或是价格。那么,怎样使客户在众多的汽车销售公司里选择你的公司购买呢?这就取决于客户是否能在销售人员那里得到超越期望值的感动。在提供服务给客户,以期望取得客户的满意和感动时,我们提出这样一个概念:关键时刻(MOT)的概念。

为了更加具体深刻地了解关键时刻的重要性,我们列举一个案例。

黄女士决定买一辆车,而且还想买一辆好车,最初,她定下的目标是一辆日产车,因为她听朋友说日产车质量较好。在跑了大半个北京城、看了很多售车点并进行反复的比较,她却走进了她家附近一个新开的上海通用汽车的特约销售点。接待她的是一个姓段的客户服务员。一声亲切的"您好",接着是规范地请坐、递茶,让黄女士感觉相当温暖。仔细听完黄女士的想法和要求后,段先生陪她参观并仔细地介绍了不同型号别克轿车的性能,有时还上车进行示范,请黄女士体验。对于黄女士提出的各种各样的问题,段先生都耐心、深入浅出地给予回答,并根据黄女士的情况与她商讨最佳购车方案。黄女士特别注意到,在去看车、试车的路上,正下着雨,段先生熟练地撑起雨伞为黄女士挡雨,却把自己淋在雨里。在看车、试车的过程中,黄女士不仅加深了对别克轿车的了解,还直接感受到了汽车特约销售点服务员的热情,她很快就改变了想法,决定买一辆别克汽车。

约定提车的那一天,正好是中秋节。黄女士按时前来,但她又提出了新的问题:她自己开车从来没有上过公路,况且又是新车,不知如何是好。段先生想了想,说:"我给您开回去。"由于是中秋节,又已经接近下班时间,大家都赶着回家,路上特别堵。短短的一段路,竟然用了近两个小时,到黄女士家时,已经是晚上六点半了。在车上,黄女士问:"这也是你们别克汽车销售服务中规定的吗?"段先生说:"我们的销售服务没有规定必须这么做,但是我们的宗旨是要客户满意。"黄女士在聊天当中得知段先生还要赶往颐和园的女朋友家吃饭,所以到家后塞给他点钱,一段时间后,黄女士发现汽车的油耗远大于段先生的介绍,每100km超过了15L。他又找到了段先生询问原因,段先生再一次仔细讲解了别克车的驾驶要领,并告诉她节油的"窍门",还坐在黄女士旁边,耐心的指导她如何操作。一圈兜下来,油量表指示,每100km油耗才11L上下,黄女士和其他别克车主一样,与段先生成了熟悉的朋友。她经常会接到段先生打来的询问车辆状况和提供咨询的电话。上海通用汽车也会按时寄来季刊《别克车主》。黄女士逢人便说:"别克车好,销售服务更好!"

分析:段先生用自己的行动把黄女士这个原本打算买一辆日产车的新客户变成了忠实于别克汽车的老客户。首先,接待新客户方面,段先生做到了让客户感觉温馨、亲切,为接下来与客户建立关系奠定了基础。其次,切实为客户着想,哪怕是牺牲自己的时间也要帮助客户解决难题,使客户满意,客户遇到任何麻烦,都能耐心细致地给客户讲解。最后,要与客户保持沟通,询问产品的使用情况。

在汽车实际销售时,与客户互相接触的每一刻,都具有其重要作用,我们将这"每一刻"

图1-10 关键时刻

称之为关键时刻。关键时刻贯穿于我们整个销售过程,正是这些小小的每一刻给客户留下了小小的印象,许许多多小而深刻的印象最后形成了客户的决定(图1-10)。

由此可见,客户最终的购买决定是由许许多多个真实的每一刻决定的。重视汽车销售活动中每个小小的一刻,让客户留下小小的印象,从而在购买时做出小小的决定。这些小小的决定,最终会影响客户的购买决心,可见,汽车销售人员在销售过程中时刻关注客户需求的细节是多么重要。

3 舒适区的概念

日常生活中,做一些每天自己都在做的事情,我们感觉到毫无压力;回到自己家里,我们会感觉到很舒适。这是因为这些事和空间是我们所熟知的,我们称这些自己熟知的事情和空间是我们的舒适区(图1-11)。在自己的舒适区内,人们会感觉很舒适。反之,在舒适区外时,人们会有一种不确定、未知的感觉。比如去别人家做客,我们就会感到拘谨,因为自己的家是自己的舒适区,而别人家是别人的舒适区。

客户进入展厅后,由于没有熟悉认识的人,对环境也感觉陌生,这种状况很可能会导致焦虑情绪的产生;客户在与销售人员还未产生信任关系时,客户会担心选错品牌,担心价格贵了,担心产品是否会有瑕疵等,此时客户处在担心区内;在舒适区这阶段,由于客户与

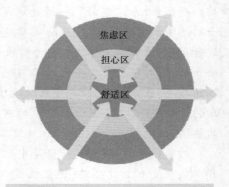

图1-11 舒适区的概念

销售顾问已经建立了一定的信任关系,客户对于销售顾问的建议和服务也就产生了信心。

把这个概念引入到汽车销售服务中,我们就会发现,汽车经销店的销售展厅对汽车销售顾问来说是舒适区,对客户来讲就是客户的担心区或者焦虑区,客户会感觉不自在,所以站在客户的角度考虑,销售人员要通过自己的热情服务尽快将销售展厅变成客户自己的舒适区,让客户尽快地放松下来,令客户尽享宾至如归的感受。

舒适区的概念是一个重要的销售理念,它的目的就是提供无压力的销售环境。汽车销售顾问应该尽可能地减少客户在焦虑区和担心区的时间,尽快地让客户处于舒适区,并尽量扩大客户的舒适区。在三个阶段内,销售顾问分别应该做到以下内容。

(1)在客户的焦虑区内要关心客户。在焦虑区内,销售顾问要做到关心客户,建立良好的第一印象,拉近关系,让客户感觉到你们可以成为朋友。

(2)在客户的担心区内要影响客户。在担心区中,你对客户真诚的态度,对各种产品的了解,对市场的熟悉,以及你的专业知识,都开始慢慢对客户产生一种影响力。

(3)在客户的舒适区内要控制客户。在舒适区中,销售顾问需要更多的了解客户,了解其购买需求,并为其提供合理建议,满足客户的需求,增加客户对销售顾问的信任感。所以,

销售顾问要以最快的速度使客户达到舒适区,客户一旦进入舒适区,那么接下来的销售工作就比较容易展开了。

让客户快速建立信任,打消顾虑的方法有很多,需要我们在实践中不断总结提高。就如何使客户快速进入舒适区,从以下几个方面举例说明(表1-2)。

让客户感到舒适的方法 表1-2

问候寒暄	①客户进店后,立即问候致意;②带着微笑问候客户;③即使正在做其他工作,也要向客户问候致意;④如招待家里的客人那般邀请客户参观展厅
名片的管理	①随身携带名片;②将店址印在名片上;③保持自己的名片无折损、脏污;④妥善保管对方的名片
平易近人的招呼	①记住客户姓名,说话时称呼对方的姓名;②不要以貌取人,平等对待客户;③说话时彬彬有礼,吐字清晰;④正确回答客户的提问;⑤提供资料;⑥适时灵活地随声附和
客户第一	①等客户入座后自己再坐下来;②客户不吸烟时,自己也不吸烟;③为来店客户提供饮料;④送客户离店时,陪同客户直到离去,并说"非常感谢,再见。"
破冰的语言	①"看您开车过来的,您开车多少年了";②"咱们先坐下来喝水休息下,慢慢聊";③"您平时有哪些方面的兴趣爱好啊?"
请客户自由参观	①对客户说:"如果有需要咨询,请随时叫我";②不要一直跟着客户,而是在一旁留心观察,等候客户;③当客户表示想问问题时,主动上前提供询问
倾听	①首先要倾听客户说话;②留心倾听客户说话的内容;③等客户说完之后再讲述自己的意见;④倾听客户讲话时,姿势得体礼貌

四 顾问式汽车销售的原则

通过上面的分析,我们可以总结出顾问式汽车销售的原则。

1 汽车销售的最终目标

汽车销售的最终目标是实现企业、销售人员和客户的共赢。在这个原则的执行中,要与超越客户期望值、建立客户的长期忠诚联系起来。

2 善用舒适区的概念

在汽车销售过程中,要善于将舒适区的理念应用到销售实际中,解决客户心中的不安,建立客户自己的舒适区,减少与客户沟通的障碍。用大家公认的标准、价值观与客户沟通,用对客户的坦诚赢得客户的信任和信心。

3 时刻把握客户的需求

在汽车销售过程中,识别并挖掘客户的真实需求是第一位的工作,汽车销售人员要善于辨别并理解客户的真实需求。在整个销售过程中,要将注意力集中在分析客户的需求上,努力解决和满足客户的需求。

4 帮助客户做出正确的决定

顾问式销售与传统式销售的最大区别是,传统式销售只是一味地卖出产品或服务换取报酬,而顾问式销售是在满足客户需求的基础上进行的,根据客户的需求提供产品及服务换取应得的报酬。顾问式销售不是推销车辆,而是帮助客户作出购车的决定。

5 超越客户期望值

提高客户满意度会增加销售的成功概率,汽车销售人员在销售的每个环节和细节要时刻想到关怀客户,超出客户期望值,以此激发客户的热情,建立长期的客户关系,并通过客户的相互介绍提升销售业绩以及企业口碑。

第二节　汽车销售岗位概述

一　汽车4S店的认识

1 什么是汽车4S店

汽车4S店是集汽车销售、维修、配件供给和信息服务为一体的销售店。4S店是一种以"四位一体"为核心的汽车特许经营模式,包括整车销售(Sale)、零配件供给(Spare Part)、售后服务(Service)、信息反馈(Survey)等。它拥有统一的外观形象、统一的标志、统一的管理标准,只经营单一品牌的特点。汽车4S店是一种个性突出的有形市场,具有渠道一致性和统一的文化理念,4S店在提升汽车品牌、汽车生产企业形象上的优势是显而易见的。

4S店是1998年以后才逐步由欧洲传入中国的。由于它与各个厂家之间建立了紧密的产销关系,具有购物环境优美、品牌意识强等优势,一度被国内诸多厂家效仿。4S店一般采取一个品牌在一个地区分布一个,或相对等距离的几个专卖店,按照生产厂家的统一店内外设计要求建造,投资巨大,动辄上千万,甚至几千万,豪华气派。4S店是集汽车销售、维修、配件供给和信息服务为一体的销售店,一家投资3000万元左右建立起来的4S店在5~10年之内都不会落后。在中国,4S店还有很长一段路要走。4S店模式这几年在国内发展极为迅速。汽车行业的4S店就是汽车厂家为了满足客户在服务方面的需求而推出的一种业务模式。4S店的核心含义是"汽车终身服务解决方案"。

现在还有 6S 店一说，除了包括整车销售、零配件供给、售后服务、信息反馈以外，还包括个性化售车（Self-hold）、集拍（Sale by amount：集体竞拍，购车者越多价格越便宜）。6S 店的兴起，得益于网络的发达。6S 店是一种利用互联网发展起来的销售模式，整车销售、零配件供给、售后服务、信息反馈与普通 4S 店结构完全一样，所不同的是个性化售车和集拍。

2 汽车 4S 店的组织结构

汽车 4S 店是汽车一站式终身购物企业，从结构上看，可以分为销售部、售后服务部以及管理部（图 1-12）。

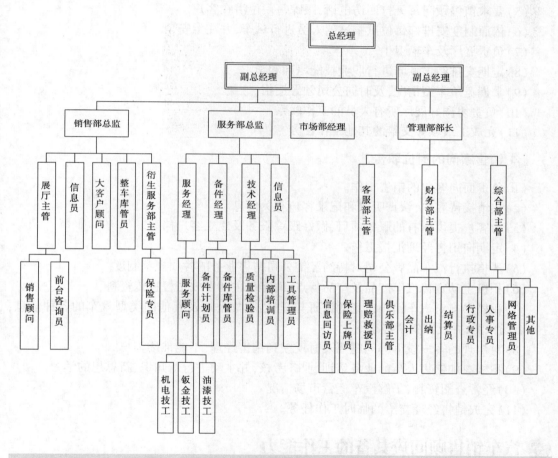

图 1-12　汽车 4S 店的组织结构

汽车销售人员的工作职责

汽车销售服务企业设立专门的汽车销售部门，通过专门的汽车销售服务人员提供客户接待、产品介绍、相关购车手续的办理等服务,以此获得客户的满意。这里仅以汽车销售服务部门的两个典型岗位为例进行说明。

1 销售经理的岗位职责

在总经理的领导下,负责销售部的销售工作,带领销售人员完成销售任务。
(1)每日向销售总监分别汇报前一日工作和当日工作安排。
(2)传达上级领导的指示和要求,并监督实施。
(3)安排好销售顾问每天工作和交车事宜。
(4)帮助销售顾问做好接待客户工作,力争不断提高成交率。
(5)要求销售顾问每天打回访电话,跟踪每一位潜在客户。
(6)依照制度安排好每位试乘试驾人员进行试车,并注意安全。
(7)负责展厅及车辆卫生。
(8)定期安排销售顾问进行职业技能培训和学习。
(9)掌握竞争车型情况,及时向公司领导汇报。
(10)负责协调好展厅所有人员的工作联系。
(11)完成上级领导交给的其他工作任务。

2 销售顾问的岗位职责

(1)负责面向客户的销售工作。
(2)热情接待客户,认真听取和记录客户有关信息。
(3)为客户提供所有的服务项目,做好跟踪服务及建立客户档案。
(4)定期向销售经理汇报工作。
(5)严格执行汽车品牌公司对特约经销公司销售业务的各项规章制度。
(6)积极主动宣传汽车产品及产品特点,向客户主动发放销售宣传资料。
(7)积极参与对汽车销售市场的调研与开拓,收集公司及其他同类型汽车的各种信息,进行市场预测,并反馈销售经理。
(8)对出现的客户投诉等问题要及时反馈到销售经理,不能推诿客户。
(9)积极参加销售人员的业务培训、业务考核,并主动进行新知识、新思想的学习。
(10)经常查阅资料,了解汽车经营市场情况。
(11)完成销售经理交给的临时工作任务。

三 汽车销售顾问应具备的工作能力

一个优秀的汽车销售人员需要具备态度、知识、技巧三个方面的综合能力(图1-13),还必须在日常工作中不断学习、总结和提高,及时更新专业知识和销售理念。只有不断进步,才能适应市场需求。

从汽车经销企业对员工的要求来看,每个汽车销售人员都需要具备图1-14所示的几方面必备的品质。

态度
• 对待客户的态度：站在客户的角度，帮助客户作正确的选择
• 对待销售的态度：对待销售就像对待个人爱好一样，赋予其精力、热情、期待、投入，并从中获得乐趣
• 对待企业的态度：忠诚、互利、共存
知识
• 行业内知识(汽车厂家和特约店的历史、理念和品牌背景优势，汽车市场状况和趋势，产品主要卖点、配置、技术指标、奖项等知识，竞争对手信息)
• 跨行业知识(金融、股票、体育、经济、时事、地理、风俗、习惯、人文)
• 商务礼仪
技巧
• 潜在客户开发
• 抗拒处理
• 展厅销售
• 客户抱怨处理
• 集团客户销售
• 客户管理与跟踪

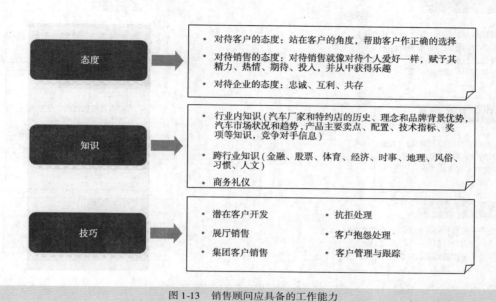

图 1-13　销售顾问应具备的工作能力

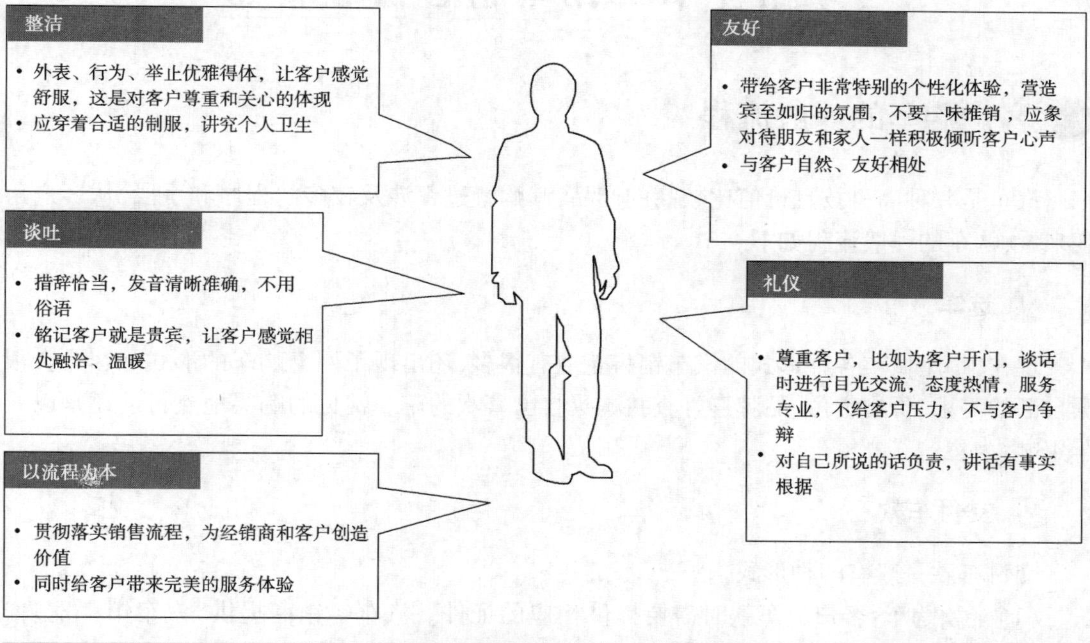

整洁
• 外表、行为、举止优雅得体，让客户感觉舒服，这是对客户尊重和关心的体现
• 应穿着合适的制服，讲究个人卫生
友好
• 带给客户非常特别的个性化体验，营造宾至如归的氛围，不要一味推销，应象对待朋友和家人一样积极倾听客户心声
• 与客户自然、友好相处
谈吐
• 措辞恰当，发音清晰准确，不用俗语
• 铭记客户就是贵宾，让客户感觉相处融洽、温暖
礼仪
• 尊重客户，比如为客户开门，谈话时进行目光交流，态度热情，服务专业，不给客户压力，不与客户争辩
• 对自己所说的话负责，讲话有事实根据
以流程为本
• 贯彻落实销售流程，为经销商和客户创造价值
• 同时给客户带来完美的服务体验

图 1-14　企业对销售员工要求的必备品质

除此之外，成为汽车经销企业中一个优秀的销售人员还应具备图 1-15 所示的几项重要品质。

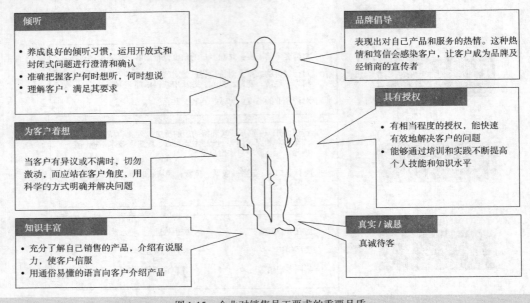

图1-15 企业对销售员工要求的重要品质

第三节 汽车销售流程概述

一、客户购车的一般流程

汽车是一种高科技且价值比较高的产品,其购置过程涉及较多的程序和手段,从客户角度来看,购车的一般流程如下。

1 选车

现在,每座城市各种形式的汽车销售企业有很多,还出现了网上购车的形式。客户会根据自己的需求、价格定位、品牌喜好查找购买自己喜欢的车。常见的购买地点目前还是以汽车4S店为主。

2 交付车款

交付车款一般有四种形式。

(1)全款购车:客户交车款时需要提供相应的证件。汽车经销商提供"汽车销售发票""车辆维修手册""车辆使用说明书"等材料。

(2)定金购车:客户交定金后与汽车经销商签订《定购合同》,办理好定金手续,等经销商现车到了之后,客户交清车款,再按正常手续提车。

(3)按揭购车:客户首先交首付款,然后再签订合同,等待银行审批、银行放贷后,办理车辆牌照、办理还贷等手续。

（4）二手车置换购车：客户将现有车辆交由第三方进行二手车评估，确定是否置换，确定后将二手车所得支付新车车款，再办理正常手续购车。

3 工商验证发票

交付车款后，购车发票需要到就近的工商管理部门盖章验证，这个手续一般由销售顾问代办或陪同一起办理。

4 办理保险

保险的办理需要选择相应的保险公司和保险品种，可以选择在4S店办理，也可以由客户自己联系车辆保险公司办理。

5 缴纳车辆购置附加费

购买新车时，需要到相应的车辆购车附加费缴纳网店缴纳相关费用，目前大多数车辆购置附加费由4S店算进购车款，代为缴纳。

其他的流程还有领取机动车牌照、办理备案手续等。

以上是汽车购买的一般程序，办理时，一定要注意流程顺序和携带相应的证件，如果客户自己办理会比较麻烦，现在一般是有汽车销售顾问陪同办理或者代为办理，客户只需要选定车辆、办理好车款手续并提供个人证件。汽车销售就是帮助客户购车并让客户体验到优质的销售服务的工作。

汽车销售的一般流程

目前，每个汽车品牌都有自己的销售流程，但是主体上都是根据顾问式销售流程结合本汽车品牌特点发展而来的，我们将在后面几章对目前的汽车销售流程进行一个详细的学习。销售流程是汽车销售一个重要的工具和载体，理解并严格执行销售流程可以提高工作效率，减少客户的抗拒和投诉，并可有效提升客户的满意度。以"客户关怀"为理念的顾问式汽车销售流程是实现客户、销售顾问、企业共赢的有效工具，提供了正确的行业规范和业务标准，同时也为经销商提供了一个很好的销售和售后管理平台。

 知识拓展：客户关怀案例

新春祝福　客户关怀
——汽车4S店贺卡推介方案

一、项目背景

本方案是充分利用邮政贺卡和数据库姓名地址两者优势而设计的组合营销方案。

为提升"××(汽车品牌或汽车销售公司品牌)"在××(地区名)的产品形象,推动产品销售增长、培养客户忠诚度、提高产品品牌知名度,希望能将"××(汽车品牌或汽车销售公司品牌)"广告与我局具有悠久历史的贺卡业务完美结合,达到良好的宣传效果。对此,我局向贵公司推荐如下贺卡产品及方案设计。

二、项目介绍

1. 宣传主题——企业形象宣传和车型宣传(可与保险公司、汽车美容公司进行联合宣传)

贺卡作为邮政商函广告的成熟载体之一,具有直击目标消费者的特点,正切合汽车行业的营销战略。

2. 宣传载体

普通型贺卡、信卡型贺卡+宣传单页或贺卡型贺卡+宣传单页。

3. 设计推荐方案

售前:

(1)可将试驾邀请函夹寄在针对私家车市场所邮寄的贺卡中。邀请函直接寄到目标客户手中,体现对客户的尊重以及邀请客户进行试乘试驾的诚意,提升汽车品牌形象。

(2)在贺卡中夹寄邮资收件人总付的售前调查问卷,可以有效避免客户因需支付邮费而不积极回函的弊端,方便收集回函,既给企业的新产品研发提供了来自客户终端的第一手资料,为今后制定企业的方针及发展方向提供重要的参考依据,更可避免宣传费用的浪费。

售中:

普通型贺卡正面印制××汽车形象,在收件人地址栏填写××汽车售后服务部地址,在售车现场交给客户,让客户在使用贵公司产品的过程中,有任何问题都可随时反馈给售后服务部。体现贵公司无微不至的服务。

售后:

在贺卡中夹寄售后调查问卷,保险公司的参保优惠活动以及汽车美容公司的洗车券等内容宣传页,建议再配合有奖征集、促销等手段及邮资收件人总付等方式,提高客户的参与积极性,使回函效果更佳,通过老客户的口碑带来新客户。

4. 邮寄对象

××商用车型的目标受众姓名地址来源:

(1)全省各级政府机关单位相关部门姓名地址信息。

(2)宾馆酒店、客运公司、旅行社等单位姓名地址信息。

(3)汽车俱乐部以及从前品牌的换购升级客户等。

××私用车型的宣传品发送姓名地址来源:

(1)企业自有的老客户姓名地址,从中筛选出即将更换私家车的客户姓名地址信息。

(2)爱好户外活动和旅游的中高收入人群。

(3)交通欠发达地区的别墅地址信息。

(4)户外活动社团、中小规模的企业、汽车俱乐部、驾校信息等。

三、项目的优势和特点

中国邮政贺卡是仅有的一种可以在全国范围内邮寄兑奖的明信片（图1-16）。它集贺卡、抽奖、广告、集邮鉴赏和收藏为一体，是特殊的广告媒体，由国家邮政局统一开奖及兑奖。每年辞旧迎新之际，中国邮政贺卡在开展公关、客户巩固、客户开发、员工关怀等方面都有着突出的功能和作用，是展示自身形象、推广品牌理念及产品的上佳选择。贺卡在这个项目中的运用，使其明显具有以下优势。

（1）针对性强，效果明显，档次高，宣传性强。

（2）传播范围广，效应长久且深入人心。

（3）贺卡形式新颖，邮寄方便，可兑奖可收藏。

（4）加强了相关行业企业的战略合作。

图1-16　贺卡样本

第二章 *Chapter 2*
汽车市场营销实务

学习目标

通过本章的学习,你应该能:
1. 理解汽车市场营销的概念和汽车市场营销的发展;
2. 会分析汽车消费者购买行为和汽车市场营销环境;
3. 进行汽车市场细分与目标市场选择并作出汽车营销策划;
4. 正确运用市场营销策略进行汽车市场营销。

第一节 汽车市场营销基础

一、市场营销基础概念

(一) 市场的概念

狭义的市场是指商品交换的场所,即买卖双方于规定的时间聚集在一起进行交易的场所,是一个时间和空间上的概念。

广义的市场是指商品交换关系的总和,是体现供给与需求之间矛盾的统一体。金融信贷和网络通信的发展使商品交换打破了空间和时间上的限制,商品交换不一定需要固定的场所,有时一台计算机或者一部手机就可以完成。

营销学是站在企业这个微观主体的立场上来认识市场的。从营销学角度来看,"市场"是指某种商品所有现实的和潜在的购买者的需求总和,而不是交易的场所。这里的市场指"买方"而不包括"卖方",专指"需求"而不包括"供给"。当人们说中国的汽车市场很大时,显然不是指汽车交易场所的大小,而是指中国的汽车需求量很大,现实的、潜在的购买者很多。

(二) 市场的要素

1 人口

人口是决定市场大小的基本因素。哪里有人、有消费者群,哪里就有市场。一个国家或地区人口的多少,是决定市场大小的基本前提。对某种商品有需求的人越多,市场规模就越大,市场的容量也就越大。

2 购买力

购买力是指人们支付货币购买商品或服务的能力。购买力的高低由购买者的收入多少决定。一般来说,人们收入多,购买力高,市场和市场需求也大;反之,市场就小。

3 购买欲望

购买欲望是指消费者购买商品的动机、愿望和要求。它是消费者把潜在的购买愿望变为现实购买行为的重要条件,因而也是构成市场的基本要素。

4 购买权利

购买权利是构成市场的关键因素。群体之中的成员具备购买商品的意愿和购买力,但却无权作出相应的购买决定,这是纸上谈兵,无法形成真正的市场。

(三) 市场的分类

1 消费者市场

销售如食品、计算机、服装和保险及各类家电设备等大众消费型商品和服务的企业主要依靠研制出一个高质量产品,包装它,确保它的可适用性,并以持续的传播和可信赖的售后服务支持它。

2 企业市场

企业买主购买商品是为了使它们能够进行制造或再销售给其他人。他们的购买目的是为了盈利。企业市场具有决定性的因素是:员工素质、价格、公司可信度和产品质量的声誉。

3 全球市场

在全球市场上推销商品和服务的公司要面对各国不同的法律体系,不同的谈判方式,以及对如何购买、拥有、处置财产权的不同要求。他们还要面对不同的语言、各国的政治倾向、货币价值的波动。

4 非营利和政府的市场

把商品卖给诸如大学、慈善团体或政府机关这些非营利性组织时,对定价要非常小心,因为这类组织的购买力很有限。较低的价格可能会影响卖方所提供商品的特性和质量。许多政府的购买都以招标的形式进行,在没有其他因素影响的情况下,常常以最低价格为基准。

(四)市场营销的内涵

1 市场营销的概念

市场营销(Marketing)又称为市场学、市场行销或行销学。它包含两种含义:一种是作为动词理解,指企业的具体活动或行为,这时称之为市场营销或市场经营;另一种是作为名词理解,指研究企业的市场营销活动或行为的学科,称之为市场营销学、营销学或市场学等。市场营销是企业为了满足消费者现实和潜在需要及企业目标的实现,通过市场达成交易所展开的综合性商务活动过程。

2 市场营销的含义

所谓市场营销,就是在变化的市场环境中,企业或其他组织以满足消费者需要为中心进行的一系列营销活动,包括市场调研、选择目标市场、产品开发、产品定价、渠道选择、产品促销、产品储存和运输、产品销售以及提供服务等一系列与市场有关的企业经营活动。市场营销学则是系统地研究市场营销活动的规律性的一门科学。可以从以下几个方面理解市场的含义:

(1)市场营销分为宏观和微观两个层次。
(2)市场营销是一个系统的管理过程。
(3)市场营销是一种满足人们需要的行为。
(4)市场营销活动的核心是交换。

3 市场营销的核心概念

❶ 需要、欲望、需求

(1)需要。需要和欲望是市场营销活动的起点。需要是指人类与生俱来的基本需要,是消费者生理及心理的需求。马斯洛需求层次理论指出,人类有满足食物、衣服、住房等生理需要以及人身安全、健康保护等安全需要,友谊、爱情、归属感等社交需要,威望、成就等尊重需要和自我实现需要的心理。市场营销者不能创造这些需要,而只能用不同方式去满足它。

(2)欲望。欲望是指想得到上述基本需要的具体满足的愿望,是个人受不同文化及社会环境影响而表现出来的对基本需要的特定追求。例如,为满足"解渴"的生理需要,人们可能选择喝白开水、矿泉水、茶、果汁等。市场营销者可以影响消费者的欲望,如建议消费者购买某种产品。

(3)需求。需求指有支付能力购买并愿意购买某种物品的欲望。当具有购买能力时,欲望便转化成需求。许多人都想拥有一辆豪华汽车,但只有少数人能够并且愿意购买,也就是说,只有少数人有购买豪华汽车的需求。市场营销者总是通过各种营销手段来影响需求,并根据需求的结果决定是否进入某一生产或服务市场。

2 产品、价值、满意

(1)产品。产品是指用来满足客户需要和欲望的物体。产品包括有形产品与无形产品(服务)。有形产品是为客户提供服务的载体。无形产品(服务)是通过其他载体,如人员、地点、活动、组织和观念等来提供的。

(2)价值。价值是指客户从拥有和使用某种产品中所获得的价值与为取得该产品所付出的成本之差。消费者如何选择所需要的产品,主要是根据他们对各种产品和服务所提供的价值的理解来决定的。客户并非能经常准确和客观地判断产品价值,他们是根据自己所理解的价值来行事的。

(3)满意。客户满意取决于消费者所理解的一件产品的价值与其期望值进行的比较。如果产品的价值低于客户的期望值,购买者便会感到不满意;如果产品的价值符合客户的期望值,购买者便会感到满意;如果产品的价值超过客户的期望值,购买者便会非常满意。

汽车4S店的出现,恰好能满足汽车消费者的各种需求,它可以提供装备精良、整洁干净的维修区,现代化的设备和服务管理,高度职业化的气氛,维护良好的服务设施,充足的零配件供应,迅速及时的跟踪服务体系。4S店在提升汽车品牌、汽车生产企业形象上的优势是显而易见的。4S店的服务可以使客户对汽车产品产生较高的满意感,对品牌产生信赖感,从而扩大销售量。同时也是汽车生产企业完善售后服务的重要手段,使客户从购车、用车到修车的全过程都能得到良好的服务保障。

汽车营销企业越来越重视它们的客户满意度(Customer Satisfaction,CS),因为这是它们维系和拓展市场、获取更高利润的有效途径。有些汽车4S店已经把销售CS标准实施纳入考核机制,包括入店印象、销售人员的服务情况、试乘试驾服务,交车情况及交易过程。

3 交换、交易、关系市场营销

(1)交换。交换是指通过提供某种东西作为回报,从别人那里取得所需物的行为。交换是市场营销的核心概念。当人们决定以交换的方式来满足需要或欲望时,就存在市场营销了。交换的发生必须具备五个条件:至少有交换的两方;每一方都有被对方认为有价值的东西;每一方都有沟通信息和运送货物的能力;每一方都可以自由地接受或拒绝对方的产品;每一方都认为与另一方交易是合适的或称心如意的。

(2)交易。交易是交换的基本组成单位,是双方之间的价值交换。交换是一种过程,在这个过程中,如果双方达成一项协议,我们就称之为发生了交易。交易通常有两种方式:一是货币交易,如某人甲支付150000元给汽车经销商乙而得到一辆汽车;二是非货币交易,包括以物易物、以服务易服务等。一项交易通常要涉及几个方面:至少两件有价值的物品;双方同意的交易条件、时间、地点;有法律制度来维护和迫使交易双方执行承诺。

(3)关系市场营销。关系市场营销是指企业与其客户、分销商、经销商、供应商等建立、保持并加强关系,通过互利交换及共同履行诺言,使有关各方实现各自的目的。企业与客户之间的长期关系是关系市场营销的核心概念。

在关系市场营销情况下,企业与客户保持广泛、密切的联系,价格不再是最主要的竞争手段,竞争者很难破坏企业与客户的关系。

4 市场营销者和潜在客户、相互市场营销

(1)市场营销者和潜在客户。市场营销者是指希望从别人那里取得资源并愿意以某种有价之物作为交换的人。市场营销者可以是卖方,也可以是买方。在市场营销的交换双方中。如果一方比另一方更主动、更积极地寻求交换,则前者称为市场营销者,后者称为潜在客户。

(2)相互市场营销。有一种场合,买卖双方都在积极寻求交换,那么,我们就把双方都称为市场营销者,并把这种情况称为相互市场营销。

二 汽车市场营销及营销观念的发展

(一)汽车市场营销

1 汽车市场营销的含义

汽车市场营销就是汽车企业为了更好、更大限度地满足市场需求,为达到企业经营目标而进行的系列活动。

2 汽车营销研究的内容

随着汽车市场的发展,现代汽车营销研究的关注点由以产品、客户为核心,逐步过渡为以竞争行为为核心。其基本任务有两个:一是寻找市场需求;二是实施一系列更好地满足市场需求的营销活动。

汽车营销研究的内容是在汽车市场的竞争环境中,企业等组织通过市场调查识别和分析客户需求,确定其所能提供最佳服务的目标群体,选择适当的计划方案、产品、服务方式以满足其目标群体的需求,取得竞争优势的市场营销全过程。

(二)汽车市场营销观念的发展

汽车市场营销观念是指汽车企业在开展市场营销活动的过程中,在处理企业、客户需求和社会利益三者之间关系时所持的根本态度、思想和观念。不同的汽车营销观念是随着不同阶段汽车市场的需求而产生的。汽车市场营销观念的发展经历了传统营销和现代营销两个阶段。

1 传统汽车市场营销观念

(1)生产观念。生产观念是工业革命以来最古老的市场营销观念之一,它产生于20世纪20年代以前的西方国家,是典型卖方市场的产物,即"以产定销",注重产品以量取胜,而不考虑

市场需求。这种观念认为消费者喜爱那些可以随处得到的、价格低廉的产品。汽车企业的主要工作是提高生产效率和渠道效率,进行大量生产并降低成本,进一步扩大产销量。

20世纪初期,美国福特汽车公司大力发展黑色T型车生产,总裁亨利·福特说:"不管消费者需要什么样的汽车,我们只有一种黑色的T型车。"这充分体现了"生产观念"一切从企业生产出发的宗旨。亨利·福特通过引进先进生产线,提高生产效率,降低成本,使大部分消费者能够买得起他的汽车,以此提高福特汽车的市场占有率。因此,生产观念是一种重生产、轻市场的营销观念。

(2)产品观念。产品观念产生于20世纪20年代,也是典型卖方市场的产物,但汽车产品比以前供应更充足,消费者有了选择的余地。这种观念认为,消费者普遍都喜欢高质量、多功能和具有某些创新特色的产品。汽车企业的主要工作是制造优质产品,并不断地加以改造,提高产品质量,即"产品以质取胜"。但所有的汽车改进工作仍然以企业为主导,汽车企业的产品生产依然不重视消费者的真正需求,也没有迎合市场。

(3)推销观念。推销观念产生于20世纪30年代初期,由卖方市场向买方市场转变的阶段。由于资本主义世界经济大萧条,大批产品供大于求,销售困难。推销观念认为,如果不去推动市场的话,消费者和企业都不会足量购买某一组织的产品或服务,因此,该组织必须主动推销和积极促销。这一观念认为,消费者通常表现出一种购买惰性或者抗衡心理,所以需用好话去劝说他们多买些。公司可以利用一系列有效的推销和促销工具去刺激他们大量购买。在推销观念的主导下,汽车企业的主要工作是针对既定产品大力施展推销和促销手段,激发客户的购买欲望,强化客户的购买兴趣。

不可否认,推销观念为市场营销观念奠定了基础。销售人员大力施展推销促销技术时发现,销售成功的产品是能够满足客户需求的,而滞销产品是不能满足客户需求的,于是注意到了客户需求的重要性,从而发展形成新的营销观念。

以上三个阶段的汽车营销观念有其共同的特点,都是以"卖方"需要为中心,把汽车产品作为工作重点,通过不同的措施来扩大销售量,增加汽车企业的利润。持上述营销观念的企业被称为生产导向型企业。

2 现代汽车市场营销观念

❶ 市场营销观念

随着社会生产力的迅速发展,汽车市场趋势表现为供过于求的买方市场,汽车企业之间为实现产品的竞争,许多企业开始认识到,必须转变经营观念,才能求得生存和发展。汽车企业的主要工作是以客户需求为导向,安排企业的生产经营活动。努力理解和不断满足客户需要。

市场营销观念认为,实现企业各项目标的关键,在于正确确定目标市场的需要和欲望,并且比竞争者更有效地传送目标市场所期望的物品或服务,进而比竞争者更有效地满足目标市场的需要和欲望。

哈佛大学教授西奥多·李维特对推销观念和营销观念作了深刻的比较:推销观念注重卖方需要;营销观念则注重买方的需要。推销以卖方需要为出发点,考虑如何把产品变成现金;而营销则考虑如何通过产品以及与创造、传送产品和最终消费产品有关的所有事情,来满足客户的需要。

市场营销观念的出现,使企业经营观念发生了根本性变化,也使汽车市场营销发生了一次革命。

❷ 全面营销观念

全面营销认为营销应贯穿于"事情的各个方面",涉及整合营销、关系营销、内部营销和社会责任营销等4个方面,而且要有广阔的、前瞻性的、统一的视野。

(1) 整合营销。整合营销是以整合企业内外部资源为手段,重组再造企业的经营行为,充分调动一切积极因素,以实现企业目标的全面、一致化的营销。如20世纪50年代的杰罗姆·麦卡锡提出了4PS(即产品、价格、渠道和促进)营销组合理论。1990年,美国企业营销专家罗伯特·劳特伯恩教授提出了4CS营销组合理论,4C即消费者的欲望和需求(Consumer wants and needs)、消费者获取满足的成本(Cost)、消费者购买的方便性(Convenience)、企业与消费者的有效沟通(Communications)。舒尔茨从传播的视角提出了整合营销传播(Integrated Marketing Communication,IMC)理论。2006年菲利普·科特勒提出了由供给组合(产品、服务、价格)、促销组合、分销渠道、目标客户组成的营销组合模式。

(2) 关系营销。美国学者巴巴拉·本德·杰克逊认为:"关系营销是企业与关键成员(客户、供应商、分销商)建立长期满意的关系,以保持长期的业务和绩效的活动过程"。随后,学者们从不同角度对利益相关的"关系成员"进行了研究,提出了多重关系。进而,提出了营销网络的概念:即所有与公司利益攸关者,包括客户、员工、供应商、分销商、零售商、广告代理人、大科学家及其他人所形成的网络。

关系营销旨在与关键者(客户供应商分销商和其他营销伙伴)建立令彼此都满意的长期合作关系以赢得和维持业务。关系营销需要在合作者中建立强有力的经济、技术和社会联系。需要注意的是,这里的关系营销,是指组织与组织之间的关系,而不是个人与个人之间的关系。

(3) 内部营销。内部营销是指将雇员当作客户,将工作当作产品,在满足内部客户需要的同时实现组织目标。内部营销的目的是"激励雇员,并且使其具有客户导向观念""内部营销还是整合企业不同职能部门的一种工具"。因此,内部营销不仅要将员工个体当作客户,而且要考虑高层管理者以及与其他职能部门之间的协调。

(4) 社会责任营销。营销不仅要从微观角度注重消费者利益、企业利益;而且要从宏观角度注重社会利益,注重企业的社会责任。在营销中要遵守法律法规、注重营销道德、注重对生态环境的保护、注重为所在社区的发展作出贡献。

❸ 社会营销观念

社会营销观念是市场营销观念的延伸和补充,也是现阶段适用的营销观念。该观念要求汽车企业在关注自身盈利、消费者满意的前提下,积极维护社会公众利益和长远利益。社会营销观念产生于20世纪70年代,当时西方能源短缺、通货膨胀、失业增加、环境污染严重、消费者保护运动盛行。汽车企业的主要工作是将自身利益和整体社会利益结合起来,生产和提供满足社会发展需要的汽车产品,主要体现在汽车节能和环保两个方面。例如,本田、丰田、通用汽车公司纷纷推出油电混合动力汽车,主打节能和环保性能,顺应社会营销观念。

上述汽车企业营销观念,其产生和存在都有其历史背景和必然性,都是与一定的条件相联系、适应的。汽车企业为了求得生存与发展,必须树立具有现代意识的市场营销观念和社会营销观念。

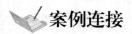案例连接

38城,2000所学校,22万名儿童　通用中国用行动关爱儿童安全

"小朋友,你觉得安全带绑得太紧,我帮你调松一点,这样是不是好多了",通用汽车全球执行副总裁兼通用汽车中国总裁钱惠康(Matt Tsien)为了让参与示范的儿童能够舒服地坐在儿童安全座椅里,手把手地教着到场的幼儿园教师如何正确安装儿童安全座椅。

2018年10月18日,通用汽车携手全球儿童安全组织(中国)在广州儿童安全促进中心启动了"安全童乘·用心同行"项目。该项目2018年在广州市12个区近2000所幼儿园中推行。

"安全童乘"项目于2014年由通用汽车中国与全球儿童安全组织(中国)联合成立,通过在幼儿园、公共场所及购物中心进行推广,并由通用汽车公司员工志愿者和全球儿童安全组织(中国)的员工通过寓教于乐的互动活动向儿童、家长及老师们传递重要的安全知识。

近年来,随着中国汽车业的快速发展,我国已经逐渐进入了一个儿童"与生俱来"就拥有车的时代;可是,儿童乘客安全还没有成为我们家长首要关心的话题。据全球儿童安全组织中国区首席代表崔民彦介绍,30%的道路交通儿童死亡者是由乘坐机动车造成的。而根据"2014年度中国道路交通儿童受伤研究报告",中国每天至少有30个家庭遭遇与儿童相关的道路交通事故。

而"使用安全座椅可让车内婴儿的死亡率降低71%,让幼儿(1~4岁)的交通事故死亡率降低54%",崔民彦指出,"与使用安全带相比,使用安全座椅可让儿童(4~8岁)严重受伤的风险降低45%。对于大龄儿童和成年人,使用安全带可让死亡和严重受伤风险降低一半左右"。

"令人触目惊心的数据,促使通用汽车更加全力以赴地投入到安全工作之中——不仅仅致力于我们消费者的安全,也致力于和车辆产生互动的每一个人的安全",钱惠康表示,"过去4年多的时间,我们和社会多个组织积极合作,从支持政策的制定、举办安全活动、宣传安全教育、开展专题调研和启发志愿者参与五个方面,深入推进全社会对儿童安全的关注,用实际行动关爱儿童安全";钱惠康进一步透露,"'安全童乘'项目已经在国内38个城市的2000多所学校,对约22万名儿童及其父母进行了儿童乘车安全的倡导和教育"。

来源:经济日报—中国经济网。

(三)我国汽车市场及汽车市场营销的发展

1 我国汽车市场发展现状

(1)我国汽车产销量。近十年来,我国汽车产销量迅猛增长(图2-1),汽车行业进入了高质量发展时代,中国汽车发展的质量正在紧随着时间发展走向高端。2018年,我国汽车产

业面临较大的压力,产销增速低于年初预计,行业主要经济效益指标增速趋缓,增幅回落。一方面由于购置税优惠政策全面退出造成的影响;另一方面受宏观经济增速回落、中美贸易战,以及消费信心等因素的影响,短期内仍面临较大的压力。目前,我国汽车产业仍处于普及期,有较大的增长空间。汽车产业已经迈入品牌向上,高质量发展的增长阶段。

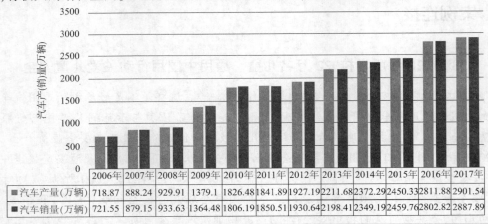

图 2-1　2006—2017 年我国汽车产销量情况

2018 年,我国汽车产销分别完成 2780.9 万辆和 2808.1 万辆,连续十年蝉联全球第一,新能源汽车继续保持高速增长,出口较快增长。

2018 年,我国乘用车产销分别完成 2352.9 万辆和 2371 万辆,比上年同期分别下降 5.2% 和 4.1%,占汽车产销比重分别达到 84.6% 和 84.4%,分别低于上年 0.9 和 1.2 个百分点。与上年同期相比,上半年增速明显高于下半年增速。乘用车四类车型产销情况看,乘用车四类车型均出现负增长,交叉型市场继续萎缩。其中:轿车产销比上年同期分别下降 4% 和 2.7%;SUV 产销比上年同期分别下降 3.2% 和 2.5%;MPV 产销比上年同期分别下降为 17.9% 和 16.2%;交叉型乘用车产销比上年同期分别下降 20.8% 和 17.3%。

(2)中国新能源汽车发展面临新形势。新能源汽车已经成为全球汽车产业转型升级的标志。2012 年,国家颁布节能与新能源汽车发展产业规划,提出到 2020 年,要达到 200 万辆的年产销量和 500 万辆的保有量。

根据中汽协数据,2018 年国内新能源汽车产销分别为 127 万辆和 125.6 万辆,比上年同期分别增长 59.9% 和 61.7%。新能源乘用车 2018 年产销分别为 107 万辆和 105.3 万辆,同比增长 80.5% 和 82%。新能源商用车 2018 年产量为 20.1 万,同比小幅下滑 0.4%,销量为 20.3 万辆,同比增长 2.6%。

2018 年,全国新能源汽车保有量达 261 万辆,占汽车总量的 1.09%,与 2017 年相比,增加 107 万辆,增长 70.00%。其中,纯电动汽车保有量 211 万辆,占新能源汽车总量的 81.06%。从统计情况看,近五年新能源汽车保有量年均增加 50 万辆,呈加快增长趋势。

(3)汽车转移登记业务量持续增长,二手车交易市场日益活跃。2018 年,全国共办理机动车转移登记 2128 万笔,其中汽车转移登记 2058 万笔,占 96.72%,比 2017 年增加 177 万笔,增长 9.44%。从统计情况看,近五年汽车转移登记与注册登记业务量的比例由 0.55 上升至 0.77，反映出二手车交易市场日益活跃。

（4）机动车驾驶人数量达 4.09 亿人，近五年年均增量超过 3000 万人。近五年全国机动车驾驶人数量呈现持续大幅增长趋势，年均增量达 3012 万人。2018 年，全国机动车驾驶人数量达 4.09 亿人，其中汽车驾驶人达 3.69 亿人，占驾驶人总数的 90.28%。从驾驶人年龄看，26～50 岁的驾驶人达 3 亿人，占驾驶人总数的 73.31%。从驾驶人性别看，男性驾驶人达 2.86 亿人，占 69.87%；女性驾驶人 1.23 亿人，占 30.13%，比 2017 年提高了 1.34 个百分点。

2 我国汽车市场营销的发展

（1）我国汽车市场营销现状。回顾我国汽车市场营销的历程，现在已基本步入了社会营销时代。各大汽车厂商对于汽车营销的投入不断增加，营销手段不断翻新，汽车营销理念也在不断变革，汽车营销正在从销售环节的降价等推销方式转移到提升品牌形象、提高服务质量、提高客户满意度等层面上来。试驾体验、赞助体育赛事、捐助教育和公益活动逐渐成为汽车营销领域的新方向，这标志着我国的汽车营销已经开始走向成熟。

企业在制订营销策略时更加注重从整体和长远出发、硬件配置和软性宣传的结合。在盈利的同时，更加注重提升品牌形象和企业形象，从而获得更长远的发展。代理制、专卖、专营、特许经营、汽车电子商务等各种营销方式应运而生。各类汽车市场营销网络基本形成，格局趋于稳定，整体发展势头良好，规模化和集中化正成为汽车营销市场的发展方向。我国汽车市场营销的现状主要表现为：

①消费者已逐渐形成理性的消费观念。
②行业市场利润普遍下降。
③市场营销活动以厂家为主导。
④汽车销售模式多样化发展。
⑤汽车电子商务的迅速发展为传统企业的转型带来了契机。

（2）我国汽车市场营销发展趋势。
①汽车市场保持较快的增长速度，其中私人轿车需求的增长将成为拉动汽车市场的最主要力量，个性化销售逐渐成为时尚。
②各种特殊性能、特殊用途的汽车在汽车市场上的份额将大大增加。
③绿色、经济、环保、清洁能源的汽车将会成为家庭用车的重要市场之一。
④二手汽车市场将日益活跃，交易量上升。
⑤融入世界汽车营销体系中，使得中国汽车销售市场更加成熟，进口汽车的数量将稳步增加，国内汽车市场日趋国际化。
⑥随着汽车售后新三包法规政策的出台，市场环境和市场秩序逐步规范，汽车交易和消费行为趋于理性化。

（四）我国汽车备件市场的发展

1 我国汽车备件行业的现状

（1）我国汽车备件行业的特点。从行业发展趋势来看，汽车备件向专业化转变。产业布局方面,目前我国汽车备件工业在地区分布上已经形成了环渤海地区、长三角地区、珠三角地区、湖北地区、中西部地区五大板块。汽车备件企业数量前六位省市分别是浙江、江苏、山东、湖北、上海和广东,这六个地区的企业数量共占全国企业数量的一半以上(表2-2)。总体来看,我国汽车备件行业有以下几个特点:

①基本摆脱了过去那种数量多、规模小、质量差的格局,制造水平明显提高,全面形成了为国内整车厂供货配套的体系。

②部分企业已经具备自主开发和系统供货的能力,开拓了海外市场,进入了国际采购体系,出口量逐年增长。

③外商投资我国汽车备件的力度继续增强,他们掌握着部分关键备件产品的核心技术,基本垄断了为主机厂配套的市场。

2011—2017年我国汽车零部件及备件制造行业主要经济指标分析见表2-1。

2011—2017年我国汽车零部件及备件制造行业主要经济指标分析　　表2-1

年　份	规模以上企业单位数(个)	工业总产值(千元)	资产总计(千元)	销售收入(千元)	利润总额(千元)
2011	8396	2056762171	1391857282	1977890962	145896901
2012	9341	2312943306	1617208459	2226726405	152355783
2013	10333	2812640907	1973863442	2709653084	188630109
2014	11110	3024688367	2185761858	2907393939	214972297
2015	12093	3424421204	2395218388	3259652223	236558980
2016	12723	3681241457	2613290053	3515860700	256411310
2017	13293	4100346719	3248613893	3931983794	275736231

(2)我国汽车备件行业存在的问题。

①行业生产效率低,备件质量水平低。

②企业研发投入不足。

③缺少自主品牌。

④产品标准化、系列化、通用化程度较低。

2 我国汽车备件行业的发展趋势

(1)国际产业转移加速,并购重组活跃。

(2)汽车备件产业集群化发展特征明显。

(3)汽车备件全球化采购将成为潮流。

第二节　汽车消费者购买行为分析

一 汽车消费客户市场

(一)汽车消费客户市场构成

汽车消费客户是指为了消费而购买和使用汽车商品的人。我们把汽车消费客户所组成的市场称之为汽车消费客户市场。它大体上可以分为汽车消费客户市场和汽车组织客户市场。在此主要分析汽车消费客户市场的购买行为和模式。

1 汽车个人消费客户市场

汽车个人消费客户市场指的是通过购买汽车作为个人或家庭的消费使用,满足个人在工作、生活上需要的消费群体。在当今世界范围内,这种类型的汽车消费者客户人数众多,对汽车的需求量十分强劲,占据了每年世界汽车客户的绝大部分。目前,个人消费客户市场是我国汽车消费市场增长最快的一个细分市场。根据中国汽车流通协会发布的《2018年中国汽车市场消费报告》显示,我国汽车消费总量(新车销售量),自2009年首次超过美国后,连续9年据全球第一位,占2018年全球汽车总销量约9500万辆中的30%。截至2018年年底,全国汽车保有量达2.4亿辆,比2017年增加2285万辆,增长10.51%(图2-2)。

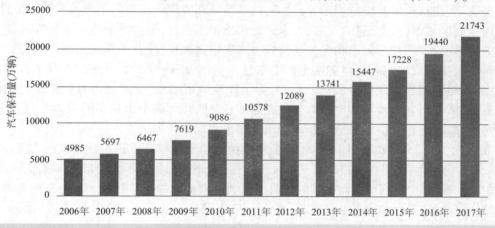

图2-2 2006—2017年我国汽车保有量

从分布情况看,全国有61个城市的汽车保有量超过百万辆,27个城市超过200万辆,其中,北京、成都、重庆、上海、苏州、郑州、深圳、西安等8个城市超过300万辆,天津、武汉、东莞3个城市接近300万辆。我国已经步入汽车社会。我国长期形成的城乡二元经济,决定了汽车进入家庭会经历长期持久的释放过程,将陆续有更多的城市、地区步入汽车社会,汽车消费也将以私人消费、新增需求为主。

不利之处在于:首先,尖锐的能源供需矛盾,国内油价持续上涨,全球各国节能减排政策标准越来越严格,能源消耗也会以更大的比例在增加,新能源是否能尽快投入商业使用成为汽车发展的先决条件;其次,税费改革加剧了养车成本,未来中国能源的高税率是一种必然。上述因素都会影响、决定着个人消费客户的需要和购买行为,营销者有必要对这些变化趋势结合中国市场的特殊性进行研究。

2 集团消费客户市场

各类企业单位、事业单位、政府机构、司法机关、各种社组织因为工作的需要,将汽车作为集团消费性物品使用,他们构成汽车的集团消费市场。主要包括公务用车市场和商务用车市场。我国,汽车的所有权曾经是属于国家和企业单位,有公车消费的特点,直到现在这市场在我国汽车市场还属于比较重要的一个细分市场。因为是集团购买,比起个人消费者客户市场它具有需求规模大的特点,同时还常常因政府官员的汽车消费对全社会的汽车消费起着示范性作用。近年来,全国从上而下进行了公车制度的改革,无论是政府机关还是事业单位,属于公车性质的车辆总数会下降,但是车的档次会上升,企业单位的用车在不断深化的市场竞争压力下,也会按照需要购车,而不是按照个人喜好购车,作为营销人员应该密切注意相关政策的变化,政府形象使得价格不是主要考虑的因素。

3 经营客户市场

以营运为基本特征,将汽车作为生产资料使用,满足生产、经营需要的组织和个人,他们构成汽车的经营客户市场,在经营用车中主要有高档公路运输客车、旅游客车、中轻型客车、城市公交车、出租车以及旅游用车等,目前,这一市场在我国汽车市场上也占有重要位置。

国家鼓励城市公共交通的发展,大家多使用出租车出行,至少是提高了乘用车和能源的使用效率,同时根据社会需求状况和经营效益来确定其规模,是这个市场的突出特点。例如出租车行业讲究成本、利润,经济实惠的要求让桑塔纳、捷达等车型目前成为这个市场的主导车型,不过我们也应该看到变化的趋势,为了体现城市形象,很多城市对出租车的档次要求在提高,成都市在逐步用一汽速腾替代桑塔纳、捷达,作为城市出租车的主力车型,在一些旅游热点城市,类似帕萨特甚至奔驰车都出现在出租车的行列之中。

北京、上海、广州、深圳开始有出租车公司更换电动车。以在出租车行业采购率很高的比亚迪 e5、e6 为例,续航里程都超过了 300km。为了能让电动出租车不会受充电问题而影响营业额,现在不少城市也陆续增加充电桩的数量以保证出电动车的正常行驶。出租车行业不仅有公司使用电动车,混合动力车也很受宠。广州一些出租车公司,已经开始用雷凌做出租车了。

4 其他直接或间接客户市场

其他直接或间接客户市场指以上客户以外的各种汽车客户及其代表,主要包括以进一步生产为目的的各种再生产型购买者(汽车租赁业),以进一步转卖为目的的各种汽车中间商,他们都是间接客户。在发达国家,汽车租赁业是左右汽车市场发展的一个非常重要的力量,所有的汽车制造商都与汽车租赁公司有深度的业务联系,最新、最好的车首先给汽车租赁公司,使用几年后再折价更换新车,回收的旧车进特约经销站的旧机动车市场。

近年来在我国兴起的共享汽车是以分钟或小时等为计价单位,利用移动互联网、全球定位等信息技术构建网络服务平台,为客户提供自助式车辆预订、车辆取还、费用结算为主要方式的汽车租赁服务。目前我国共享汽车车辆主要为燃油车和新能源汽车,其中新能源汽车会成为未来的主要运营车辆。

(二)汽车个人消费客户市场基本特点

1 需求的多样性

由于个体消费者在年龄、性别、教育水平、职业、收入、社会地位、家庭结构、生活习惯等方面的差异,会形成不同的消费需要,从而使个体的购买需求表现出多样性或多层次性。根据中国汽车流通协会所作的问卷调查显示,消费者最看重的三个因素:一是价格合理,符合预算;二是品牌值得信赖;三是造型优雅,颜值高。

2 需求的可替代性

消费者在购买汽车时往往会面临多种选择,品牌的选择、价位的选择、性能的选择等。消费者根据自身需要,会在不同品牌之间作出选择,只有那些对消费者有真正吸引力的品牌,消费者才会购买。选择了丰田,就不会选择别克,丰田与别克之间就有了替代性。

进口汽车占国内汽车消费比例有所下降。根据中国汽车流通协会发布的《2018年中国汽车市场消费报告》,2018年进口关税下调,对进口车消费有一定的促进作用。全年进口车销售约120万辆,与上年相比基本持平。

3 需求的诱导性

汽车是高档耐用的消费品。对于大多数消费者来说,购买汽车太难了,因为汽车包含着太多专业知识,而消费者对汽车知识的缺乏,导致他们易受外界的影响,如消费环境、社会习俗、广告宣传、通过互联网购车的模式等。消费者很容易受外界因素的诱导而产生购买行为。

4 需求的可伸缩性

汽车产品的特殊性使消费者对汽车产品的需求有较强的价格弹性,价格的变动对个人购买行为会产生重大影响,尤其是家用轿车。当价格下跌时,消费者有可能提前购买;当价格上涨时,消费者有可能推迟购买而持币观望。

根据中国汽车流通协会发布的《2018年中国汽车市场消费报告》,2018年豪华品牌汽车逆势增长,中国市场前12家豪华车品牌总销量突破201.22万辆,较去年同期186.37万辆增长8%,由于豪华品牌入门车型价格不断下探,已进入20万元区间。豪华品牌市场份额,从2009年的2.7%提升至2018年的8.9%,提升了6个百分点以上,反映了中国汽车市场消费升级的特点。

5 需求的发展性

消费者对汽车最初的功能需求仅仅是代步,随着社会的发展,人的需求也发生变化,要求既能满足基本代步的需求,也能满足在操控、舒适、娱乐性等方面的需求。可见,这种需求是可发展的。

我国汽车消费市场特点从车型上看,视野高、空间大的SUV一直以来受到中国消费者的偏爱,但2018年SUV所占市场份额有所回落。市场逐步饱和,加上人们消费观念的变化和市场结构性调整,是SUV车型所占市场份额出现回落的主要原因。

自主品牌汽车中,智能网联技术的稳步发展,已成为吸引消费者的一大卖点。通过人车交流,实现更多的功能,使驾驶变得更方便、更安全和更舒适。当驾驶人驾驶一款国产自主品牌汽车行驶到一条普通街道的时候，汽车会自动识别附近的停车位。整个泊车过程无须人工干预，通过车身自带的雷达和摄像头判断空间和位置，从而实现全自动泊车。

■二 汽车个体消费者购买行为类型

汽车销售顾问在销售过程中，往往会面对不同的客户，如何能在第一时间内判断客户的类型，从而为销售的下一步作出决策，是影响最终成交的关键。

（一）根据消费者的购买行为分类

1 习惯型消费者

这类消费者可能有过使用一种或几种品牌的经验。形成了固定的品牌偏好。这种偏好将指导他形成固定的购买行为。例如，据相关调查显示，在广东市场，日系品牌占据绝对优势，以丰田、本田、日产为代表的三大日系品牌占据广东汽车市场近70%的份额，而大众则只占10%的份额。习惯型消费者在购买汽车时，按照自己的想法或经验进行购买，较少受媒体广告宣传的影响，也不需要到处寻找与汽车有关的产品信息，而是按习惯重复购买同一品牌。

面对习惯型消费者的营销策略：一是利用汽车的价格手段吸引消费者；二是开展大量重复性广告加深客户印象；三是增加汽车消费者的亲身体验活动，如利用新车上市机会，邀请潜在消费者开展试乘试驾活动。

2 理智型消费者

这类消费者的思维方式比较冷静，是以理智指导购买行为的人。在购买前他们通常要广泛地收集信息，比较信息，充分了解汽车的相关知识，在不同的品牌之间进行充分的调查、筛选、反复权衡、评估，最后作出购买决策。在实际购买时，他们表现得理智和谨慎，不容易受到销售人员和广告的影响；在挑选产品的时候仔细认真，经常对比多个品牌和经销商。

面对理智型消费者的营销策略：汽车企业营销人员制定相关的营销策略帮助消费者了解更多的有关汽车方面的知识和信息，借助各种渠道宣传其产品，采取多种营销手段使客户简化购买过程。

3 情感型消费者

这类消费者情感体验较为丰富，想象力也非常丰富。购买时容易受感情的支配，较易受促销宣传和情感的诱导，对汽车造型、颜色及品牌都极为敏感，他们多以汽车是否符合个人的情感需要作为购买决策标准。这类客户多以女性消费者居多。例如，很多女性消费者对大众甲壳虫、宝马MINI、吉利熊猫的可爱造型喜爱有加。

面对情感型消费者的营销策略：销售人员制定针对性的营销策略，加大广告宣传的密度，增加试乘试驾活动力度及汽车嘉年华活动，实现营销目标。

4 冲动型消费者

这类消费者对外界的刺激很敏感,心理反应活跃,在购买时,他们一般不会进行具体的比较,依靠直接诱发出购买行为。年轻、时尚而且资金实力强的客户容易表现出这种冲动。他们在购买时常常受到各种汽车广告、媒体推荐、推销员介绍、朋友的影响。

面对冲动型消费者的营销策略:汽车企业提供完善的售后服务,并通过各种途径向消费者提供有利于企业和产品的信息,使消费者相信自己的购买行为是正确的。

5 经济型消费者

这类消费者对商品的价格非常敏感。具有这类购买态度的个人,往往以价格作为决定购买决策的首要标准,主要选择价格低廉的汽车。以经济、实用、节约成本为主要出发点。现阶段,多数工薪阶层以及二手车的消费者属于此种类型。

(二)根据消费者的收入水平分类

1 最低收入者型消费者

这类消费群体是处于贫困线以下的人群,包括部分最低收入者和没有劳动能力、没有固定收入来源的无业者和失业者。此类型消费者对于汽车等高档消费品没有需求,不是企业重点宣传的对象。

2 低收入者型消费者

这类群体一般具有劳动能力,但由于收入水平很低,没有足够的购买能力,因此,此类型消费者对汽车消费品一般也没有需求。

3 中低收入者型消费者

这部分消费者的收入基本稳定,在满足日常消费之外略有节余,此类型消费者对汽车消费品有一定需求,是潜在消费群体。

4 中等收入者型消费者

这类群体大多为城市居民,主要由政府公务员、国有企业职工、一般的科教文卫人员、个体经营者。正处于从小康型向富裕型、从讲求消费数量向讲求消费质量转变的阶段,加上一定的储蓄积累,他们已构成当前最具购买能力的群体之一,而且消费开始呈现出多样化趋势,乐于接受新兴的生活和消费方式。此类型消费者是汽车消费市场最重要的购买力量,也是销售顾问的重点推销对象之一。目前,我国汽车市场的小型车、紧凑型车等家用轿车80%的市场销量由上述消费群体创造。

5 中高收入者型消费者

这类群体主要包括私营企业主和专业技术人员,也是消费较为活跃的一个群体,虽然收入不是最高的,但是这类群体中的大多数人对自身及家庭的未来状况比较有信心,因而在许多方面的消费都比较接近高收入者。此类消费者在汽车消费市场上主要体现在购买中型车,如帕萨特、雅阁、凯美瑞、君威等。

6 高收入群体消费者

这类群体的生活需求已基本得到满足,但是注重追求精神消费和服务消费。教育、文化、通信、保健、住宅等成为他们的消费热点,追求时尚化与个性化的消费日趋明显。在汽车方面,崇尚豪华、时尚与运动型汽车,如宝马5系、奥迪A6、奔驰E级、英菲尼迪M系轿车。相关数据显示,奥迪Q7、保时捷卡宴、宝马X6、英菲尼迪FX35和奔驰GLK等豪华SUV的持续畅销更体现这一消费群体最新的消费特征。

(三)不同年龄消费者的诉求差异

1 不同年龄消费者的排量诉求

随着油价的不断上涨,消费者购车倾向于购买经济省油的车型,再加上政府在政策上的鼓励和引导,目前汽车消费主要集中在1.3~1.6L与1.6~2.0L两个排量段,也是所谓的"黄金排量"。不同年龄段人群略有差异。"90后"消费者倾向于购买1.0L及以下排量的比例要远远高于其他年龄段人群,即年轻人更容易接受1.0L及以下小排量车。

2 不同年龄消费者的变速器形式诉求

在变速器形式购买方面,总体看,5速手动挡与手自一体是主流,比例高于其他变速器形式。不同的人群对变速器形式偏好略有差异,"90后"更偏好手自一体,其他人群更偏好5速手动挡。此外,"90后"倾向购买无级变速器的比例远远高于其他人群。

3 不同年龄消费者的色彩诉求

黑色、银灰色与白色是主流色调,年轻人更偏好亮丽色彩。"80后""70后""60后"与1960年前出生的人群车辆色彩偏好排前三位的依然是黑色、银灰色与白色,"90后"人群车辆色彩偏好前三位有所变化,依次为黑色、粉红色与白色。从不同年龄群体看,各有所侧重,"90后"特别偏好粉红色,"80后"偏好红色的比例高于其他人群,"70后"与"60后"偏好深蓝色的比例高于其他人群。

4 不同年龄消费者购车付款方式诉求

在购车付款方式选择方面,消费者年龄越小越倾向于采用分期付款方式购车。"90后"有一半以上倾向采用分期付款方式购车,"80后"有近34%倾向采用分期付款方式购车,"70后"与"60后"分别约有24%与20%倾向采用分期付款方式购车,1960年前出生人群倾向采用分期付款方式购车的比例则低于20%。可以看出,"90后"比其他人群更容易采用贷款方式购车。

三、影响汽车个体消费者购买行为的主要因素

(一) 政策因素

改革开放后,特别是中国加入世界贸易组织以后,汽车消费才真正发展起来。政策因素如购置附加费、车检费、保险费、年检费、过路费等对汽车个人消费影响很大。另外,北京、上海等城市已实施的汽车上牌政策,对个人的汽车消费产生了很大影响,也影响了汽车生产企业和汽车经销商。

知识链接

为提高汽车消费,2019年1月28日,国家发改委、工信部等十部门印发《进一步优化供给推动消费平稳增长促进形成强大国内市场的实施方案(2019年)》(以下简称方案)。并于1月29日上午10点,由国家发改委会同工信部、商务部等部委相关领导举行新闻发布会,就《方案》出台的背景和具体内容进行了详细说明。

《方案》明确指出要多措并举促进汽车消费,主要包括六项措施:推进老旧汽车报废更新,国三及以下排放车辆给予报废补贴;对新能源汽车坚持扶优扶强的导向;促进农村汽车更新换代,指定类型车享补贴;稳步推进放宽皮卡车进城限制范围;全面取消二手车限迁政策,降低二手车增值税;优化地方政府机动车管理措施。

(二) 经济因素

"中国消费者如何看待轿车的降价促销活动"调查结果表明,汽车价格因素直接影响消费者。据调查,有高达7成的家庭表示其购买决定将视轿车的价格走势而定。降价对这部分家庭会出现两种不同的结果:第一类人看到价格走低,会尽早购买;第二类人看到价格有所松动,会持币观望,总希望能降到最低点再购买。上述调查反映的虽然是价格问题,但深层次反映的是汽车个体购买行为中消费者的购买能力,即消费者的收入水平。

(三) 文化因素

文化因素包括民族传统、宗教信仰、风俗习惯、审美观念和价值观念等,影响私人购买小汽车的文化因素主要包括民族传统、审美观念和价值观念。

1 民族传统

中国人一向在消费上表现为重积累、重计划等,在选择商品时追求实惠和耐用,这也就解释了为什么大众的捷达和桑塔纳如今在市场上仍然长盛不衰。但中国同时也是一个快速发展的国家,许多青年人在文化上与西方国家差异已经缩小,在消费行为上表现为注重当前消费,购买时不完全讲实用,讲究时尚等。

2 审美观念

美国车以宽敞、舒适为美;德国车以精密、操控感强为美;日本车和韩国车以配置丰富、各方面均衡为美。20 世纪 80～90 年代,中国人对两厢车有着严重的排斥心理,现在,两厢车反而大行其道。在现阶段的中国汽车市场,各种类型的车在中国私车消费领域都有拥护者,说明消费者对汽车的审美观念是不一致的,也很容易变化的。这也要求汽车生产企业必须花更多的精力用于市场调研上,推出适合不同消费群的车型。

3 价值观念

价值观是指一个人对周围的客观事物(包括人、事、物)的意义、重要性的总评价和总看法。观念决定态度,态度决定行为,行为形成习惯,习惯强化观念。价值观念的变迁又进一步推动了经济社会的变革、消费市场的发展,创造了无数新的需求、孕育了无数新的商机、改变了无数营销行为。

(四)个人因素

个人因素不仅会决定消费者是否购买汽车,还决定了消费者购买何种汽车,对于汽车生产企业或汽车经销商来说,必须在深入分析个人因素对消费者影响的基础上,制定并实施营销策略。个人因素主要包括购买者的年龄与家庭,性别、职业和经济条件,生活方式,个性与自我概念等。

1 年龄与家庭

近年来汽车消费者结构呈现年轻化、女性化的特征,"80 后"成为购车的重要人群,不同细分市场女性车主比例显著提高。从家庭角度考察,其生命周期的不同阶段也影响消费的选择。例如,新婚夫妇愿意购买 5 座及以下的车,而中年夫妇考虑到要带小孩、老人出行,更愿意购买座位较多的车。随着国家生育政策调整,传统的家庭结构已演变为"2+2"或"4+2"结构,这种家庭变化使近年来 5 座与 7 座 SUV 销售火爆,也影响人们的购车。

2 性别、职业和经济条件

性别对私人汽车消费的影响总体较小,主要影响的是一些细分市场。职业方面决定了私人是否需要购买小汽车以及需要购买何种小汽车;另一方面较大地影响了家庭的经济收入,如果家庭的经济收入比较稳定而且未来的收入预期比较理想,对购车行为就会有比较积极的推动作用。例如,消费者在企业工作,偏重商务车型;消费者在政府或学校工作,通常家用型轿车居多。

3 生活方式

人们追求的生活方式不同,对汽车的喜好和追求也不同,个人生活方式不仅会影响私人购车的行为,对私人汽车细分市场影响也很大。

4 个性与自我概念

消费者的独特个性使其在自己可支配收入允许的情况下会优先购买与自己个性相符合的产品,汽车厂商在考虑细分市场的时候必须重视消费者的个性以及由此形成的消费潮流,致力于打造一个个性品牌和产品。自我概念则主要描述了消费者购买产品所实际追求的东西,也就是说在购买汽车产品时,消费者可能是追求缩短时空,可能是追求气派和社会认可,也可能是追求自由的感觉等。

(五)心理因素

在社会因素、文化因素和个人因素的共同作用下,消费者会认识到自己是否有购买小汽车的需要,而需要会促使其心理产生购买汽车的"动机"。例如,目睹了朋友家所买的汽车给生活带来方便后,就在心理上产生了对汽车的需要等。当人们产生的某种需要未得到满足或受到外界刺激时,就会形成一种内在动机,再由动机而促使人们采取满足需要的行为。在通常情况下,消费者的需求处于潜伏或抑制状态,需要外部加以刺激,比如汽车销售员有技巧的推销、同事刚好买了一辆汽车、电视上的广告等都是外部的刺激,而且外部刺激越强,需求转化为动机的可能性就越大,否则需求将维持原状。因此,如何给消费者以更多的外部刺激,是推动其购买动机形成乃至实现购买行为的重要前提。

四 汽车个体消费者购买决策内容

消费者购买决策是消费者为了达到某预定目标,在两种以上的备选方案中选择最优方案的过程。消费者作为决策的主体,为满足这一目标,在购买过程中进行评价、选择、判断、决定等一系列活动。消费者行为在过程上可分为购前、购中、购后行为,通过市场观察和营销实践,消费者一般需要了解的信息有"5W1H"的问题。

(一)"谁买"(WHO)

"谁买"实际上回答两个主要问题:谁是购买者或者客户是谁?谁参与了购买决策?人们在购买决策过程中,可能扮演不同的角色,有时汽车的购买者、使用者和决策者是分离的。

1 主要消费者

了解消费者要运用到人口、心理、地理以及行为变数来进行描绘,以便知所进退。在整个汽车购买过程中,由于购买者自身在年龄、性别、职业、收入、社会地位、文化程度等方面的差异,导致在车型选择上也存在很大差异。例如,20~30岁年龄段的消费者偏爱时尚、动感的车型,青睐红、黄等艳丽颜色;35~45岁年龄段的消费者偏爱稳重、大气的车型,较青睐黑、银、白等颜色;男性消费者喜欢手动挡车型,而女性消费者则喜欢自动挡车型,对汽车造型也十分关注。

2 购买决策参与者

购买决策是项复杂的行为,金额越大,复杂度就越高,参与意见的人就越多,决策时间也就越长,汽车作为高档的消费用品在购买的决策过程中时间一般比较长,复杂程度上也比较高,一般要从以下五种角色进行分析。

(1)发起者:首先提议或想到购买特定产品的人。
(2)影响者:看法或建议对最后购买决策具有某种影响力的人。
(3)决策者:对购买决策做出全部或部分的最后具有决定权的人。
(4)购买者:实际从事购买行为的人。
(5)使用者:实际消费或使用该产品或劳务的人。

(二)"为什么买"(WHY)

要了解消费客户为什么购买,实质上是要求汽车企业明确客户购买动机或影响因素。汽车营销企业要了解的是,消费者所追求的产品利益点(benefits)究竟是什么?

买车是作为交通工具、上下班代步,那可以选择实用的家用小型车;买车是用来个人创业,那可以选择微型面包车或皮卡车;买车是用来接待企业商务人士,进行业务洽谈,那可以选择多用途车型;买车是用来个人休闲兼顾野外旅行,那可以选择 SUV 车型。欧美人选择汽车的判断标准很明确,即根据使用汽车的实际需要以及生活水平购买汽车。因此,分析"为什么买车"的关键是对购车欲望和动机的分析。这也是我们分析客户需求的关键所在。

(三)"买什么"(WHAT)

"买什么"指的是要了解消费客户想买什么,即购买对象。这是消费决策的核心和首要问题。消费者想买什么样的汽车?汽车的品牌、性能、款式、价格分别是什么?在从事购买行为时,汽车消费者一般是从众多的品牌中选择出最适合自己的。在选择过程中,一定会涉及价值判断与比较,这些消费者用以判定品牌优劣的评估标准一般称之为购买考虑因素,也是营销过程中不能放过的信息。

(四)"在哪里买"(WHERE)

消费者在选择何处购买时,有以下考虑因素:交通的便利性、经销商的实力、信誉等。使用的强度、地理环境、气候条件、道路状况不同,对汽车的要求有很大的差别。就接触品牌、产品信息而言,应该要了解消费者的获知途径,如电视广告、报纸广告、朋友告知、终端商品直接接触等。从购买地点而言,应该了解消费者在什么地方购买汽车,4S 专卖店、汽车超市、汽车工业园还是网络销售等。据相关数据分析,多数消费者选择在汽车 4S 店购买汽车,部分消费者选择在汽车超市和大型汽车交易市场购车,而部分消费者选择在网上平台购车。

(五)"什么时候买"(WHEN)

消费者在什么时候购买,也就是购买时机。汽车销售商只有了解客户什么时候购买,才能准备和组织货源,在时间上进行更有规律和组织的规划,当然也更有效率。汽车、摩托车的销售要注意季节性和时效性。受到部分整车厂伏季休产和购买力在入夏前提前释放的影响,每年7月,国内乘用车市场都会经历6月小高峰和"金九银十"之间的季节性低谷。虽然主流厂家在"金九银十"前有跟进降价的可能,但这种"降价"更多将是战术性地对终端售价"翻牌",行业利润的整体下滑导致没有厂家有进攻性大幅降低终端售价的底气。因此,每年在11—12月更多经销商将改变以往年末大规模资金压库的策略,加大让利促销幅度以完成销售任务。

(六)"怎样买"(HOW)

汽车经销商要了解消费客户购买行为的类型、付款方式等。随着汽车市场逐步成熟,很多大型的汽车销售服务中心也不约而同地推出了购车一条龙服务,包括贷款、买车险、上牌照、交养路费等系列手续都可以在短时间内一次性搞定,为买车的消费者节约大量的时间,提高效率,争取买车后能尽快上路,得到消费者的大力认可。

第三节 汽车市场营销策划

一、汽车市场营销环境概述

(一)市场营销环境的含义

市场营销环境是指影响企业营销活动和营销目标实现,与企业营销活动有关系的各种因素和条件,包括宏观环境和微观环境。企业在一定的市场营销环境中进行营销活动,并受外界环境的制约,因此企业必须重视对环境的调查预测与分析,以发现市场机会,避免环境威胁,及时对环境中不利于企业营销的趋势采取应变措施,使营销决策具有科学依据。

(二)汽车市场营销环境的特点

1 客观性

汽车市场营销环境是影响与制约汽车企业营销活动客观存在的因素,它不以企业的主观意志为转移。如消费者消费收入、消费结构的变化等是客观存在的经济环境变化,在一定程度上影响了汽车消费,但这些变化并不是汽车企业可以主导的。

2 不可控性

汽车市场营销环境的客观性决定了它的不可控性,即汽车市场营销环境是企业不可能控制的。汽车企业主要是通过市场调查的方法来认识市场营销环境变化的趋势及对企业经营的影响,然后调整企业营销策略,适应汽车市场营销环境的变化。

3 差异性

汽车市场营销环境的差异性不仅表现在不同企业受不同环境的影响,而且同一种环境因素的变化对不同汽车企业的影响也不相同。因此,汽车企业为适应营销环境的变化所采取的营销策略也不相同。例如,车船使用税按发动机排量征收,对生产大排量汽车的企业是不利因素,对生产经济型汽车的企业而言又是个机会。

4 相关性

汽车市场营销环境不是由某单一因素决定的,还要受到一系列相关因素的影响。例如:汽车销售不但受汽车市场供求关系的影响,还要受到国家关于汽车相关政策等的影响。

5 动态性

汽车市场营销环境是不断发生变化的,而且变化的速度还在不断加快,每一个汽车企业作为一个小系统都与市场营销环境这个大系统处于动态的平衡中,一旦环境发生变化,平衡就被打破,汽车企业就必须积极地适应这种变化。

(三)汽车市场营销环境分析的目的

不断变化的市场环境,既给企业的市场营销提供机会,也可能带来威胁。营销管理者的任务就在于了解把握营销环境的变化趋势,适应环境的变化,提高应变市场的能力,趋利避害地开展市场营销活动,使企业更好地生存和发展。分析汽车市场营销环境的主要目的如下。

(1)通过对汽车市场环境的分析研究,了解把握汽车市场环境变化发展的趋势。

(2)从汽车市场环境的变化中,发掘新的市场机会,捕捉市场机遇,牢牢把握市场时机,更好地发展汽车企业。

(3)及时发现汽车市场环境给汽车企业带来的威胁,采取积极措施,避免或减轻威胁给汽车企业造成的损失。

(4)努力运用汽车企业可以控制的营销手段,及时调整汽车市场营销策略,使汽车企业在激烈的市场竞争中立于不败之地。

● 汽车市场调研与预测

(一)汽车市场调研

1 汽车市场调研的概念

汽车市场调研是指以科学的方法收集汽车市场资料,并运用统计分析的方法对所收集的资料进行分析研究,并根据调研的结论形成调研报告,发现市场机会,为企业管理者提供科学决策所必要的信息依据的一系列过程。

具体来说,汽车市场调研是汽车生产企业、经销商对客户及潜在客户的购买力、购买对象、购买习惯、未来购买动向和同行业的情况等进行全面的或局部的了解,弄清涉及企业生存发展的市场运行特征、规律和动向,以及其他因素对汽车产、供、销的影响。

2 汽车市场调研的内容

(1)汽车市场环境的调研。汽车市场环境调研一般多在企业投资决策阶段展开。汽车市场营销环境调研包括对政策法律环境、经济环境、科技环境以及社会文化环境等方面的调研。

(2)汽车市场消费者调研。包括消费需求量调研、消费结构调研、消费者购买动机和购买行为调研、潜在市场调研。

(3)汽车企业营销组合策略调研。汽车企业营销组合策略调研从产品、价格、销售渠道、促销方式四个方面开展。

(4)汽车企业竞争对手调研。竞争对手可以分为现实竞争对手和潜在竞争对手。调研内容包括在竞争中主要的竞争对手有哪些,消费者对主要竞争产品的认可程度,市场容量以及竞争对手在目标人群中占有的市场份额有多大,市场竞争激烈程度如何等。

(5)汽车售后服务调研。汽车售后服务调研包括维护、修理的水平与质量调研、客户满意程度调研、客户关系维系方法与效果调研、维修企业管理水平与管理能力的调研等。

3 汽车市场调研的方法

(1)间接调研法。间接调研法是指调研者不直接与被调研者面对面接触,而是通过某种中介(如文献档案、新闻媒体、网络资料等)向被调研者进行的调研方法。间接调研法的优点是获取资料比较方便,既省时省力,又节省开支,是比较经济的调研方法。其局限性主要是各类文献资料不可能都十分齐全,所获取的多是二手资料,信息的实效性不强,而且还需要加工处理,因此实际调研过程中,只作为一种辅助调研方法。

(2)直接调研法。直接调研法是通过实地调查收集资料、获取信息的一种方法。直接调研法所获取的都是第一手资料,时效性非常强,更能反映真实的市场情况,在汽车市场调研中经常使用。直接调研法包括访谈法、观察法、实验法三种。其中访谈法又是被广泛应用的一种方法。

①访谈法。访谈法是通过直接或间接的方式来收集信息的方法,是汽车市场调研最常用的方法。调研人员可以灵活地提出各种设计好的问题,通过被调研人员对问题的回答来收集信息,针对性强。访谈法的具体方式又可以分为问卷调研、面谈调研、电话访谈调研。

②观察法。观察法是指调研者凭借自己的感官、记录仪器或摄像、录音器材等,在调研现场对被调研者的情况直接观察、记录,以收集和取得汽车市场数据、资料、信息和情报资料的方法。

③实验法。实验法是指在汽车市场调研中,从若干因素中,选择一个或两个因素,将它们置于一定的条件下进行小规模的实验,然后对实验结果进行分析,研究是否值得大规模推广的一种调研方法。

(二)汽车市场预测

1 汽车市场预测的概念及意义

汽车市场预测,是在对汽车市场调研的基础上,运用科学的手段与方法,对影响市场营销的各种因素进行研究,通过逻辑推理,对未来一定时期内的汽车市场需求情况及发展趋势进行推断,为汽车企业营销决策提供科学依据。企业通过市场预测,对汽车市场的变化趋势进行了揭示和描述,不仅为汽车企业的经营提供依据,还可以使汽车企业在经营中克服盲目性,增强竞争力、应变能力,达到预期的经营目标。

2 汽车市场预测的内容及步骤

(1)汽车市场预测的内容。

①汽车环境预测。该预测也称为宏观预测或经济预测,它是通过对各种环境因素如国家财政开支、进出口贸易、通货膨胀、失业状况、企业投资及消费者支出等因素的分析,对国民总收入和有关的总量指标的预测。

②汽车市场潜量与企业潜量预测。汽车市场潜量和企业潜量是指整个汽车市场和汽车企业潜在的需求量。

(2)汽车市场预测的步骤。

①确定预测目标。确定要解决的问题,达到的目的,规定预测的期限和进程,确定预测的范围。

②收集信息资料。收集信息资料指围绕预测目标,收集信息资料,收集与预测对象有关的各因素的历史统计数据资料和反映市场动态的现实资料。

③选择预测方法。根据预测问题的性质、占有资料的多少、预测成本的大小,选择一种或几种方法。

④写出预测结果报告。预测结果应简单、明确,对结果应作解释性说明和充分论证,包括对预测目标、预测方法、资料来源、预测过程的说明以及预测检验过程和计算过程。

⑤分析误差,追踪检验。进行误差分析,找出误差原因及判断误差大小,修改调整预测模型得出的预测数量结果,或考虑其他更适合的预测方法,以得到较准确的预测值。

3 汽车市场预测的方法

(1)定性预测方法。

①集体意见法:集中企业的管理人员、业务人员等,凭他们的经验和判断共同讨论市场发展趋势,进而作出预测的方法。

②德尔菲法:是按规定的程式,采用背对背的反复征询方式,征询专家小组成员的意见,经过几轮的征询与反馈,使各种意见渐趋一致,经汇总和数理类推,把预测目标同其他类似事物加以对比,推测其未来发展趋势的一种定性预测方法。

③转导法:根据政府公布的或调查所得的经济预测指标,转导推算出预测结果的市场预

测方法。

(2)定量预测方法。定量预测方法是根据必要的统计资料,借用数学方法特别是数理统计方法,通过建立数学模型,对预测对象的未来在数量上的表现进行预测等方法的总称。一般方法有时间序列预测法、回归预测模型、市场细分集成法、类比预测模型、需求弹性法。

三 汽车市场细分与目标市场选择

1 汽车市场细分

(1)汽车市场细分的含义及作用。汽车市场细分就是企业按照消费者需求,把一个总体汽车市场划分成若干个具有共同特征的汽车分市场,以便用来确定目标市场的过程。

汽车细分市场是从消费者的角度出发,按消费者的需求、购买动机、购买行为的多元性和差异性来细分。作用有:

①有利于选择目标市场和制定营销策略。
②有利于发现市场营销机会。
③能有效地与竞争对手相抗衡。
④能有效地扩展新市场,扩大市场占有率。
⑤有利于企业合理利用资源,发挥优势。

(2)汽车市场细分的依据。一种产品的整体市场之所以可以细分,是由于消费者或客户在需求上存在差异,而对一种产品的多样化需求通常是由多种因素造成的,因而这些因素也就成了市场细分的依据。通常有几种:

①按地理变量细分市场。
②按人口变量细分市场。
③按心理变量细分市场。
④按行为变量细分市场。

(3)汽车市场细分的基本要求。为了使汽车市场细分有效和富有意义,营销人员在进行市场细分时,应当遵循以下基本要求:

①可衡量性。
②可盈利性。
③可进入性。
④差异性。
⑤有发展潜力。
⑥独特性。

2 汽车目标市场选择

(1)目标市场选择的含义。
目标市场选择是指估计每个细分市场的活动程度,并选择进入一个或多个细分市场。

企业选择的目标市场应是那些企业能在其中创造最大价值并能保持一段时间的细分市场。绝大多数企业在进入一个新市场时只服务于一个细分市场，在取得成功之后，才进入其他细分市场，大企业最终会选择完全市场覆盖。正如通用汽车公司所宣称过的，它"要为每一个人的钱包和个性生产汽车"。

（2）目标市场的选择标准。一般而言，企业考虑进入的目标市场，应符合以下标准：
①目标市场应有一定的规模和发展潜力。
②目标市场应具有吸引力。
③目标市场应符合企业的目标和能力。

（3）目标市场的营销策略。在细分市场、选择目标市场之后，企业还要确定目标市场营销策略，即企业针对选定的目标市场确定有效地开展市场营销过程的基本方针。企业确定目标市场的方式不同，选择的目标市场范围不同，其营销策略也就不一样。可供企业选择的目标市场营销策略主要有以下几种。

①无差异营销策略。无差异营销策略是指企业不考虑细分市场的特性差异，对整个市场只提供一种产品。这一策略适用于一些本身不存在明显目标市场的产品，但是对于大多数像汽车这样具有明显差别的商品是不适用的，即使采用也只能在短期生效。

②差异性营销策略。差异性营销策略是指企业决定以几个细分市场为目标，为每个目标市场分别设计产品及营销方案。该策略通过不同的市场营销组合服务于不同细分市场，可以更好地满足不同客户群的需要，通常会有利于扩大企业的销售总额。

③集中性营销策略。集中性营销策略是指企业集中力量进入一个或少数几个目标市场，实行专门化生产和销售。实行这一策略，企业是力求在一个或几个目标市场占有较大份额。集中性营销策略特别适用于那些资源有限的中小企业，或初次进入新市场的大企业。它最大的问题就是风险集中。

三种目标市场策略各有利弊，选择目标市场时，必须考虑企业面临的各种因素和条件。

（4）汽车目标市场选择考虑的因素。
①产品的特性。
②市场的同质性。
③企业的资源和实力。
④产品生命周期阶段。
⑤竞争对手的市场策略。

3 汽车市场定位

选定目标市场后，由于汽车目标市场的需求仍是多方位的，不同方位的需求强弱程度不同，而且被同类汽车产品所满足的程度也不一样，因此仍需采取进一步的汽车市场定位策略，才有可能制定出针对性更强的、有效的汽车市场营销组合。

（1）汽车市场定位的概念。市场定位是指企业根据目标市场上同类汽车的竞争状况，针对客户对该类汽车某些特征或属性的重视程度。为本企业产品塑造强有力的、与众不同的鲜明个性,并将其形象生动地传递给客户,求得客户认同。市场定位的实质是使本企业与其他企业严格区分开来,使客户明显感觉和认识到这种差别,从而在客户心目中占有特殊的位置。

(2)汽车市场定位的作用。

①有利于企业明确市场营销组合的目标。

②有利于建立企业及其产品的市场特色。

(3)汽车市场定位的指标。企业进行市场定位,目的是向汽车市场提供具有差异性的产品,这样就可以使其产品具有竞争优势,即要使产品具有竞争性差异化。对汽车企业而言,一般应在产品、服务和形象等方面实现差异化。

①产品差异化。并不是每种产品都有明显的差异,但是,几乎所有的产品都可以找到些可以实现差异化的特点。汽车是一种可以高度差异化的产品,其差异化可以表现在特色、性能、一致性、耐用性、可靠性、可维修性等上。

②服务差异化。除了汽车实体产品差异化以外,企业也可以对其所提供的各项服务实行差异化。在汽车销售市场中,服务的重要性正日渐为企业所重视,并且成为决定销售业绩的一项重要因素。特别当汽车实体产品较难差异化时,要在竞争中取得成功常常有赖于服务的增加和服务的质量。在汽车销售中,服务差异化主要体现在订货方便、客户培训、客户咨询、维修和其他各种服务上。

(4)汽车市场定位的类型。在企业的目标市场中,通常会存在一些其他企业的品牌。这些品牌已经在消费者心目中树立了一定形象,占有一定地位,它们都有自己的市场位置。企业要想在目标市场上成功地树立起自己品牌独特的形象,就必须考虑这些竞争企业的存在,并针对这些企业的产品,制定适当的定位战略。通常可供企业选择的市场定位战略有以下几种。

①避强定位:这是一种避开强有力的竞争对手进行市场定位的模式。

②竞争性定位:是指将本企业产品位于与现有竞争者产品相似的市场位置上,与竞争对手针锋相对,争夺同一目标市场。

③突出特色定位:是指企业通过分析市场中现有产品的定位状况,发掘新的具有鲜明特色的市场位置来为企业的产品定位。

④重新定位:通常是对那些销路少、市场反应差的汽车进行二次定位。

四 汽车营销策划书的编写

1 汽车营销策划的概念

营销策划指企业在经营方针、经营目标的指导下,通过对企业内部经营环境的分析,找准市场机会,选择营销渠道和促销手段,经过精心构思设计,将产品推向目标市场,以达到占有市场的目的的过程。汽车营销策划指经过对竞争对手营销策划的分析,做出有别于竞争对手的方案,出奇制胜,进而指导企业的汽车销售活动,为企业创名牌、创效益。

2 汽车营销策划方案的内容

(1)内容摘要。
(2)营销环境分析。
(3)确定营销目标。
(4)制定营销策略。
(5)确定活动流程。
(6)制订预算方案。
(7)制订过程控制方案。

3 营销策划书的结构、框架

营销策划书是创意和策划的物质载体,是策划的文字或图表的表现形式,它使得策划人的策划方案能够被他人所知道和接受。策划书没有固定的内容与标准的格式,根据策划对象和策划要求的不同,营销策划书的内容和格式是不一样的。一般而言,一份规范的营销策划书的基本结构框架应包括如下方面。

(1)封面。封面是策划书的脸面,会给读者留下第一印象,不能草率从事。封面设计的基本原则是醒目、整洁,字体、字号、颜色都要根据视觉效果具体制订,要有艺术性。策划书的封面要注明下列几点内容:策划书的名称、策划委托机构、策划机构、策划人姓名、策划完稿日期、策划执行时间、策划书的保密级别、策划书的编号。

(2)摘要。摘要是对营销策划项目内容所做的概要说明,勾勒出策划方案的各个章节重点与结论,使读者大致了解策划书的主要内容,摘要的写作要简明扼要,篇幅不宜过长,字数在300~400字为宜。

(3)目录。策划书的目录与一般书籍的目录起相同的作用,它涵盖全书的主体内容,目录实际上就是策划书的简要提纲,具有与标题相同的作用,策划人应认真编写。

(4)前言。前言、序言是策划书正式内容前的情况说明部分,交代策划的来龙去脉,内容应简明扼要,字数要控制在1000字以内。包括:策划的背景、委托单位的情况、接受委托的情况、策划的重要性和必要性、本次策划与要达到的目的与策划的主要过程。

(5)策划目标。策划目标具有导向作用。在确定目标之前必须进行问题界定,通过各种界定问题的方法发掘企业存在的经济问题及其原因,在此基础上确定企业的营销目标。

(6)环境分析。环境分析是营销策划的依据与基础,所以营销策划都是以环境分析为出发点的。环境分析包括企业营销的外部环境和内部环境。营销策划中常用的分析工具有:PEST分析、SWOT分析、波特五力分析和对消费者行为的5W2H分析等。

(7)营销策略。营销策划书中要清楚地表述企业所要实行的具体战略,包括市场细分(Segment)、目标市场(Target)和市场定位(Position)三方面的内容,也称为STP策略。

(8)营销组合策略。确定营销目标、目标市场和市场定位之后,就必须确定各个细分市场的营销组合策略。

(9)行动方案。行动方案可以划分为两类计划:组织机构和行动程序安排。在行动方案中,需要确定以下内容:要做什么活动?何时开始?何时完成?各项活动分别需要多少天?各项活动的关联性怎样?在何地?需要何种方式协助?需要什么样的布置?要建立什么样的组织机构?由谁来负责?实施怎样的奖惩制度?

(10)费用预算。预算包括营销过程中的总费用、阶段费用、项目费用,使各种花费控制在最小规模上,以获得理想的经济效益。营销预算最常用的是活动项目估计,即按照策划所确定的活动项目列出细目,计算出所需经费。

(11)实施进度计划。把策划活动全部过程拟成时间表,具体何日何时要做什么都标注清楚,以进行策划过程中的控制与检查,同时使行动方案更具可操作性。

(12)策划方案控制。策划控制方案可分为一般控制方案和应急方案。

①一般控制方案:一般控制方案包括每月或每季详细检查目标的达到程度。高层管理者要对目标进行重新分析,找出未达到目标的项目及原因。营销效果的具体评价方案包括经营理念、整体组织、信息流通渠道的畅通情况、战略导向和工作效率。

②应急方案:应急方案主要考虑市场信息的不确定性,需要制订多套应急方案。

(13)结束语。本部分主要是再重复一下主要观点并突出要点。结束语并不是非要不可的,主要起到与前言呼应的作用,使策划书有一个圆满的结尾,不致使人感觉到太突然。

(14)封底。封底与封面相对应,它保证了策划书的完整和美观。

(15)附录。附录的内容对策划书起着补充说明的作用,增强阅读者对营销策划的信任。附录的内容有报刊、政府机构或企业内部的统计资料、调查数据等,营销策划的备用方案一般也置于这里。附录也要表明顺序,以便查找。

第四节 汽车市场营销策略

一、汽车产品策略

(一)产品与汽车产品

1 产品的含义

(1)传统观念。按照传统的观念,产品仅指通过劳动而创造的具有某种物质形状、能提供某种用途的物质实体,即有形物品,这是狭义的产品概念。

(2)市场观念。从市场营销的观点来看,广义的产品是指人们通过购买而获得的能够满足某种需求和欲望的物品的总和,它既包括具有物质形态的产品实体,又包括非物质形态的利益,简言之:产品=有形物品+无形服务。

(3)产品整体概念的内容。按照市场营销理论,产品整体概念有"三层次整体概念"和"五层次整体概念"。"三层次整体概念"指产品由核心产品、形式产品和附加产品三个层次构成;"五层次整体概念"指产品由核心产品、形式产品、期望产品、附加产品和潜在产品五个层次构成。

①核心产品是指消费者购买某种产品时所追求的利益,是客户真正要买的东西,是最基本、最主要的部分。

②形式产品是指核心产品所展示的全部外部特征,即呈现在市场上的产品的具体形态或外在表现形式,也称有形产品,主要包括产品的外形、质量、特色、品牌等。

③附加产品是客户购买有形产品时所获得的全部附加服务和利益,包括提供信贷、免费送货、保证、安装、售后服务等。这是产品的延伸或附加,它能够给客户带来更多的利益和更大的满足。

④期望产品,即消费者购买产品时通常希望和默认的一整套属性和条件。

⑤潜在产品,即具有变化与改进潜质的产品部分,也就是最终可能会实现的全部附加部分和新转换部分。

2 汽车产品的含义及使用特点

汽车产品指汽车市场提供的能满足消费者某种欲望和需要的任何事物,包括实物、服务、品牌等。汽车本身是一种有形商品,但其使用特点又明显不同于一般生产资料和消费资料等有形商品。这种使用上的特殊性体现在以下两个方面。

(1)汽车既是一种生产资料,又是一种消费资料。例如,各类生产型企业利用自己拥有的汽车,进行原材料及产成品的运输等。由于这类运输活动构成企业生产活动的部分,因而汽车属于一种生产资料。同时作为生活耐用消费品,汽车(家庭轿车)已进入普通人家庭,满足消费者个人需求。

(2)汽车是一种最终商品。从产品的加工程度看,汽车本身属于产成品。无论是作为生产资料使用的汽车,还是作为生活资料使用的汽车,都是最终可以直接使用的产品。

(3)汽车是一种特殊商品。汽车作为一种特殊商品,它还是一种身份的象征。奔驰的尊贵、宝马的时尚、劳斯莱斯的威严,无不透露出汽车身份的象征。

(二)汽车产品组合策略

1 汽车产品组合

汽车产品组合是指一个营销者所营销的全部汽车产品的结构,它包括所有的产品线和产品项目,如不同的车型、品牌、同一车型不同的配置或版本等。汽车产品线一般是一个品牌的系列产品,通过相同渠道进行销售,而汽车产品项目一般是同品牌系列中不同款型、不同价格、不同配置的汽车产品,如一汽大众奥迪系列中的奥迪 A1、奥迪 A7 和全新奥迪 A8L 等款型就是一组产品组合。

2 汽车产品组合策略

汽车产品组合策略是根据汽车厂家的预定目标,以及企业所拥有的资源条件、市场基本情况和竞争条件等,对汽车产品组合的广度、深度和相容度进行相应的决策,以确定汽车产品的最佳组合。

（1）扩大组合广度和加深组合深度。汽车企业根据其生产设备和技术力量的限制，必须充分利用企业的各项资源来扩大汽车产品组合广度和加深产品组合的深度。如上海大众汽车在扩大汽车产品组合广度上的做法是先后开发了包括普桑、桑塔纳200帕萨特和POLO等在内的众多车型，这样可使汽车企业扩大市场占有率，同时也可分散汽车企业的投资风险。而加深汽车产品组合的深度，可以占领同类汽车产品更多的市场，迎合更多购车者的不同需要和偏好。如上海帕萨特在基本车型的基础上，研制开发了豪华型等其他型号的车型，加深了产品组合的深度。

（2）加强组合相容度。一个汽车企业应加强产品组合相容度，如汽车内饰、汽车备件等应尽可能地相互配套，这可提高汽车企业在本行业或某一地区的声誉，但也会分散经销商及销售人员的力量，同时增加成本，甚至由于新产品的质量性能等问题而影响企业原有产品的信誉。

3 汽车产品组合延伸策略

汽车产品组合延伸策略包括向上、向下和向上向下的双向延伸策略。

向上延伸主要针对高档汽车，是在一种汽车产品线内增加价格较高的汽车产品，以提高企业的声誉。

向下延伸主要针对低档汽车，是在高价汽车产品线中增加较为低价的汽车产品，旨在利用高档品牌汽车产品的声誉吸引购买力较低的消费者进行购买。

双向延伸策略旨在扩大汽车市场的覆盖面，需要企业有较强的实力，同时拥有强大的市场运作能力和雄厚的资金支持。

4 汽车产品异样化和细分化策略

汽车产品异样化和细分化均属于扩大汽车产品组合策略。汽车产品异样化是指在同一市场上，汽车企业为突出自己的产品与竞争产品的不同特点，避免出现价格战，提高企业的品牌形象，尽可能地显示出与其他产品的区别，旨在占据市场有利地位。

汽车产品细分化是指汽车企业可对同质市场做进一步细分后找到未满足的需求，从而生产一些较为独特的汽车产品进入该细分市场。如东风风行从最为畅销的景逸15XL，到景逸1.5 XL – AMT、景逸TT再到景逸1.8VVT版本的"城市风格家轿"，是应用细分策略较为成功的企业。

汽车产品异样化实质上是要求汽车消费者的需求服从生产者的愿望，而汽车产品细分化则是从汽车消费者的角度出发，满足汽车消费者的不同需求。

（三）汽车新产品开发策略

1 新产品开发方式

一般来说，采用独立开发可使企业依靠自己的力量研究开发新产品，这种方式可以紧密结合企业的特点,并使企业在某一方面具有领先地位,但需要较多的开发费用。也可采用引进开发,即利用已经成熟的制造技术,借鉴别人已经成功的经验来开发新产品。采用这种方式不仅可以缩短开发时间,节约开发费用,而且可以促进技术水平和生产效率的提高,但要注意引进技术与企业自身条件之间的适应性。采用开发与引进相结合的方法就是既重视独立开发又重视技术引进,二者相互结合,互为补充,从而产生更好的效果。

2 新产品开发过程

新产品开发必须按科学程序进行,在每个环节上充分尊重科学性,切勿主观臆断。除了各个过程包括的技术因素外,从市场营销角度看,各环节还包括调查与预测、制订产品发展规划与计划、新产品构思、概念设计和工业化设计。

3 汽车产品改进和商品化

对汽车产品不断地进行改进(图2-3),使汽车产品不断地适应市场的发展变化和某一些地区的特殊要求,以此可扩大销售。

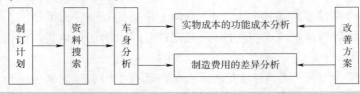

图2-3　对产品进行改进

4 产品开发的组织管理

由于现代汽车产品涉及多种学科和领域,技术含量很高,尤其是轿车产品,要满足美观、安全、舒适、节能和环保等各项指标的要求,涉及许多高技术领域、高技术产品以及社会科学的某些方面。这就要求汽车的企业要有各学科和技术门类的科学家、工程师和设计师,同时,人才的学科结构需不断调整,使之趋于合理。对我国企业而言,产品开发人员要增加计算机科学和电子学等方面的科学家和工程师的比例。此外,企业还应在基础研究、产品设计、产品试验各领域有自己的技术骨干,这些人应有基础理论扎实及富有想象力、创造力和实践能力等特征。企业应依靠这些骨干力量把企业的产品开发能力推向更高水平。

(四)汽车产品的生命周期及策略

1 产品生命周期

产品生命周期是指从产品试制成功投入市场开始,到被市场淘汰为止所经历的全部时间过程。汽车产品生命周期是指一种汽车款型从进入市场到退出市场,即在市场上销售的时间,其长短受汽车消费者的需求变化、汽车产品更新换代速度等多种市场因素影响。

20世纪初美国福特公司推出的T型车历时20年,创造了汽车史上单种车型产量和生产销售时间上的奇迹。而现在,一款新的车型其生命周期最长不过3~5年,而短的只有半年到一年。

在整个汽车产品生命周期中,一般可分为四个阶段:导入期、成长期、成熟期和衰退期。

2 产品生命周期各阶段的特点和营销策略

(1)导入期市场特点与营销策略。导入期指汽车产品投入市场的初期阶段。在此阶段,产品刚刚下线,产量低,技术不完善,汽车消费者对汽车新产品不够了解,销售量低,销售增长率小,费用及成本高,利润低,有时甚至亏损。

导入期市场营销策略的目的是尽量将该阶段缩短,使其尽快进入成长期。因此,企业要针对成长期的特点,制订和选择不同的营销策略。

可供企业选择的营销策略主要有快速掠取策略、快速渗透策略、缓慢掠取策略和缓慢渗透策略。

(2)成长期市场特点与营销策略。成长期是指汽车产品经过试销,汽车消费者对汽车新产品有所了解,汽车产品销路打开,销售量迅速增长的阶段。在此阶段,汽车产品已定型,开始大批量生产,销售增长率很高,分销途径已经疏通,市场份额增大,成本降低,价格下降,利润增长,同时,竞争者也逐渐开始加入。

这个阶段,突出一个"快"字是成长期营销策略的核心。为此。可以采取以下策略:

①迅速稳定产品性能,改进汽车质量,赢得客户的信任以适应市场的需要。

②进行新的市场细分,完善营销网络,开辟新的销售渠道以扩大市场覆盖面。

③加大广告宣传和促销力度,扩大品牌知名度和影响力。

④适当降低价格,以提高竞争能力和吸引新的消费者群体。

(3)成熟期的市场特点与营销策略。成熟期是指汽车产品的市场销售量已达饱和状态的阶段。在这个阶段,销售量总额达到最大,但增长速度减慢,甚至开始呈下降趋势,产品成本下降,利润较丰厚,但因竞争激烈,利润可能开始下降。

这个阶段,突出一个"长"字是营销策略的核心,同时要抑制竞争,不断开发新产品,常用的策略有以下几种:

①开辟新市场,提高产品的销量和利润率。

②改良产品的特性、质量和形态,以满足日新月异的消费需求。

③营销组合改良,通过改变定价、销售渠道及促销方式来延长产品成熟期。

(4)衰退期的市场特点与营销策略。衰退期指汽车产品被市场淘汰的阶段。在这个阶段,销售量下降很快,新产品已经出来,老产品逐渐退出市场。这个阶段,营销策略应突出一个"转"字,即有计划有步骤地转产新产品,这对企业来讲将是代价昂贵的。因此,对大多数企业来说,应当机立断及时实现产品的更新换代,处于衰退期的产品常采取维持策略、缩减策略和撤退策略。

如果企业决定停止经营衰退期的产品,还应当慎重决策,决定是彻底停产放弃还是把该品牌出售给其他企业,是快速舍弃还是渐进式淘汰,而且应注意处理好善后事宜,应继续安排好后期备件供应和维修技术支持,以保证老产品的使用需要,否则将会影响企业形象。

(五)汽车品牌策略

1 汽车品牌的概念

汽车品牌是用于标志并识别某一或某些车型的符号系统。美国市场营销协会定义委员会对品牌的定为:"品牌是用以识别一个或一群出售之产品,并与其他竞争者相区别的名称、名词、符号和设计,或者以上四种之组合。"这是对品牌最直接的表述,也是一种狭义的理解。从更深层次的角度来讲,品牌是对企业整体的诠释代表了企业和产品形象。

品牌的功能有识别功能、信息功能、担保功能和价值功能。

2 品牌营销的策划

品牌营销是使商标转化为名称,名称转化为品牌,进而品牌转化为强劲品牌的过程。通过强劲品牌的建立,扩大企业规模,增大市场占有率,提高投入产出效益,提升产品附加值,建立和巩固企业核心竞争力。

因此,品牌营销策划是对品牌从建立到传播再到扩展的全过程设计,它包括创造品牌的核心价值,找到品牌的核心生命点,确定品牌的定位、建立品牌识别系统和实施品牌策略等方面。

(1)创造品牌的核心价值,找到品牌的核心生命点。

(2)建立品牌识别系统。

(3)实施品牌策略。

①品牌定位策略主要从形象、观念、价格定位和功效定位等几个方面考虑。

②品牌管理策略中,常见的有生产品牌与销售者品牌、同一品牌与个别品牌、多重品牌等的管理。

对于汽车产品来说,积极的品牌管理可锁定极具潜力的客户群,突破购买瓶颈,扩大消费者的利益并做好对消费者的宣传。

二 汽车价格策略

(一)汽车产品定价及其主要影响因素

汽车价格既是调节市场供需的杠杆,也是汽车产品进入市场的门槛。

1 汽车价格的构成

汽车价格的构成主要包括生产成本、流通费用、国家税金、汽车企业利润等。

生产成本是汽车价格形成的基础,也是制订汽车价格的重要依据;流通费用发生在汽车从汽车生产企业向最终消费者移动过程各个环节之中,是正确制订同种汽车差价的基础;国家税金税率的高低直接影响汽车的价格,国家对汽车企业开征增值税、所得税、营业税等,在汽车产品的流通过程中还有消费税和购置税;汽车企业利润是企业进行生产的目标,企业只有通过盈利才能扩大规模再生产,从而获得更大的利润价值。

2 汽车价格的类型及定价影响因素

从汽车市场营销角度来看,汽车价格组成类型包括汽车出厂价格、汽车批发价格和汽车销售价格。汽车产品价格的高低主要取决于产品中包含的价值量的大小。一般来说我们可以把这些因素区分为企业的外部因素和内部因素。

(1)外部因素。外部因素主要有市场供求情况、竞争情况、消费心理、价格弹性、政策环境和社会环境等。

(2)内部因素。内部因素主要有生产成本、产品质量等。

(二)汽车产品的基本定价方法

1 汽车成本导向定价法

汽车成本导向定价法包括汽车成本加成定价法、汽车加工成本定价法和汽车目标成本定价法三种。

(1)汽车成本加成定价法。汽车成本加成定价法是一种最简单的汽车定价方法,即在单辆汽车成本的基础上,加上一定比例的预期利润作为汽车产品的售价。此定价法主要适用于汽车生产经营处于合理状态下、企业供求大致平衡、成本较稳定的汽车产品。

(2)汽车加工成本定价法。汽车加工成本定价法是将汽车企业成本分为外购成本与新增成本后分别进行处理,并根据汽车企业新增成本来加成定价的方法。其计算公式如下:

$$汽车价格 = 外购成本 + 汽车加工新增成本 \times \frac{1 + 汽车加工成本利润率}{1 - 加工增值税率}$$

$$汽车加工成本利润率 = \frac{要求达到的总利润}{加工新增成本} \times 100\%$$

$$加工增值税率 = \frac{应纳增值税金总额}{销售总额 - 外购成本总额} \times 100\%$$

这种汽车加工成本定价法主要适用于加工型汽车企业和专业化协作的汽车企业。此方法既能补偿汽车企业的全部成本,又能使协作企业之间的利润分配和税收负担合理化,避免按汽车成本加成法定价形成的行业之间和协作企业之间利益不均的弊病。

(3)汽车目标成本定价法。汽车目标成本定价法是指汽车企业经过一定努力,以预期能够达到的目标成本为定价依据,加上一定的目标利润和应纳税金来制订汽车价格的方法。其计算公式如下:

$$汽车价格 = \frac{汽车目标成本 \times (1 + 汽车目标成本利润率)}{1 - 税率}$$

$$汽车目标成本利润率 = \frac{要求达到的总利润}{目标成本 \times 目标产销量} \times 100\%$$

汽车目标成本定价法是为谋求长远和总体利益服务的,较适用于经济实力雄厚、生产和经营有较大发展前途的汽车企业,尤其适用于新产品的定价。采用汽车目标成本定价法有助于汽车企业开拓市场、降低成本、提高设备利用率,从而提高汽车企业的经济效益和社会效益。

2 汽车需求导向定价法

汽车需求导向定价法包括理解价值定价法和反向定价法。

理解价值定价法,就是汽车企业按照买主对汽车价值的理解来制订汽车价格。其方法是先从汽车的质量、提供的服务等方面为汽车在目标市场上定价决定汽车所能达到的售价,再由汽车销量算出所需的汽车生产量、投资额及单位汽车成本,计算该汽车是否能达到预期的利润,以此来确定汽车价格是否合理,并进一步判明该汽车在市场上的命运。

反向定价法是指企业依据消费者能够接受的最终销售价格,计算自己从事经营的成本和利润后,逆向推算出产品的批发价和零售价。这种定价方法不以实际成本为主要依据,而是以市场需求为定价出发点,力求使价格为消费者所接受,分销渠道中的批发商和零售商多采取这种定价方法。

企业一般在两种情况下采用反向定价策略。一是为了应对竞争,二是为了推出新产品。

3 汽车竞争导向定价法

(1)随行就市定价法。随行就市法是以同类汽车产品的价格作为汽车企业定价的基础。这种方法适合汽车企业在难以对客户和竞争者的反应作出准确的估计,而自己又难以另行定价时使用。

(2)相关商品比价法。当汽车产品与标准品相比,成本变化与质量变化方向程度大致相似时,实行"按值论价",即:

$$汽车价格 = 标准品价格 \times (1 + 成本差率)$$

当汽车产品与标准品相比,成本上升不多而质量有较大提高时,根据"按质论价、优质优价"原则,即:

$$标准品价格 \times (1 + 成本差率) < 汽车价格标准品价格 \times (1 + 质量差率)$$

当汽车产品与标准品相比,成本下降不多而质量有较大下降时,依据"按质论价、低质廉价"原则,即:

$$汽车价格 = 标准品价格 \times (1 - 质量差率)$$

(3)投标定价法。在汽车和劳务交易中,采用招标、投标的方式,由一个卖主(或买主)对两个以上相互竞争的潜在买主(或卖主)出价(或要价),择优成交的定价方法称为竞争投标定价法。其特点是招标方只有一个,处于相对垄断的地位,而投标方往往有多个,处于相对竞争的地位。

(三)汽车产品的价格策略

在激烈的汽车市场竞争中,汽车企业为了实现自己的营销战略和目标,必须根据产品特点、市场需求及竞争情况,采取灵活多变的汽车定价策略,扩大汽车销售,提高汽车企业的整体效益。

1 汽车新产品定价策略

在激烈的汽车市场竞争中,汽车企业开发的汽车新产品能否及时打开销路、占领市场和获得满意的利润,除了汽车新产品本身的性能、质量及必要的汽车市场营销手段和营销策略之外,还取决于汽车企业是否能选择正确的定价策略。汽车新产品定价有三种基本策略。

(1) 撇脂定价策略。这是一种汽车高价保利策略,指在汽车新产品投放市场的初期,将汽车价格定得较高,以便在较短的时期内获得高额利润,尽快地收回投资。

(2) 渗透定价策略。这是一种汽车低价促销策略,指在汽车新产品投放市场时,将汽车价格定得较低,以便使汽车消费者容易接受,很快打开和占领市场。

(3) 满意定价策略。这是一种介于撇脂定价策略和渗透定价策略之间的汽车定价策略。由于这种价格介于高价和低价之间,因而比前两种定价策略的风险小,成功的可能性大,但有时也要根据市场需求、竞争情况等因素进行具体分析。

2 汽车产品组合的定价策略

一个汽车企业往往不只生产一种产品,常常会有多个系列的多种产品同时生产和销售,同一企业的不同种汽车产品之间的需求和成本是相互联系的,但同时它们之间又存在着一定程度的"自相竞争",因而,这时候的企业定价就不能只针对某一产品独立进行,而要结合相关联的一系列的产品,组合制订出一系列的价格,使整个产品组合的利润最大化。这种定价策略主要有以下两种情况。

(1) 同系列汽车产品组合定价策略。这种定价策略是把一个企业生产的同一系列的汽车作为一个产品组合来定价,在其中确定某一车型的较低价格,这种低价车可以在该系列汽车产品中充当价格明星,以吸引消费者购买这一系列中的各种汽车产品;同时又确定某一车型的较高价格,这种高价可以在该系列汽车产品中充当品牌价格,以提高该系列汽车的品牌效应。

(2) 附带选装配置的汽车产品组合定价策略。这种定价策略将一个企业生产的汽车产品与其附带的一些可供选装配置的产品看作一个产品组合来定价。例如,汽车消费者可以选装该汽车企业的电子开窗控制器、车载导航等配置。附带选装配置的产品组合定价策略一般适用于价格较低或专用汽车附带选装配置的汽车。

3 折扣和折让定价策略

在汽车市场营销中,企业为了鼓励客户及早付清货款、大量购买或淡季购买,还可以酌情降低其基本价格,灵活运用折扣和折让策略是提高汽车企业经济效益的重要途径。

(1) 数量折扣。
(2) 现金折扣。
(3) 交易折扣。
(4) 时间折扣。
(5) 运费让价。

总体而言,企业在实行折扣和折让定价策略时要考虑竞争者实力、折扣成本、企业流动资金成本、消费者的折扣心理等多方面的因素,并注意避免市场内同种商品折扣标准的混乱,才能有效地实现经销目标。

4 针对汽车消费者心理的定价策略

这是一种运用营销心理学原理,根据各种类型客户购买商品时的心理动机制订价格,引导和刺激购买的价格策略。具体的心理定价策略如下。

(1)整数定价策略。在高档汽车定价时,往往把汽车价格定成整数,不带尾数。

(2)尾数定价策略。尾数定价策略一般适用于汽车档次较低的经济型汽车,经济型汽车价格的高低自然会对需求产生较大影响。

(3)声望定价策略。这是根据汽车产品在消费者心目中的声望、信任度和社会地位来确定汽车价格的一种汽车定价策略。声望定价策略一般适用于具有较高知名度、有较大市场影响的著名品牌的汽车。

(4)招徕定价策略。这是指将某种汽车产品的价格定得非常之高或者非常之低,以引起消费者的好奇心理和观望行为,从而带动其他汽车产品销售的一种汽车定价策略。

(5)分级定价策略。这是指在定价时,把同类汽车分为几个等级,不同等级的汽车采用不同价格的汽车定价策略。

(四)汽车产品价格调整

1 企业调价原因

(1)降价。企业降价的主要原因包括生产能力过剩、产品积压、维持或提高市场占有率、产品生产成本下降和竞争产品降价等。

(2)提价。企业提价的原因主要是通货膨胀导致成本上升。在通货膨胀条件下,除直接提高产品实际价格外,企业还可采用以下变相提价的方式:推迟报价,在合同中规定按物价指数调价的条款;将原来低价或免费提供的服务分解出来,单独定价;降低价格折扣,采用低价原料或配件,或采用廉价包装材料,或减少产品的功能、服务和分量和降低产品质量等。

2 客户对企业调价的反应

(1)对降价的反应。客户对降价的有利反应是认为企业让利于客户。不利的反应是认为产品过时、有缺陷、企业资金周转困难等,从而产生价格进一步下跌的预期等。

(2)对提价的反应。客户对提价的有利反应是认为汽车产品质量提高,或出现了产品供不应求的状况,不及时买就可能买不到,价格可能继续上升等想法。不利反应是认为企业想要获取更多的利润,从而产生了反感情绪,降低了购买该产品的积极性。

3 企业调价对竞争者的影响

在异质产品市场上,竞争者一般不会追随企业的调价。

在同质产品市场上,竞争者通常追随企业的调价,但不同的竞争者反应的模式不尽相同,反应模式因竞争者的经营目标、经济实力、一贯作风等因素不同而不同。因此,企业应根据对竞争者有关特点的分析,预测竞争者可能作出的反应。

4 企业对竞争者调价的对策

在异质产品市场上,对竞争者的调价,企业作出反应的自由度很大。而在同质市场上,竞争者提价时,企业可以提价也可以不提价,但如果竞争者降价,企业通常只能降价。因此,在企业身处同质市场的情况下,应密切关注竞争者的降价动向。

二、汽车分销渠道策略

(一)汽车产品的分销渠道

1 汽车分销渠道的含义

分销渠道又称分配渠道或销售渠道,指的是产品由生产者流通到客户的过程中经过的所有环节连接起来形成的通道。分销渠道包括中间商和代理中间商,其渠道起点是生产者,终点是消费者。

2 销售渠道的模式

销售渠道按其有无中间环节和中间环节的多少,以及渠道长度的不同,可分为以下基本类型。

直接渠道:生产者→客户(零级渠道)。

间接渠道:①生产者→零售商→客户(一级渠道);②生产者→批发商→零售商→客户(二级渠道);③生产者→代理商→批发商→零售商→客户(三级渠道)。

(1)直接渠道。直接渠道即生产企业不通过任何中间环节直接把产品卖给客户,也称为"零层渠道",这是最简单最直接的销售渠道。直接渠道的具体形式有:推销员上门推销、设立自销机构、通过订货会或展销会与客户直接签约供货等形式。

一般只有在以下情况下采取直接销售策略:订单量不大但档次较高的轿车,或者订单量很大的团体客户,如政府机关、汽车租赁公司、出租汽车公司和物流公司等。

(2)间接渠道。间接渠道是存在中间环节的渠道,生产企业通过中间环节把产品卖给客户,中间环节越多,则渠道越长。渠道类型除了可以按渠道长度划分外,还可以按宽度划分。同一层次中间商的多少是渠道宽度的问题,中间商越多,则渠道越宽。企业所采用的分销渠道的长短、宽度是相对的,没有固定绝对的模式,应依据具体情况决策渠道的长度和宽度。

3 常用的汽车销售渠道模式

随着时代的发展,又出现了许多新的模式,参考国内外许多厂家的做法,可以分为以下几种。

(1)"金字塔"模式。如图 2-4 所示,这是一种以生产厂家的需要为中心的渠道模式,在这种模式中,在对汽车销售渠道的管理上,无论是对销售渠道类型的决策,还是对中间商的选择利用,都是以汽车生产企业的营销需要为中心,代理商、经销商和零售商的功能及其经营活动,都置于生产企业的监督指导之中,为维护生产企业的声誉和扩大销售规模而工作。此种模式曾经在相当长的时期内成为我国的汽车销售渠道,至今仍然有部分汽车产品采用此种模式。

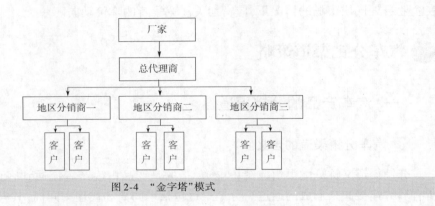

图 2-4 "金字塔"模式

(2)"扁平化"分销模式。这种扁平化模式的销售渠道一级网点数量少,二级网点较多,渠道短而宽。

这种渠道首先出现在美国,如图 2-5 所示,它取消了各级代理商,改由地区办事处负责协调区域销售事务,贯彻品牌的经营理念,由厂家直接向专卖店供货,从而减少了中间环节,降低了营销成本。目前,我国许多汽车品牌采用此种模式。

(3)直销模式。这种直销模式不是完全意义上的直销,它打破了渠道的束缚,广泛采用区域代理和品牌代理形式,实行市场责任区域分工制,将所有销售管理部门都作为销售终端,如图 2-6 所示,一级网点负责批发业务,二级网点负责零售业务。其优点在于直接面对消费者,有利于品牌经营理念的贯彻,信息反馈及时迅速。

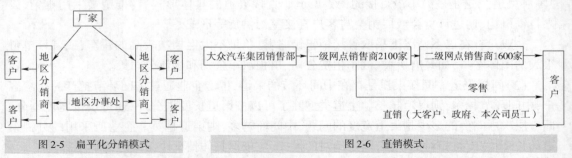

图 2-5 扁平化分销模式　　　　图 2-6 直销模式

生产企业在各大市场大区设立地区协调机构,可以维护各级经销商的利益和长期的合作关系。

(4)"旗舰店"模式。"旗舰店"模式以奇瑞汽车销售有限公司为代表,奇瑞在 2002 年宣布正式推出以"旗舰店"一拖四的"限区域独家特许连锁经营模式"(图2-7)。

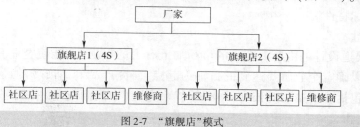

图2-7 "旗舰店"模式

(二)分销渠道中的中间商

汽车分销渠道中的中间商是指介于汽车生产者与消费者之间,参与汽车交易业务,促使汽车交易实现的具有法人资格的经济组织和个人。中间商是汽车分销渠道的主体,完成汽车从生产企业向最终客户的转移。

1 总经销商

总经销商指的是受汽车生产企业的委托,从事汽车总经销的业务,并且拥有汽车所有权的中间商。

2 批发商(或地区分销商)

按其实现汽车批量转销的特征,可分为独立批发商、地区分销商和委托代理商。

3 经销商(特许经销商)

汽车特许经销商指的是由汽车总经销商或者汽车生产企业作为特许授予人(简称特许人),按照汽车特许经营合同的要求以及约束条件授予经营销售某种特定品牌汽车产品的汽车经销商。

(三)汽车销售渠道的设计与管理

1 销售渠道设计

销售渠道设计要围绕销售目标而进行,要有利于企业的产品不断提高市场占有率、地区覆盖率和各地客户满足率,要有利于企业抵御市场风险。在此基础上形成能够充分履行渠道功能、长期稳固而又能适应市场变化的渠道,不断为企业开辟稳定的客户群或区域市场。

企业在进行渠道设计前,必须首先分析其销售渠道的设计将会受到哪些因素的影响。

(1)汽车销售渠道设计的影响因素。
①企业特性。
②产品特性。
③市场特性。

④生产特性。
⑤营销目标特性。
⑥环境特性。

(2)销售渠道设计的内容。有力的市场加上有力的渠道,才能使企业获利,所以有效的渠道设计应该以确定企业所要达到的目标为起点,研究产品到达市场的最佳途径。销售渠道设计的内容包括确定渠道的长度(中间环节)、宽度(中间商数量)和规定渠道成员彼此之间的权利、责任和义务。

①确定渠道的长度。
②确定渠道的宽度。
③明确渠道成员的权利和义务。

2 销售渠道管理

销售渠道的管理包括激励、评估、考核、调整等内容。

(1)激励渠道成员。生产者不仅通过中间商销售产品,还把产品销售给中间商,因此生产者需要激励中间商,并不断监督、指导与鼓励,使其表现良好。

激励中间商通常可采取三种方式:合作、合伙和经销规划。

(2)销售渠道评估。每一个渠道都是企业产品送达最终客户的一条线路。评估一般从三方面进行考虑:

①经济效益。
②企业对渠道的控制力。
③渠道对市场的适应性。

(3)销售渠道调整。由于汽车购买方式的变化,市场不断地扩大或缩小,新渠道出现以及现有渠道结构不能带来最高效的服务产出,在这种情况下,为了适应市场环境,现有销售渠道经过一段时间运作后,往往需要加以修改和调整。主要有三种方式:

①增减某一渠道成员。
②增减某一种销售渠道。
③调整改进整个渠道。

四 汽车促销策略

(一)促销及促销组合的概念

1 促销的含义

促销是指企业通过人员推销和非人员推销的方式,将有关企业和产品的信息传递给消费者,促使消费者了解、偏爱和购买本企业的产品,从而达到扩大销售目的的一种活动。

(1)促销的主要任务。促销的主要任务是沟通和传递信息。

(2)促销的最终目的。促销的最终目的是诱发购买行为。
(3)促销方式。促销的方式分为人员促销和非人员促销。

2 促销的作用

(1)传递信息。
(2)诱导需求。
(3)稳定销售。

3 促销组合

通常我们将人员推销、广告、公共关系、营业推广等四类称为促销组合。

(1)促销目标。促销目标是企业进行促销活动所要达到的目的,它是根据企业的整体营销目标制订的。企业在不同时期、不同市场环境下所执行的特定促销活动,都有其特定的促销目标。

(2)产品类型。不同类型产品的消费者在信息、购买方式等方面是不相同的,需要采用不同的促销方式和组合策略。

(3)产品生命周期。在产品生命周期的各个阶段,消费者对产品的了解和熟悉程度不同,因此企业的促销目标和重点也不一样,企业要适当地选择相应的促销方式和促销组合策略。

(4)市场状况。制订促销组合要考虑目标市场的性质,不同的市场应该采取不同的促销组合。

(5)促销预算。企业在选择促销方式时,要根据企业的资金状况并结合其他因素,选择适宜的促销方式,因为每一种促销方法所需费用是不同的。

(二)人员推销

1 人员推销的含义和特点

(1)人员推销的含义。人员推销是企业的推销人员直接向消费者进行介绍、说服工作,促使消费者了解、偏爱本企业的产品,进而采取购买行为的一种促销手段。在这一活动中,推销人员要确认、激活和满足消费者的需求和欲望,并达到双方互惠互利的目标。

(2)人员推销的特点。人员推销的最大特点就是具有直接性,它作为不可取代的销售手段,具有独特的特点。特点有:机动灵活;针对性强;亲和力强;竞争性强;推销费用高。

2 人员推销的任务和形式

(1)人员推销的任务:传递信息;开拓市场;销售产品;提供服务;收集信息。
(2)人员推销的基本形式:上门推销;柜台推销;会议推销。

3 人员推销的过程

不同的推销方式可能会有不同的推销工作程序。通常情况下,人员推销包括以下7个相互关联又具有一定独立性的工作程序。

（1）寻找潜在购车客户。推销工作的第一步，也是最基础性和关键性的一步，就是找出产品的潜在消费者，哪些消费者能够成为自己的目标消费者？这取决于推销人员的识别能力。推销人员要善于挖掘与识别不同的潜在消费者，并采取相应的应对措施，所以寻找并识别目标消费者应当是推销人员的基本功。

（2）推销人员应收集客户信息；建立客户资料卡；存档；与客户建立关系。

（3）接近消费者。接近消费者是指推销人员直接与目标消费者发生接触，以便成功地转入推销面谈。在汽车销售中，推销人员在接近消费者的过程中，应注重礼仪，稳重自信，把握消费者的心理，引导、启发消费者的注意和兴趣。

（4）介绍和示范。在对目标消费者已有充分了解的基础上，推销人员应当根据所掌握的情况，有针对性地介绍目标消费者可能感兴趣的方面。这个阶段是整个推销活动的关键环节，必要时，应主动地进行一些产品的使用示范，全面地向客户介绍车辆及其特点和优势，以增强目标消费者对产品的信心，提高销售的成功概率。

（5）排除异议。推销不可能是一帆风顺的，在大多数情况下，消费者对推销人员的销售都会提出一些质疑，甚至给予拒绝。排除障碍的有效办法是把握产生异议的原因，对症下药。

（6）达成交易。达成交易是消费者接受推销人员的建议并作出购买决定和行动的过程。此时，推销人员应当注意不要疏漏各种交易所必需的程序，应使交易双方的利益得到保护。

（7）跟踪服务。达成交易并不意味着整个推销活动的结束，推销人员还必须为消费者提供各种售后服务，如加装、维修、退换货和定期访问等，从而消除消费者的后顾之忧，树立信誉，使消费者产生对企业有利的后续购买行为。因此，跟踪服务既是人员销售的最后一个环节，也是新一轮工作的起点。

（二）广告

1 广告的含义和特点

（1）广告的含义。所谓广告，就是广而告之，使人周知、共晓的意思，指广泛地告知公众某事物的宣传活动。与现代信息相联系，广告已成为维持、促进现代社会生存与发展的大众信息传播工具和手段。

（2）广告的特点。广告的特点有：公众性；渗透性；表现性；有偿性。

2 广告的作用

广告是企业产品促销的重要手段之一，广告对企业促销产品有如下作用：
（1）传递信息、沟通供需。
（2）激发需求、促进销售。
（3）树立产品形象、提高企业知名度。
（4）介绍商品、引导消费。

(5)传播文化、丰富生活。

3 广告媒体的选择

广告是借助媒体来传播的。所谓广告媒体,是指广告信息传递附着的载体,是广告信息传递的方式方法,是广告主与广告受众之间联系的物质手段。广告媒体种类繁多,其中以报纸、杂志、直接函件、广播、电视和网络为主,这些广告媒体对受众者的影响有着不同的心理特点。

(1)广告媒体的类型。广告媒体是广告信息的载体和传播技术手段,一般可以分为以下几类:印刷媒体;电子媒体;户外媒体;交通媒体;实物媒体;其他媒体。

(2)广告媒体选择的影响因素。企业在合理选择广告媒体时需要考虑以下因素:
①广告媒体的传播范围。
②消费者接触媒体的习惯与接受能力。
③商品的性能和特点。
④市场竞争状况。
⑤广告媒体的成本。

4 广告设计的基本内容

广告设计的基本内容主要包括主题设计、文稿设计、图画设计和技术设计四个部分。

(1)主题设计。广告主题必须明确。广告主题应当唯一、突出,设计应围绕一定的目的展开。

(2)文稿设计。广告文稿是表现广告主题和内容的文字材料,是传递广告信息的主要部分,一般由三方面的要素构成,即广告标题、口号和正文。

(3)图画设计。广告图画是广告艺术化的突出反映,指运用线条、色彩组成图案对广告主题进行表达。

(4)技术设计。技术设计是广告设计中最后一个环节,也是广告设计向广告制作的过渡。不同的广告形式,技术设计的重点也不一样。

5 广告效果的测定

广告效果通常是指广告信息通过广告媒体传播后所产生的社会影响和效应。这种影响和效应主要包括两个方面:一是对企业产品促销的效应,称为销售效果;二是企业与社会公众的有效沟通效应,称为传播效果。

(三)公共关系

1 公共关系的含义

公共关系指一个组织通过信息传播手段,为改善与社会公众的联系状况、与社会各界公众建立良好的关系、树立良好的组织形象而进行的一系列活动。

2 公共关系的特点

公共关系是一种隐性的促销方式。它是以长期目标为主的间接性促销手段,其主要特点有以下几个方面:长期性;沟通双向性;间接促销;.影响的多元性;成本低廉。

3 公共关系的活动方式

(1)通过新闻媒介传播企业信息。
(2)加强与企业外部公众的联系。
(3)企业自我宣传。
(4)借助公关广告。
(5)举行专题活动。
(6)参与各种公益活动。

(四)营业推广

1 营业推广的含义

营业推广又称销售促进,它是指企业在特定的目标市场中,为刺激消费者的需求,吸引消费者购买而采取的促销手段。它与广告、公共关系、人员促销不同,后三者一般是常规的、持续的,而营业推广则是非常规性的,是一种辅助促销手段,一般用于暂时的和额外的促销工作,其短期效益非常明显。

2 营业推广的方式

(1)对最终客户的营业推广:赠送样品;发放优惠券;有奖销售;开展汽车租赁业务;产品陈列和现场示范;产品展销;附赠赠品;赠品印花;折价券和消费卡;消费信贷;竞赛、游戏;特价销售;产品保证;提供优质服务。
(2)对中间商的营业推广:现金折扣;数量折扣;客户类别折扣。
(3)对推销人员的营业推广:红利提成;销售竞赛;教育与培训。

知识拓展:汽车消费调查

2018 年 11 月 17 日,由 21 世纪报系中国汽车金融实验室联合尼尔森共同推出的《2018 中国汽车消费趋势调查报告》正式发布。调查结果显示,4S 店仍是购车主流渠道,现有再购客户和潜在客户更能接受网络购车;目前,现有客户有 36.3% 的渗透率,现有再购车客户有 37.5% 的渗透率,潜在客户信贷意愿率高达 56%;直租性融资租赁的使用率为 9.2%;车险市场集中性强,4S 店仍是购买的主要渠道,且今年选择比例有所回升;汽车延保使用率为 17.4% 。

传统4S店仍是最主流的购车渠道

本次调查结果显示,截至目前,消费者买车,传统4S店仍是最主流的渠道,占到七成以上的比例,且近年在二三线及以下城市呈现上升趋势。在4S店购车的价格相对较高,相比之下,在二级网点和电商平台购车的价格则略低。

行业重点关注的网络购车,目前已经有所体现,但占比还较低。优惠、省时和促销是大家选择网络购车的主要原因;而大宗商品消费习惯和对售后的顾虑是影响消费者选择网络渠道购车的主要因素。此外,在与现有客户对比的情况下,现有再购车客户和潜在购车客户明显更能接受网络购车。

90后成为信贷消费的主力军

针对90后这个备受关注的新生力军,本次调查专门加大了其调查样本量,并专门进行分析。调查发现,相比70、80后,90后对二手车的接受度更高且更青睐新能源汽车;数据还显示,有4.4%的70后消费者选择在电商平台购车,有7.6%的80后消费者选择在电商平台购车,而90后消费者在电商平台购车的比例则达12.8%,不难理解,90后对网络购车这种新型模式的接受度明显更高。

2018年,90后汽车信贷率达到47%,明显高于70、80后的信贷率,并且呈现逐年攀升趋势,成为信贷消费的主力军。现有资金不足、习惯提前消费是90后区别于70、80后选择信贷的主要因素。

相比70、80后,90后对直租性融资租赁这种新型模式的接受度更高;对于共享汽车的使用率也更高,他们更多在日常生活代步与市内或是市郊旅行场景下使用共享汽车。

随着城镇化和消费升级的不断推进,三线及以下城市的消费群体,已经成长为汽车消费市场中的重要力量。调查显示,三线及以下城市客户购车价格较低,价格为12万元及以下比例相对较高。

与一线、二线城市相比,三线及以下城市客户对二手车的接受度更高,更青睐传统银行信贷,但对新能源汽车接受度较低。可见,三线及以下城市客户在4S店购车比例呈现上升趋势,在二级网点购车比例明显高于高级别城市。

调查显示,有九成消费者听说过共享汽车,但共享汽车的使用率仍不高,尤其是在三线及以下城市。数据显示,不便性及制度不成熟是制约共享汽车使用的主要因素;三线及以下城市尤其受制于网点少,一二线城市则更突出在取还麻烦和流程烦琐等因素上。

在共享汽车影响下,大多数客户表示仍然不会放弃购买私家车,但会在适合的时候使用共享汽车。而无车客户更能接受将共享汽车作为私家车的替代出行方式,有近三成无车客户选择会放弃购买私家车而使用共享汽车。

第三章 汽车整车销售核心流程

学习目标

通过本章的学习,你应该能:
1. 掌握客户接待的要点并完成接待流程;
2. 掌握客户需求分析的技巧,获取客户信息,了解客户需求;
3. 运用新车介绍方法,完成汽车产品的介绍;
4. 完成试乘试驾流程;
5. 运用汽车产品报价和签约成交技巧,完成报价成交;
6. 掌握新车交付流程;
7. 掌握售后跟踪的方法和内容。

汽车是一种高科技产品,且价值较高。其销售过程涉及较多程序和技巧,具体流程为客户接待、需求分析、新车介绍、试乘试驾、报价成交、新车交付和售后跟踪。

第一节 客户接待

客户来店前,销售顾问应做好充分的准备,包括展厅环境、车辆准备、销售顾问仪表仪态及语言等。

一 接待前准备

(一) 展厅环境准备

1 展厅整体

(1) 展厅内、外墙面、玻璃墙等保持干净整洁,应定期(1次/半年)清洁。
(2) 展厅内部相关标识的使用应符合各品牌公司有关CI、VI要求。
(3) 应按公司要求挂有标准的品牌汽车营业时间看牌。
(4) 展厅的地面、墙面、展台、灯具、空调、视听设备等保持干净整洁,墙面无乱贴的广告海报等。
(5) 展厅内摆设型录架,在型录架上整齐地放满与展示车辆相对应的各种型录。
(6) 展厅内保持适宜、舒适的温度。
(7) 展厅内的照明要求明亮、令人感觉舒适,依照标准,照度应在800lx左右。
(8) 展厅内须有隐蔽式音响系统,在营业期间播放舒缓、优雅的轻音乐。
(9) 展厅内所有布置物应使用公司提供的标准布置物。

2 车辆展示区

(1) 在每辆展车附近的规定位置,一般位于展车驾驶位的右前方,设有一个规格架,规格架上摆有与该展车一致的规格表。
(2) 展厅车辆除库管人员外,其他人员无特殊情况不得随意摆放。
(3) 新进展车进入展厅,原则上必须由库管人员负责。
(4) 销售人员如发现展厅车辆损伤,应及时通知库管人员进行维护处理。
(5) 当展厅有展位空闲时,库管人员应及时进行停放。
(6) 新进展车清洁由销售部全体人员共同完成。
(7) 展车清洁要求如下:车身漆面光亮完整,没有划痕;车辆各种装饰条、轮罩及车型标识、标牌齐全无残损;座椅上没有塑料罩;车身没有防护膜;音响系统处于解码状态;前后门、发动机舱盖、行李舱盖开关灵活,无干涉、反弹;前后牌照处粘贴车型牌;车轮必须使用轮胎保护剂进行维护;内饰、仪表板、门护板、座椅、地毯保持清洁,无破损现象;展车资料由前台接待负责准备齐全;展厅共分为5个展位,每个展位的展车清洁工作责任分配到个人,具体人员安排由前台接待负责。

3 客户休息区

(1) 客户休息区应保持整齐清洁,沙发、茶几等摆放整齐并保持清洁。
(2) 客户休息区的桌面上备有烟灰缸,烟灰缸内若有3个以上烟蒂,应立即清理;每次在客人走后,立即把用过的烟灰缸清理干净。

(3)客户休息区应设有杂志架、报纸架,各备有 5 种以上的杂志、报纸,其中含有汽车杂志、报纸,报纸应每天更新,杂志超过一个月以上需更换新版。

(4)客户休息区应设有饮水机,并配备标准的杯托和纸杯。

(5)客户休息区需摆放绿色植物盆栽,以保持生机盎然的氛围。

(6)客户休息区需配备大屏幕彩色电视机、影碟机等视听设备,在营业时间内可播放汽车广告宣传片和专题片。

4 业务洽谈区

业务洽谈区桌椅摆放整齐有序,保持洁净,桌面上备有烟灰缸,烟灰缸内若有 3 个以上烟蒂,应立即清理;每次在客人走后,立即把用过的烟灰缸清理干净。

5 客户接待台

(1)接待台保持干净,台面上不可放有任何物品,各种文件、名片、资料等整齐有序地摆放在台面下,不许放置与工作无关的报纸、杂志等杂物。

(2)接待台处的电话、电脑等设备保持良好的使用状态。

6 卫生间

(1)卫生间应有标准的标识牌指引,男女标识易于明确区分,客人和员工分离,由专人负责卫生清洁,并由专人负责检查与记录。

(2)卫生间的地面、墙面、设备用具等各部分保持清洁,台面、地面不许有积水,大小便池不许有黄垢等肮脏物。

(3)卫生间内无异味,应采用自动喷洒香水的喷洒器来消除异味。

(4)卫生间内相应位置应备有充足的卫生纸,各隔间内设有衣帽钩,小便池所在的墙面上应悬挂赏心悦目的图画。

(5)适度布置些绿色植物或鲜花予以点缀。

(6)卫生间洗手处需有洗手液、烘干机、擦手纸、绿色的盆栽等,洗手台上不可有积水或其他杂物。

(7)在营业期间播放舒缓、优雅的背景音乐。

7 儿童游戏区

(1)儿童活动区应设在展厅的里端,位置应相对独立,有专人负责儿童活动时的看护工作,不宜离楼梯、展车、电视、型录架、规格架等距离太近,但能使展厅内的客户看到儿童的活动情况。

(2)儿童游戏区要能够保证儿童的安全,所用的儿童玩具应符合国家有关的安全标准,应由相对柔软的材料制作而成,不许采用坚硬锐利的物品作为儿童玩具。

(3)儿童游戏区的玩具具有一定的新意、色调丰富,保证玩具对儿童有一定的吸引力。

(二)销售工具准备

1 名片

汽车4S店要为销售顾问印制个人名片。印制名片时,职务栏不应夸大、乱挂不实的头衔,要实事求是。销售顾问不要忘记携带名片,名片应有专门的名片夹存放,名片夹最好放置在上衣胸口的袋子里,不能放在长裤的口袋里。交换名片时,销售顾问要有礼貌地主动递给对方,如果自己坐着,对方走过来时,应站起来表示尊重。

2 工具夹

每名销售顾问在销售时应携带销售工具夹,工具夹内应有以下物品。
(1)办公用品。计算器、名片、笔、咨询笔记本等。
(2)销售表单。车销售实务试乘试驾文件、销售合同订单、增值业务文件、上牌服务文件等。
(3)产品资料。产品单页、软文剪辑、竞品对比、附件资料等。
销售工具夹要及时更新,以满足客户的需求。

(三)销售人员语言准备

此前销售人员已经做好仪容仪表形象、仪态举止、迎接、问候、称呼、握手、介绍、递接名片等礼仪准备工作。

汽车销售工作是通过语言来沟通各种信息的。接待客户、展示汽车、与客户进行洽谈都需要依靠语言,甚至说服客户、达成交易的时候也靠语言。任何一个阶段,都必须通过语言的交流取得销售的成功。因此,汽车销售人员要塑造具有吸引力的好形象,还应做好接待语言准备。

1 交谈的基本技能

在汽车销售的过程中,汽车销售人员应掌握基本的交谈技能:
(1)谈话时要做到表情自然、语言亲切、表达得体。说话时手势要适当,动作幅度不要过大,更不要手舞足蹈,谈话时切忌唾沫四溅。
(2)参与谈话先打招呼,如果客人正和别人单独谈话,不要凑前旁听。如果有事需要和某人说话,应等别人说完。对第三者参与谈话,应以握手、点头或微笑表示欢迎。
(3)谈话中遇有急事需要处理或离开,应向谈话对方打招呼,表示歉意。
(4)交谈时不涉及疾病、死亡等话题;不谈荒诞离奇、耸人听闻和黄色淫秽的话题;更不要随便议论宗教问题;不要询问女性客户的年龄、婚姻等状况,不应谈及对方胖瘦、保养得好坏等;不直接询问对方的学历、工资收入、家庭财产、服饰价格等。谈话不批评长辈、身份高的人员,不讥笑、讽刺他人。
(5)汽车销售人员应让话题感人,激起客户共鸣,先让自己为话题感动,再好的话题,汽车销售人员自己不为所动,必然无法感染客户;就地取材的话题比较容易引起共鸣;观念性话题更易于与客户交流沟通;独创、新颖、幽默的话题较受欢迎。

2 营造愉悦和谐的谈话气氛

汽车销售人员在与客户交谈时,应使交谈双方都能感到本次谈话的愉悦氛围。谈话时既不能使客户尴尬,也不能使自己窘迫。要想营造愉悦和谐的沟通氛围,汽车销售人员应做到以下几点。

(1)在与客户交谈时,应使用表示疑问或商讨的语气,这样可以更好地满足客户的自尊心,从而营造出和谐愉悦的谈话气氛。

(2)汽车销售人员交谈的话题和方式应尽量符合客户的特点,应准确地把握客户的性格、心理、年龄、身份、知识面、习惯等。

(3)汽车销售人员在说话前应考虑好话题,对谈话涉及的内容和背景、客户的特点、交谈的时间和场景等因素,都应给予重视。

(4)汽车销售人员应用简练的语言与客户交谈,应注意平稳轻柔的说话声音、适中的速度和清晰的层次。

(5)出言不逊、恶语中伤、斥责和讥讽对方,都是汽车销售人员应该杜绝的。常言道:"利刀割体痕易合,恶语伤人恨难消。"而适当赞美客户会使客户感觉如春风拂面。赞美客户时,措辞应得当。在交谈中,如果客户有"无礼"的表现,要以宽容的态度对待。如果客户心不在焉,或者显示出焦急、烦躁的神情,汽车销售人员应考虑暂时中断交谈。

(6)汽车销售人员应控制好自己的情绪和举止。可用适度的手势配合谈话的效果,但也要得体。在人多的地方,不可以只和某一位客户交谈,而冷落旁人。

(7)谈话时应保持谦虚、谨慎。在与客户初次见面时,汽车销售人员的自我介绍要适度,不可锋芒毕露,这样会给客户夸夸其谈、华而不实的感觉。如果为了表示谦虚和恭敬而自我贬低,也是不可取的。要想给客户留下诚恳坦率、可以信赖的印象,就必须做到自我评价时实事求是,恰如其分。

(8)学会运用幽默的语言。幽默这种机智和聪慧的产物可以用奇巧的方式来表达和感受。但是毫无意义的插科打诨并不代表幽默。幽默既是种素质,又是一种修养;既是一门艺术,又是一门学问。汽车销售人员如果能够巧妙运用幽默的语言,会使自己的工作轻松不少。

(9)语言要注入感情。汽车销售人员切忌用生硬、冰冷的语言来接待客户。在汽车销售过程中,不可忽视情感效应,它可以起到不可估量的作用。僵硬的语言会挫伤客户的购买信心,而充满关心的话语往往可以留住客户。

(10)遵从接待客户的语言规范。在汽车销售人员接待客户的过程中,还应注意语言规范。语言能传递汽车销售人员的素质和水平。对汽车销售人员来说,文明礼貌的用语是十分重要的。汽车销售人员在为客户服务时应注意以下礼貌用语。

①迎宾用语。

"您好,您想看什么样的车?"

"请进,欢迎光临我们的专卖店!"

"请坐,我给您介绍一下这个车型的优点。"

②友好询问用语。

"请问您怎么称呼？我能带您做点什么？"
"请问您是第一次来吗？是随意看看,还是有喜爱的车型？"
"我们刚推出一款新车型,您不妨看看。不耽误您的时间的话,我给您介绍一下好吗？"
"您是自己用吗？如果是的话,您不妨看看这辆车。"
"好的,没问题,我想听听您的意见行吗？"
③招待介绍用语。
"请喝茶,请您看看我们的资料。"
"关于这款车的性能和价格,您如果有什么不明白的,请吩咐。"
④道歉用语。
"对不起,这种型号的车刚卖完了,不过一有货我马上通知您。"
"不好意思,您的话我还没有听明白。"
"请您稍等！"
"麻烦您了！"
"打扰您了！"
"有什么意见,请您多多指教。"
"介绍得不好,请多原谅。"
⑤恭维赞扬用语。
"像您这样的成功人士,选择这款车是最合适的。"
"先生(女士)很有眼光,有如此高见,令我汗颜。"
"您是我见过的、对汽车最熟悉的客户了。"
"真是快人快语。您给人的第一印象就是干脆利落。"
"先生(女士)真是满腹经纶;您话不多,可真正算得上是字字珠玑啊！"
"您太太(先生)这么漂亮(英俊潇洒),好让人羨慕。"
⑥送客道别用语。
"请您慢走,多谢惠顾,欢迎下次再来！"
"有什么不明白的地方,请您随时给我打电话。"
"买不买车都没有关系,能认识您,我很高兴。"

展厅接待

(一) 展厅接待流程

1 客户进入展厅时接待流程

(1)第一顺位和第二顺位值班人员在展厅门口值班,观察到达的客户。
(2)客户进店(不限于两车客户,指所有进店客户、售后、销售及兄弟公司领导)时,主动问好,并热情迎接。

(3)询问客户的来访目的。如果是售后维修或理赔客户,指引、带领到售后前台。如果是精品部客户,则指引到精品超市,办理其他业务。如果是找指定人员、部门,则按客户需求指引,找公司领导或集团领导,如未预约的,则带领客户先到休息区等候,电话通知客户所找的领导,已有预约的,请按来访要求指引。如果是看车客户,则按要求接待客户。

(4)及时递上名片,简短地进行自我介绍,并请教客户尊姓。与客户同行人员一一打招呼。

(5)引导并带领客户看需求车型。

(6)第一顺位值班人员离开接待台时,第二顺位值班人员接替第一顺位值班,同时通知第三顺位派人到接待台。循环执行上述(1)~(5)程序。

2 客户自行看车时接待流程

(1)按客户意愿进行,请客户随意参观。

(2)明确说明自己的服务意愿和等候的位置,让客户知道销售人员在旁边静候。

(3)保持一定距离(在视觉和听觉上都关注客户的距离),在客户目光所及的范围内关注客户的动向和兴趣点。

(4)客户表示有疑问时,销售人员主动趋前询问。

(5)扩大答疑范围,主动向客户介绍卖点和特性,旁引竞争车型,说明所推销汽车的优点。转入商品说明程序。

3 展厅巡视时接待流程

(1)指固定在展厅旁的销售顾问在展厅旁的巡视,接待非展厅门口进来的客户。

(2)第一顺位者(展厅巡视)巡视所辖展车,并检查展车,确保展车清洁及功能正常,并随时注意非展厅门口进入的客户。

(3)执行上述客户自行看车流程(1)~(5)程序。

(4)第一顺位者与客户深入洽谈合同或试车时,则第一顺位者离开所辖展车区,通知第二顺位者接替,循环顺位执行上述(1)~(3)程序。

(5)在展厅巡视的值班人员应站在展厅的前部或中央,站立位置应距展车不超出1m,保证各科组负责的区域均有销售员在值班巡视。当无客户看车时,应至少每小时清洁展车一次,随时清洁车表车里,随时补充展示架资料。当有客户看车时,应积极主动招呼,并进一步接待介绍。站立时应将双手轻松置于身前,左手交握右手,挺胸抬头。

4 客户愿意交谈时的接待流程

(1)先从礼貌寒暄开始,扩大说话面,给客户机会,引导对话方向。

(2)回应客户提出的话题,倾听,不打断客户谈话。

(3)第一时间奉上免费饮料、茶水。请客户入座,客户入座后,销售员方可入座。

(4)争取适当时机请客户留下其信息。

(5)主动邀请客户试乘试驾,转入试乘试驾流程标准。

(6)进入需求分析,促进成交,转入需求分析流程、签单流程。

(7)未达成现场成交,试乘试驾后,转入潜在客户跟进流程;未试乘试驾,则直接转入潜在客户跟进流程。

5 客户离开时的接待流程

(1)放下手中其他事务,送客户到展厅门外,再次递上名片,如遇雨天还要为客户打伞。
(2)感谢客户光临,并诚恳邀请再次惠顾。
(3)目送客户离开,直至客户走出视线范围。
(4)回到展厅门,销售员站立在客户车辆后视镜范围内,让客户体验到你在目送他。
(5)登记来店客户信息。

(二)展厅接待情境话术

1 销售情景一:客户进入展厅后四处张望

(1)接待要点:目光注视并问候客户。询问客户来店的目的是维修还是看新车。为客户提供行动选择方向:逛逛、听讲解、休息。
(2)范例:
"您好,欢迎光临!先生/女士,您是看车还是做维修?
(维修引领至售后)您是第一次到我们店吗?
(如是第二次来店,转给初次接待的人员)这是我的名片,我叫××,叫我小×就行。
您看您是先看看还是我陪您边看边介绍?"

2 销售情景二:客户进入展厅后直接看车

(1)接待要点:一句话拦截话术,第一时间激发客户的购买欲望。"您好,这是东风日产××车型,非常适合×××"。
(2)范例:
"您好,先生/女士,看来您对东风日产有一定的了解。这是第十代新阳光,它是日产在全球最畅销、最值得购买的一款车,在全球140多个国家已经累计销售了1600万辆……"

3 销售情景三:客户提出"我自己随便看看"

(1)接待要点:尊重客户选择,通过积极的语言安抚客户的紧张情绪。保持适当距离,留意观察客户。如果客户较快地拉开车门或打开发动机舱盖,说明客户对车辆较熟悉,购买可能性较大。如果客户贴近车窗观看或专注地看车辆配置表,说明客户对车辆不熟悉,下一步需要详细地讲解和沟通。当客户左右张望时,迅速上前为客户进行产品介绍。
(2)范例:
"好的,您先自己看看,买不买没关系,有需要就招呼我一声"。同时目光随时关注客户。

4 销售情景四:客户进入展厅看着一辆车就询问价格

(1)接待要点:客户在初期接触中,直接问价是自然反应,心中并没有明确的具体车型及其价格。报价时不要报单一车型价格或报整数。报价时语气要亲切自然。

（2）范例：

"您好,这是×××款新车,车价位从13.98万元到21.98万元,您想看2驱的还是4驱的,您想要1.6L排量的还是2.0L排量的"。

5 销售情景五：客户爱理不理,提不起谈话的兴趣

（1）接待要点：这类客户大部分对你的产品认识不够,在双方没有相互信任的前提下,害怕言多必失,遭受损失。首先做感情投资,尽量不要直接谈产品,谈一些感觉轻松的话题,用巧妙的语言突破客户的心理防线,赢得客户的好感。要点：信任是最重要的敲门砖。

（2）范例：

可以从客户的着装、手机、现在开的车辆、带来的宠物等聊起。而不是直截了当地谈车。如果客户是带儿童来的,可以带领儿童至游乐区玩耍。

6 销售情景六：客户喜欢,但其同伴觉得不是很好

（1）接待要点：客户的同伴虽然没有决策权,但他们往往都充当"军师"的作用,对客户决策会起重要的影响作用。我们需要做的是：销售过程中,始终用目光关注客户的同伴,不要忽视他的存在。赞美客户的同伴,让客户及其同伴都感受到尊重与重视。诚恳地请教客户同伴的具体意见,给他一个表现的机会。

（2）范例：

"您这位朋友真细心。您的朋友是汽车方面的专业人士吧！您这位朋友真是行家！想请教您一下,您觉得它在哪些方面存在不足呢？您认为这里哪款车适合您朋友呢？"

7 销售情景七：客户离开时不愿意留下详细资料

（1）接待要点：客户不愿留下资料,主要是对销售顾问不够信任,怕日后被电话骚扰。我们需要做的是让客户明确留下资料的具体用途,如促销活动通知、邮寄资料等。用真诚打动客户,请其帮忙填写资料,且说明是公司的规定。

（2）范例：

"您还是留个电话吧,我做个登记。我们这里是有考核的,不留电话,我要罚款的。我们不会经常打电话打扰您的,只在有优惠促销活动时才会通知您。"

三 客户接待训练

1 进行客户接待礼仪训练的目的

从总体上了解客户接待的内容,了解实际销售工作中可能遇到的问题,总结提高所学的知识,让学生模拟汽车销售中的客户接待流程,训练学生从客户进门、洽谈业务到送客整个流程的礼仪举止。使学生通过角色的演练,熟练掌握规范的基本礼仪的动作和语言,并使学生的礼仪和接待技巧以及应变能力都得到很大的提高。

2 场地设备准备

(1) 场地:汽车专业实训大楼(尽量选择新车停放场地)。
(2) 车辆:丰田卡罗拉汽车(可根据实际情况选择其他车辆)。
(3) 其他设备:洽谈桌椅一套,扩音器两台。

(一) 情节设定

情节设定见表3-1。

表3-1 情节设定

客户类别	电话预约,自由来店(首次来店)
时间	某工作日下午2点
地点	丰田汽车4S店销售展厅
来店方式	驾驶私家车来店
来店人员	夫妻二人
展示车辆	客户关注车辆在展厅内
购买意向	想预定一辆,预计两个月后购买

(二) 客户背景及对应要求

客户背景及对应要求见表3-2。

表3-2 客户背景及对应要求

	关键点		详细信息
相关信息	客户信息	姓名、年龄、驾龄	张先生(33岁、有驾照),张女士(30岁、有驾照)
		职业	张先生为某贸易公司总经理;张女士目前为全职家庭主妇
		兴趣	旅游;健身;购物等
	来店时心情		已经看过竞争车型的相关信息,休息日来4S店实地看一下。想拿一些车辆资料以便做进一步的考虑
	保有车辆	车型、购入年限	雪铁龙爱丽舍汽车,3年前购入
		主要使用者及用途	主要是张先生上下班代步使用
客户的想法	关于新车	购车经验	二次购车,主要是想为张女士选购一款车
		主要使用者、用途	张女士本人作为日常使用
		客户本人对新车的期待	重视操控及日常使用的简易度、综合性价比;希望车辆外观漂亮、体面
		购车预算	15万元左右
		其他的关注要点	油耗、安全;希望一旦决定购买后,立即能开上新车
	关于竞争车型	最近看过的车型	本田的思域
		客户认为思域	外观漂亮、时尚;车辆性能优良

续上表

关　键　点	详　细　信　息
客户表现	客户进入经销店后,走向丰田卡罗拉汽车,并对该车表现出一定程度的关心
客户对应要求	• 客户应严格按照脚本推进,对于所要求提问的问题,一定要进行提问。 • 回答销售顾问的问题时,客户应该严格按照客户背景信息进行回答。(对于销售顾问提问以外的内容不进行赘述) • 请进行事前练习,以能够熟练对应。 • 对于与客户背景信息中无关的提问,应尽早结束谈话。 • 对于销售顾问的过于生硬的提问,可以选择不完全回答或拒绝回答

(三) 销售顾问的任务

(1) 从客户来店,到门口迎接开始,到客户离开,送客户出门结束。销售顾问严格规范接待动作和接待礼仪,主动积极地应对客户,从让客户满意到让客户感动。

(2) 接待来店客户,力求给客户留下良好印象,建立客户的信心,为销售服务奠定基础。

(3) 对于客户的提问,进行清晰明了的回答,打消客户疑虑,为引导客户需求做好准备。

(4) 根据客户的需求,给客户合适的建议。

(5) 通过良好的沟通,争取客户能再次来店。

(四) 销售流程中的要求

销售流程中的要求见表3-3。

销售流程中的要求　　　　　　　　　　表3-3

关　键　点		相　关　要　求
客户应对	个人仪容仪表及亲和力	服装容貌整洁; 活力充沛、精神饱满的良好第一印象
	主动邀请客户进入车内体验	主动邀请客户进入展车内; 姿势正确,为客户开启车门
	主动引导客户到商谈桌	主动引导客户到商谈桌入座; 姿势正确,为客户指示席位、拉抚座椅
	礼仪	
	寒暄	客户进入时,主动向客户打招呼; 声音洪亮、充满朝气
	递交名片、自我介绍	第一时间向客户递交名片; 递交名片时姿势正确; 同时进行自我介绍、自报姓名
	提供饮料	客户入座后、及时提供饮料; 询问客户所需的饮料种类
	递交资料	资料正面面向客户;双手递送

续上表

关 键 点		相 关 要 求
客户应对	手势、肢体动作正确	坐姿、走姿正确； 不用单指指点
	是否使客户没有压力	在客户刚刚进入展厅时，不紧跟其后，使其能自由参观； 不直接进入产品推销，使客户精神上放松
	约定客户的下次来店	主动约定客户的下次来店； 方式委婉，易于被客户接受
	赢得客户的信赖	激发客户对于经销店以及销售顾问的信任感
需求分析	客户个人信息获取	采用客户可接受的方式获取客户姓名、电话、兴趣、职业、家族构成等信息
	主要使用者信息	采用客户可接受的方式获取使用人、主要用途、使用习惯等信息
	对新车的关注点	采用客户可接受的方式获取客户对新购车型要求、关注点等信息
销售顾问对应要求	充分倾听客户感受；表现专业、热情、信赖，具有亲和力	

第二节 需求分析

  汽车销售顾问在面对客户时，通常会假定客户购买汽车就是需要一个交通工具，其实，在客户需要交通工具的背后，还有许多更加重要而且实际的需求，这之中可能是身份的需要，可能是运输的需要，也可能就是以车代步的需要，更可能是圆梦，当然也有可能什么原因都没有，就是周围的人都购买了汽车，因此自己也想购买一辆。客户每一个不同的需求都会有不同的表现方式，这些表现方式就对应了一些非常有效的销售方式，因此，销售过程是基于客户需求而来的，正确的分析客户需求，能够大大提高销售的成功率以及销售过程的有效性。

一、客户需求分析概述

  销售顾问了解自己所有的产品状况、装备配置情况和价格等，但是不一定了解客户需要什么样的车辆以及哪些方面的服务。没有对客户需求的准确分析，销售顾问就不可能促成一笔双赢的成功交易。

(一)客户需求的"冰山理论"

图3-1 客户需求像"冰山"一样

客户的需求常常不会表现得很明显,常常需要销售顾问引导和发掘,寻找客户深层次真正的需求,客户需求分为显性需求和隐性需求,这就是客户需求的"冰山理论"(图3-1)。客户的显性需求主要有价格、产品等,而隐性需求主要包括价值、感觉氛围、服务体验、感性因素等。

(1)客户的表面需求只有10%~15%。

(2)客户的需求不是一成不变的,也不是一时的,是长期、变化的。

(3)客户的需求在销售顾问的影响区内,可以被销售顾问强化影响。

(4)销售过程中要无时无刻不判断客户的需求。

(二)客户需求分析的意义和目的

1 客户需求分析的意义

客户需求分析对于汽车销售而言,是非常重要的一个环节。客户往往希望销售顾问能够根据他的需求,有针对性地进行服务以及产品说明,内心希望销售顾问能够明白他的需求,帮助他作出最合适的选择,所以销售顾问要善于通过沟通、引导、倾听、提问的方式让客户将自己真正的需求表达出来,以利于为客户推荐、介绍合适的产品做准备。可以说汽车销售的成败,决胜于客户的需求分析。

2 客户需求分析的目的

需求分析的目的是什么?需求分析就是要了解客户的需求,通过适当的沟通方式,让客户在"被尊重"的感觉下,主动的表达自身的需求。这样销售顾问就能够发现客户的需求,进而满足客户的需求,再而更重要的是强化客户的需求,让他的需求变得强烈起来,让他认为这个问题不能再拖了,一定要马上解决,而最好的解决办法就是帮他选择这个汽车产品。

总结客户需求分析的目的有以下五点。

(1)帮助客户寻找真实需求,并提供专业的解决方案。

(2)收集详细的客户信息,建立准确的客户档案。

(3)强化客户需求,促成销售的顺利达成。

(4)在客户心中建立专业、热忱的顾问形象。

(5)通过沟通,建立起与客户长期的融洽信任的关系。

(三) 需求分析的基本过程

1 客户需求的形成

客户从购买冲动的产生到车辆的购买,思想行为变化的过程,就是客户需求形成变化的过程(图 3-2)。

图 3-2 客户需求的形成及变化

2 需求分析的过程

客户需求的分析过程是销售顾问与客户密切交流沟通的过程,交流沟通中发觉客户需求,并进行有效的记录,进而提供满足需求的解决方案。需求分析的基本过程如图 3-3 所示。

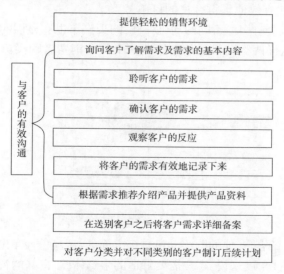

图 3-3 需求分析的基本过程

客户需求分析的主要方法

我们先试着思考几个问题:一般的客户是否乐意告诉你他/她的需求?一般的客户是否

乐意告诉你他/她的"真正"需求？一般的客户能否清晰地说明他们的需求？一般的客户是否非常清楚他/她自己的需求？

如果这些问题答案是否定的，或者我们确定不了答案，说明了我们获得客户的需求，分析客户的需求是需要技巧的，这一节我们就来探讨从哪些方面入手来分析客户的需求。

（一）明确客户的购买动机

如果有人问你："你为什么买手机？"你会如何回答呢？你通常会说："因为我需要。"接着的问题是："你需要它做什么？"你说："我需要沟通方便，让朋友随时可以找到我，所以我需要。"进一步的问题是："那你为什么要花费这么多？就为了沟通方便，让朋友随时可以找到你吗？"你说："外形好看呀！"接着问下去："你不是需要沟通方便吗？"你说："当然需要沟通方便，但是，还有……"

你一定还有许多没有说出来的原因，比如，让你周围的人感到你很时尚，因为你的手机的铃声是立体声的，也或许因为你的手机是彩屏的；你可能还有携带方便的需求，所以需要小巧的；也许你还有更加不愿意说出来的原因，比如给女朋友一个惊喜等。

任何消费者在采购任何产品的时候都会出现这样的情况，那就是有一部分是他们清楚的原因，也有一部分是他们没有意识到，还有一部分是即使意识到了也不愿意承认的原因。前者我们称为显性动机，而后两者则是隐性动机。

什么是动机？动机是驱动人们行动的根本原因。在这里我们主要是通过了解客户采购汽车的本质原因来更加有效地赢得客户的订单。

正如人们购买手机会有多种不同的动机一样，购买汽车也有显性的动机，当然也会有隐性的动机。我们看一下这样两类动机是如何影响一个汽车消费者购买奥迪汽车的（图3-4）。

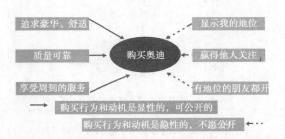

图3-4 购买奥迪的动机分析

作为一个购买汽车的客户，他的购买动机是多方面的：从身份性角度来说，客户需要表明自己的地位、实力；从享受性角度来说，客户需要舒适的乘驾体验、良好的视听享受、优雅的内饰环境；从可靠性角度来说，客户需要安全的性能、过硬的质量品质、较低的后续成本；从满足性的角度来说，客户需要强大的操纵性能、强劲的加速性能；从展示个性的角度来说，客户需要动感、时尚、年轻化、高素质的设计。除此之外，还有表明社会阶层、行业等各方面的购买动机，购买动机不是单一的，而是综合性的，我们要仔细辨别、准确把握。

客户产生购买行为，还有一个动机是重要的，也是销售顾问必须把握的，就是销售顾问与客户之间的关系。在与客户沟通交流，帮助客户选择决定的过程中，客户的情感会发生变化,由陌生变为喜欢,由喜欢变为信任,在信任的基础上产生购买行为,最后进一步形成更深层次的长期的朋友关系。

客户购买产品,在其他人看来,也许是不明智或者不合逻辑的,但是对客户来说都是有道理的,这些道理都是决定他购买车辆的原因,而客户在大多数情况下不愿意完全暴露自己的购买动机。

(二)判断客户的类型

客户根据其性格特点、行为习惯等可以大致划分为几个大致类别,充分了解客户,首先就是要了解客户的大致类型。一天一个销售顾问要接待 10~15 组客户,不可能对每一个客户都做到非常深入、透彻的了解,因此,我们通过两个方向来了解他们,一个是他们表达的意愿是间接表达还是直接表达,另外一个是他们的情感度是偏理性还是偏感性。通过这两个指标,就可以将所有的客户大致区分为四类(图 3-5)。

图 3-5 客户类型

1 分析型客户的需求分析及应对

分析型客户的需求分析及应对见表 3-4。

分析型客户的需求分析及应对　　　　表 3-4

特　征	需　求	恐　惧	销售策略
1. 天生爱分析; 2. 问许多具体细节方面的问题; 3. 较敏感,喜欢较大的个人空间; 4. 事事追求完美; 5. 喜欢条条框框; 6. 决策非常谨慎,过分地依赖材料和数据; 7. 工作起来很慢	1. 安全感; 2. 不希望有突然的改变; 3. 希望别人重视	1. 批评; 2. 局面混乱; 3. 没有条理; 4. 新的做法和方法	1. 尊重他们对个人空间的需求; 2. 不要过于随便,公事公办; 3. 摆事实,并确保正确性,对方对信息的态度是多多益善; 4. 做好准备,放慢语速,鼓励他多动手; 5. 不要过于友好以防加强他的戒心; 6. 把精力放在事实上

2 控制型客户需求分析及应对

控制型客户需求分析及应对见表3-5。

控制型客户的需求分析及应对　　　　　表3-5

特 征	需 求	恐 惧	销 售 策 略
1. 冷静、独立、以自我为中心； 2. 发号施令、发表讲话； 3. 不容忍错误； 4. 不在乎别人的情绪、别人的意见； 5. 喜欢控制局面，一切为了赢	1. 直接回答问题； 2. 大量的新想法； 3. 了解事实	1. 犯错误； 2. 无结果； 3. 不理睬	1. 充分的准备，用专业知识引导； 2. 准备一份计划书，并辅以背景资料； 3. 要强有力，但不要挑战他的权威地位； 4. 喜欢有锋芒的人，但同时也讨厌别人告诉他怎么做； 5. 从结果的角度谈，提出2~3个方案备选； 6. 解释你的建议是如何帮助他达到目标的

3 友好型客户需求分析及应对

友好型客户需求分析及应对见表3-6。

友好型客户需求分析及应对　　　　　表3-6

特 征	需 求	恐 惧	销 售 策 略
1. 善于保持人际关系； 2. 关心别人，喜欢与人打交道，待人热心； 3. 不喜欢主动，喜欢停留在原地； 4. 出色的听众，迟缓的决策者； 5. 不喜欢与人闹矛盾； 6. 耐心，帮助激动的人冷静下来	1. 安全感； 2. 真诚的赞赏； 3. 传统的方式和程序	失去安全感	1. 放慢语速，以友好的但非正式的方式交谈； 2. 提供个人帮助，建立个人之间的信任关系； 3. 从对方角度理解问题； 4. 讨论问题要涉及人的因素

4 抒发型客户需求分析及应对

抒发型客户需求分析及应对见表3-7。

抒发型客户需求分析及应对 表3-7

特　　征	需　　求	恐　　惧	销售策略
1. 女性居多； 2. 充满激情、有创造力、理想化、乐观； 3. 喜欢参与、不喜欢孤独； 4. 追求乐趣，乐于让别人开心	1. 公众的认可； 2. 民主的关系； 3. 表达的自由； 4. 有人帮助实现创意	1. 失去大家认同； 2. 不耐烦的态度	1. 表现出充满活力、精力充沛的性格特点； 2. 提出新的独特的观点； 3. 给他们时间说话； 4. 明确目的，讲话直率； 5. 以书面形式与其确认； 6. 要有心理准备，他们不一定说到做到

每一类客户的特征，以及他们的需求倾向，担忧的事情，和针对他们的销售应对策略在以上几个表格中都已详细地表明了。衡量别人不如先衡量自己，所以，我们先从自己开始试验、理解这个分类。下面我们自己回答三个问题：

请先给自己一个判断，确定自己是哪个类型？

请你思考如果你购买最贵重的物品时，你会如何思考决策？

请你思考你最讨厌销售人员怎样的销售方式？

小组练习：

进行小组互动，将你对于这三个问题的答案记录下来，交给其他成员，让他根据你的答案写出一个向你推荐产品的方案，再来对照上面四类客户的特点进行比较，最后交换，互相判断。

有很多客户并不是单一类型的，他们有混合的趋势。但是，所有混合的趋势实际上是后天形成的。后天形成的对他们购买时的决策影响是有限的，只有天生的类型倾向才会最终决定他们的购买决策。

（三）获取客户信息

我们一直在谈论客户需求，那么我们如何准确获得客户的需求呢？客户很少情况下会直接清楚地告诉你他需要什么，我们只能抓住客户告诉我们，或者我们询问得到的客户的各方面的信息，从这些信息中寻找分析客户的需求。

哪些信息是我们需要，对我们销售有帮助的信息呢？

1 获取的目标信息

经过对众多客户需求的分析与总结，我们将我们需要得到的信息归纳为三类：购买车辆预算、角色信息、客户需求信息。

2 购买车辆预算

销售的三个要素中，购买力是购买行为的基础，客户没有购买力就谈不上销售过程。我们需要得到的客户购买预算的信息包括现在的支付能力、计划用于购车上多少钱、青睐的财务付款方式等。

3 角色信息

（1）群体客户的角色分析。我们面对的客户可能是一个人，也可能是一群人，我们要准确的从中判断，谁是购买行为的购买者，谁是决定者，谁是最终的使用者，而谁是对购买行为产生影响的人。如何分辨众多角色呢？用眼睛肯定不够，我们要寻找交流的机会，创造机会让每一位来访者表达自己的观点和期望，那么我们就能够从言谈中进行客户角色的有效判断。

（2）客户的个人信息。我们在进行需求分析之后，需要对客户建立详细的个人档案，收纳客户的个人信息，包括：姓名、地址、电话、驾龄、职业、兴趣、业余爱好、预期购买时间、购买车辆用途、家庭成员等信息，客户的个人信息要尽可能的详细，可以包括同行的朋友、同事以及家人信息。

（3）现用车辆信息。对于第二次购车的客户，我们应清楚地了解客户现有车辆以及对现有车辆的一些想法，对我们的销售具有很大的促进作用。我们需要收集的现用车辆信息包括：厂家、型号、车龄、里程、每年的行驶里程、喜欢的理由、不喜欢的理由、费用问题、车辆的事故情况等。

（4）计划购车信息。了解客户计划购买的车辆，以及购买后的使用方案，能够让我们更准确地帮客户选择车辆型号配置，提升我们的专业水准，使客户满意。计划购车信息包括：计划每年行驶里程、用途、参数选择、配置要求、颜色要求、购买时间等。

4 客户需求信息

在客户的分类里面，我们将客户的情感度分为偏感性和偏理性，所以我们客户的需求也可以划分为感性需求和理性需求。感性需求包括：品味、实力、地位、面子、时尚感受等情感因素；理性需求包括：产品质量、性能、安全性、舒适性等使用因素。

客户的购买行为的产生主要取决于事实，即客户前期的理性需求；但是客户在做购买决定的时候往往更青睐他们的感觉，即感性需求，特别是在中国市场，这是很普遍的现象。

以上这些客户需求的信息，都是我们在与客户沟通的过程中需要围绕的目标，我们要带着这些目标，有方向的引导或询问客户，让客户在被尊重的感觉下，主动告诉我们答案。

（四）客户需求的应对

1 当客户表达需求时

（1）销售顾问在和客户面谈时，保持一定的身体距离，随时与客户保持眼神接触。

（2）销售顾问需要保持热情态度，使用开放式的问题进行提问，并主动引导，让客户畅所欲言。

(3)销售顾问必须适时使用刺探与封闭式的提问方式,引导客户正确表达他/她的需求。
(4)销售顾问可针对客户的同伴进行一些引导性的对谈话题。
(5)销售顾问需要留心倾听客户的讲话,了解客户真正的需求。
(6)在适当的时机作出正面的响应,并不时微笑、点头、不断鼓励客户发表意见。
(7)征得客户允许后,销售顾问应将谈话内容填写至自己的销售笔记本中。
(8)销售顾问必须随时引导客户针对车辆的需求提供正确想法和信息以供参考。

2 当确定客户需求时

(1)当客户表达的信息不清楚或模糊时,应进行澄清。
(2)当你无法回答客户所提出的问题时,保持冷静并切勿提供给客户不确定的信息,应请其他同事或主管协助。
(3)销售顾问应分析客户的不同需求状况,并充分解决及回复客户所提出问题。
(4)协助客户整理需求,适当地总结。
(5)协助客户总结他/她的需求,推荐可选购的车型。
(6)重要需求信息及时上报销售经理,请求协助。

(五)客户需求分析的主要技巧

1 邀请客户坐下来沟通

为什么要坐下来沟通呢?让客户坐下来,可以增加客户停留在展厅的时间,可以营造轻松、舒适的谈话氛围,同时还能够为客户提供饮料茶水,进一步增加客户的满意度,这些都能够促进我们销售的成功。

如何让客户坐下来呢?初步交流之后,要观察客户的状态,客户有意继续交谈,就是邀请客户坐下来沟通的时机,可以向客户发出诚恳的邀请,"您看,要不去我们那边的沙发坐一下?我再给您详细地介绍一下。"

2 适时地夸奖称赞客户

赞美客户可以使他的虚荣心上升,给客户以好感,利于冲动购买,并能使客户停留在4S店的时间增加,增大销售的成功概率。

赞美客户的要点是要有真诚的情感以及事实依据,赞美也要适度,过度赞美会显得虚情假意,赞美客户是建立客户信任的要诀。

如何赞美他人呢?我们要注意:赞美的主体要明确,应针对细节;实事求是,不可虚构;恰到好处,不要过度;态度真诚,不要虚假;角度独到,不落俗套;言辞简明,尽量以"我"字作为句子的开头;赞美是表明自己的看法。

小组练习:
(1)尝试赞美某一位同学。

(2)请双方分别谈谈赞美他人与被他人赞美之后的感受。

3 主动倾听的技巧

倾听是一种情感的活动,它不仅仅是耳朵能听到对方的声音,还需要通过倾听者面部表情、肢体语言的表现以及语言回应,传递给对方一种很想听他说话的感觉。因此,我们说倾听是一种情感活动。在倾听时,应该给客户充分的尊重、情感的关注和积极的回应。

如果你无法主动倾听客户的需求,就无法提供给客户满意的汽车产品。因此,主动倾听客户的需求是销售顾问极为重要的工作。

随时都从客户的观点出发,初步判断客户的需求状态。如此,你可以让客户感觉更自在,并赢得客户的信任。主动倾听,找出客户需求的六个要点,见表3-8。

倾听中找出客户需求的六个要点　　　　　表3-8

主动倾听的内容	语言范例
1. 专注的态度 身体微微前倾,保持和客户的眼神接触,表示你在专心地倾听客户的谈话,让客户放轻松,并让客户自然的表达	• 是的。 • 当然。 • 我们会尽量满足您的要求
2. 表现认同 赞同客户的观点,让客户放松,并可赢得客户的信任	• 是的,现在油价确实涨了不少,车辆的使用费用在增加。 • 我完全了解您的想法
3. 提出问题 理清思路,确认细节以清楚了解客户的想法和打算,获得客户信息	• 您可以说得更详细一点吗? • 您主要想解决什么问题? • 您平常用车是长途多一些还是市内多一些? • 您对车辆配置有哪些想法?
4. 理清问题 抓住对方的主要观点,确认你对客户的理解是否正确	• 您是想了解这款车的安全性能,对吗? • 您是想买一辆____~____万元的汽车对吗? • 您平常车辆的用途主要是_____,对吗?
5. 总结内容 总结客户谈话重点,并确认你和客户已取得共识	• 您目前对要买的车辆的主要需求是_____。 • 您目前主要想了解的是_____。 • 您的购车计划是_____
6. 非语言沟通	• 保持微笑; • 点头示意; • 目光接触; • 专注自然的面部表情

当你在倾听客户谈话时,必须注意以下几点。
(1)将注意力集中在客户身上。
(2)了解客户的观点。
(3)不要只是主动倾听谈话内容,还要从客户的脸部表情和语调来了解客户需求。
(4)在此倾听阶段中,先不要评判客户需要购买车辆的需求。
(5)不要只听自己想听到的事。

分组练习:

互相扮演客户及销售顾问,客户叙述购买车辆的要求,销售顾问注意倾听,进行倾听技巧测验,倾听技巧评价表见表3-9。

倾听技巧评价表   表3-9

六项要点	评价准则		是	否	回馈意见
六项要点	态度专注	以姿势表示你专心倾听客户的谈话			
		让客户放轻松			
		让客户自然地表达			
	表现认同	赢得客户的信任			
	提出问题	确认细节			
		清楚地了解客户的想法和打算			
	清理问题	确认你对客户信息的理解是否正确			
	总结内容	总结客户谈话重点			
		确认你和客户达成共识			
	非语言沟通	点头示意			
		目光接触			
		专注自然的面部表情			
整体评论:					

4 提问的技巧

通过提问,能尽快找到客户想要的答案,了解客户的真正需求和想法;通过提问,也能尽快理清自己的思路,这对于汽车销售顾问至关重要。如"您能谈一下您的希望、您的要求吗",这些问题都能够理清自己的思路,让自己清楚客户想要什么,你能给予客户什么。那么,如何提问才能达到上述效果呢?这是有一定技巧的,提问主要有以下几种技巧。

(1)针对性问题。什么是针对性的问题呢?比如说,接待客户时可能会有客户问:"你觉得哪个排量比较适合我?"这个时候,销售顾问可以询问客户:"您比较倾向于大排量还是小排量,您平时是在市内使用多一点还是开长途多一点?"这个问题就是针对性的问题。针对性的问题的作用是能让你获得细节,在不知道客户的答案是什么的时候使用,通过提出一个有针对性的问题,对客户反映的情况进行了解。

(2)了解性问题。了解性问题是指用来了解客户信息的一些提问,在了解这些信息时,要注意避免一些客户可能会有反感的问题,例如"您的联系方式是什么""您是做什么的""您之前的车是什么时候买的""您准备花多少钱购车"等,使客户觉得像在查户口。作为销售顾问,提这样的问题的目的是为了了解更多的信息,这些信息对销售顾问是很有用的,可能有的客户有时候不愿意回答或懒得回答。"我联系你们吧",有时客户会这么跟您说,因此在提出了解性问题时,一定要尽量说明原因,如"麻烦您填一下来店登记表好吗?这样我们有优惠活动可以第一时间通知您"。

(3)澄清性问题。澄清性问题是指正确地了解客户所说的问题是什么,到什么程度。有时候客户会夸大其词,如"你们这里怎么卖得这么贵"等。销售顾问遇到这样的客户,首先要提出一些澄清性问题,因为您这时候并不知道客户所说的"贵"到了什么程度。遇到这种情况可以提问:"请问您之前还看过哪些车型呢?我们可以看哪一种更加适合您。"这样,可以了解客户投诉的真正原因是什么,事态究竟有多严重。

(4)征询性问题。征询性问题是告知客户对于他所提出问题的初步解决方案。"您看我们这样解决好不好?"类似于这种问题,就叫作征询性问题。当告知客户一个初步解决方案后,要让客户做决定,以体现客户是"上帝"。比如,客户抱怨配置问题,听完他的陈述后,销售顾问就需要告诉客户一个初步的解决方案,如:"我们这个车型分为标准型、舒适型、豪华型,还能够进行个性化选配,您看哪一种更适合您?"运用征询性问题来结束对客户的销售服务,很多时候会让客户享受到"上帝"的感觉。

(5)服务性问题。服务性问题也是销售服务中非常必要的一种提问。这种提问一般运用在销售服务过程结束的时候,它可以起到超出客户满意的效果。例如,在为客户做完销售服务后,可以说:"您看还有什么需要我为您做的吗?"在一个服务意识比较强的汽车4S店里,我们会经常听到这句话。很多销售顾问都不会运用这句话来完善服务。服务性问题的提出是体现一个汽车4S店的销售服务是否达到优质的一个标准。就像我们到一些管理较差的汽车4S店,销售顾问本应帮客户开门,但拉开门后,销售顾问自己却先进去了;而一些管理好的汽车4S店则有迎接客户的礼仪,这就体现了高标准的汽车销售服务。

(6)开放式问题。开放式问题是用来引导客户讲述事实的,例如"您能说说你对想购买的车辆有哪些具体要求吗""您能告诉我您的想法吗""您最想了解的问题是什么"等,一句话出来,客户就滔滔不绝了,这就是开放式问题。开放式问题便于更详细地了解情况,或让客户说出一些销售顾问忽略了的细节。

(7)封闭式问题。封闭式问题就是对客户的问题做一个重点的复述,是用来结束提问的。当客户叙述完毕后,销售顾问会说"您的意思是从黑色和银色中间选择,是这样的吗""你是觉得舒适性更适合您吗""您看您需不需要加装导航仪呢"等,这就是封闭性的问题。

(8)开放式问题和封闭式问题的利弊对比(表3-10)。

开放式问题与封闭式问题的利弊对比　　　　　　　　　　　　　　　表 3-10

	开放式问题	封闭式问题
益处	可获得足够的资料； 在对方不察觉的情况下影响谈话； 让对方相信他自己在主导谈话； 鼓励对方参与，制造和谐气氛	很快了解对方的想法； 可用来锁定对方的意图； 可用来确认所听到的情况是否正确
弊处	需要更长时间； 要求客户的参与； 有走题的危险	需问更多问题才能了解对方情况； 用的不得当容易自以为是，得到不正确的结论； 容易制造负面气氛； 方便不肯合作的人

此外，通过提问，可以让紧张的客户缓解情绪。例如，当客户很紧张时，可能会忘记陈述事实，销售顾问应该有效地利用提问来缓解客户的情绪，如"您看您不忙的话，我们坐下来慢慢谈，看您到底有哪些想法"，这时客户就会专注于回答您所提出的问题，在陈述的过程中，客户的情绪就会从紧张而逐渐变得自然起来。

我们进行客户需求的提问，不能以一个汽车品牌的狂热爱好者的身份，要时刻记住我们顾问的职责，我们是站在客户的一边，帮助客户思考问题，作出最合适的选择。

综上所述，只有树立全心全意为客户服务的意识，注重在与客户进行交流时提问的技巧与方法，才能吸引更多的客户接受您的服务，准确地获取客户的需求信息，建立长期的信任关系，从而为个人和企业带来源源不断的经济收益。

案例说明：需求分析

1）销售顾问："您是怎么知道我们展厅的？"

（1）客户："我看了你们的广告。"

分析：如果没有购买汽车的想法，是不会留意汽车经销商的广告的。当然，客户肯定不止看到一个经销商的广告，他可能要看很多车行。是尽量确定客户的潜在购买时间。

（2）客户："通过114查号台查到的。"

分析：这是一个绝好的客户，可能是一个马上要购买产品的客户。

（3）客户："我路过看到的（非汽车城周边），你们的车真漂亮。"

分析：应尽量留下客户的联系方式，询问购买时间及车型。他可能不是一个马上要买车的客户，但买车已在计划之中。

（4）客户："我朋友的车是在你们这里买的，我过来看看。"

分析：要知道他朋友的名字和车价，按流程操作，这是一个很容易成交的客户。

（5）客户："我住附近，所以来看看。"

分析：是一个很现实和理性的客户，他可能不完全在乎价格，还考虑售后维修等服务。

2）销售顾问："您买车是想准备做什么用？"

（1）客户："我只是随便看看。"

分析:一种流行的回答方式,销售必须进一步挖掘客户深藏的动机,否则不容易成交。

(2)客户:"为了上下班代步,方便,应该有车了。"

分析:也是一个常见的回答,尤其是年轻人,他们比较兴奋、激动,要改善自己的地位,也许在和朋友的车做比较,他们不一定要便宜,要注意发掘他们身边朋友的车子的情况。他们更注重汽车外表透露出的含义,比如时尚、流行、品位等。

(3)客户:"我的车有点旧了,想换一辆。"

分析:这种客户暂时还不多,要注意展示新车比在用车具有更多的优点。

(4)客户:"我有车了,但还想买一部给家人。"

分析:这个客户还没确定,他现在还不需要,而且家人是否同意也还不确定。但大幅的降价有可能让客户动心。

针对同样的问题,不同的客户给出不同的答案,我们必须分别进行分析,获取信息。

三 客户需求分析实例

(一)客户的真实期望

客户的需求不仅仅是对汽车产品的需求,也是对汽车销售企业的需求,对汽车销售顾问服务的需求,我们首先要站在客户的角度分析,把握客户来到展厅会有哪些期望。

(1)可以通过各种沟通渠道(网站、电子邮件、电话等)与经销商取得联系。

(2)电话咨询时,工作人员能及时准确地应答(如果服务中心不能回答,应转由专业的销售顾问解答)。

(3)如果不能回答客户的问题,应解释原因,并提供可以解答问题的明确时间。

(4)拨打电话时,铃响三声之内有人接听应答,并能从其言谈中感受到他的微笑。

(5)一进门就问候客户。

(6)一进店就接待客户而无须等待。

(7)当客户有疑问时,能耐心提供帮助,即便客户是随便看看也同样重视。

(8)一进店就能热情欢迎,让客户感到自己备受重视和关注。

(9)当客户再次来店时,能叫出客户的姓氏,而且还要熟知客户以前的来访经历。

(10)主动递交名片。

(11)认真对待客户的需求和喜好,并为客户调整其工作方式(行为、进度)。

(12)在客户再次来访时,主动提问和确认客户的需求和喜好是否有变化。

(二)汽车4S店的应对

针对客户的期望,企业以及销售顾问必须用良好的应对,才能满足客户的期望,提高客户的满意度。

(1)汽车品牌专业设计的、统一标准的经销商网页,应时时更新。

(2)10min内回复客户的手机短信;20min内回复客户的在线请求或电子邮件。

(3)接电话时应面带微笑,让对方能从你的话语中感受到这一点。

(4)感谢客户致电并用客户的姓氏称呼客户,让客户感到自己提出的要求得到了认真对待。

(5)销售顾问应随时保持友好的态度及最佳的举止。

(6)汽车4S店营造一种把所有客户都当作有望客户的企业文化,使客户在汽车4S店处倍感尊崇。

(7)汽车4S店员工和客户说话时反应迅速,礼貌友善。

(8)汽车4S店员工细心聆听,不要打断客户。

(9)汽车4S店员工向客户简单介绍之后的参观步骤。

(10)汽车4S店员工要有效利用客户的时间(不浪费客户的时间),但不应操之过急。

(11)所有的客户应立即受到问候,如果无法立即接待客户,客户最长等候时间只能是1min。

(12)马上问候每一位客户。

(13)询问每位客户的到访目的。

(14)确认客户需求及客户类型。

(15)让每位客户都感受到个性化的认真对待,而且不是千篇一律模式化的问候。

(16)同客户建立私人关系。

(17)与客户积极沟通。

(18)对客户不要以貌取人。

(19)对所有的客户进行深入的需求分析(即使是熟悉的客户,也应向其提出问题,因为他们的需求可能有所改变)。

(20)销售顾问使用适当的工具(资料、笔记、计算机等)进行需求分析,以便能准确回答客户的各种问题。

(21)展厅和客户休息室设置吸烟区和非吸烟区。

(22)销售部门夜晚服务延长至晚上九点。

(三)客户需求分析的话术实例说明

在学习了客户需求分析的理论知识之后,我们通过几段汽车销售过程中的话术实例,从获得并分析客户购车背景、弄清楚客户需要解决的问题和客户解决需求问题的迫切程度三个方面,对汽车销售顾问的沟通技巧以及客户的需求分析进行说明,这样能够更有效地让我们理解前面所学习的知识。

1 获得并分析客户的购车背景

销售顾问(看见客户走进展厅,马上上去迎接):"您好,我是这里的销售顾问小李,欢迎您的到来。准备要看什么样的车?"

技巧:争取的开场白与陈述内容,特别是"看"的应用,较好地把握了客户的心态,因为这里所销售的车档次都较高。

客户:"随便看看。"(接着走到了展车前)

分析:客户考虑选择的可能是展厅中价值较低的车型,如果是最贵的,客户的语气和语态会发生很大的变化。

销售顾问(只需在离客户约1.2m的距离,不要过早打扰客户。如果发现客户在某个位置停留时间较长或回头时,要尽快靠前):"这位先生,看来您对这款车非常有兴趣。"

技巧:适当的距离与恰当时机的询问,不仅能够消除客户的紧张情绪,还能拉近与客户的距离。

客户:"发动机是在哪里生产的?"

分析:客户提出了自己的问题,这也表明了该问题是他购车时会首先考虑的。

销售顾问:"看来您非常专业!一般首先问到发动机的朋友都是汽车方面的专家。"(停顿)

技巧:表示出对客户的赞美,同时适当的停顿给予客户思考的空间,也利于销售人员决定下一步应该说什么。

客户:"哪里,只是知道一点。"

分析:客户自谦,也是对销售人员赞美的一个回应。

销售顾问:"我们这款车的发动机是德国原装发动机,动力性非常的卓越。不过,我想请教一下,您之前接触过这款车吗?"

技巧:简明扼要地回答客户的问题,但此时不要走进销售的误区,即在不了解客户真实意图前就进入到汽车产品的展示阶段。此时话锋一转,开始对客户的购车背景情况进行调查。

客户:"在互联网上看过,还没有见过实车。"

分析:表明客户对此款车的了解还不够深入,接下来销售人员的产品展示功夫就会直接影响这位客户后续的销售,但此时还不是展示产品的时机。

销售顾问:"那您有没有接触过其他同级的车呢?"

技巧:了解客户对竞争车型的认知情况以及认同情况,这是制订后续销售策略的基础。

客户:"我刚从隔壁的展厅过来,听他们介绍过××款车,相当不错,特别是发动机。"

分析:客户表明他刚接触到的竞争车型相当不错,尤其是对发动机的印象,此时,销售人员初步明确了客户的选择范围。

销售顾问:"这样说来,如果今后您要买车的话,发动机是您首先考虑的问题啦?"

技巧:对客户的需求进行诊断,确认发动机是否是客户选车时优先考虑的问题。如果自己的汽车发动机在同级车中具有优势,那么今后的销售中就应该强调这种优势;如果不具备优势,那么今后的销售就要设法转换客户的选择重点。

客户:"以前开过××牌的车,对该车的发动机印象比较深。"

分析:客户再次提出另一款使用过的汽车,也是因为发动机的性能让他印象深刻,这款车将会被客户列入备选品种。

销售顾问:"这样看来,您真的是一个汽车方面的专家,××牌的车不错,如果您准备自己投资买车的话,会考虑那款车吗?"

技巧:对客户未来的选择方向进行诊断,明确客户选择与排斥××牌车的因素。

客户:"当然,如果有发动机比那款车更好的,我当然会考虑。"

分析:客户再次表明发动机是他选车时重要考虑的因素,此时的销售就比较明确了,就是要设法提高自己这款车发动机的价值,强化客户的认同感。

销售顾问:"这里,我想请教一下,今后您自己要开的车价值会在多少范围内?"

技巧:进一步提出新的问题,确定客户的投资范围。在这里,请不要直接问客户会花多少钱买车,这样容易引起客户的警惕,让他们觉得如果告诉了你投资的方位,会降低他们的议价能力。

客户:"40万~50万元吧!"

分析:此时,客户给出了一个投资的范围。

双方的交流继续进行,但不论用什么方式,只有一个目的,就是把客户购车的相关背景情况弄清楚。只有在此阶段收集的信息足够,才可能在后续的销售中获得制胜先机。成功销售的第一步是弄清与客户购车投资行为相关的背景情况。

② **弄清楚客户需要解决的问题**

销售顾问(看见客户走进展厅,急忙迎了上去):"您好,我是这里的销售顾问小李,欢迎您的到来。准备要看什么样的车?"

技巧:对于来展厅的陌生客户,销售顾问小李热情地迎了上去,开场白简洁明了。

客户:"听说新上市一款2.0L排量的车,不知怎么样。"

分析:客户表明了他的来意,是想了解新上市的那款车。

销售顾问(引导客户走向样车):"您说的就是这款车,上个月18日刚上市,现在销售情况特别好。"

技巧:销售人员在向客户介绍前,先用总结性的语言点明了这款新车的销售情况非常好,给了客户一个心理暗示。

客户:"介绍一下吧。"

分析:客户提出介绍要求。请注意,一般情况下,就像前例所述,不够专业的汽车销售人员很容易顺势就被诱入汽车产品的展示阶段。如果这样的话,整个销售过程就容易被客户所主导。

销售顾问:"好的,只是不知道您是否有足够的时间听取我的介绍。同时,在介绍这款汽车前,能否向您请教几个问题?"

技巧:这句话的目的是作一个缓冲,不至于让客户牵着鼻子走,同时可以变被动为主动。

客户:"什么问题?"

分析:只要客户做出类似这样的回答,就可以按照我们的思路来进行客户需求的开发。

销售顾问:"在来这里之前,您是否接触过或听说过这款车?"

技巧:了解客户的背景情况。

客户:"听朋友说过。"

分析:是朋友的介绍促使客户来到展厅。

销售顾问:"能不能介绍一下,他对这款车是怎么看的?"

技巧:探询该客户的朋友对这款新车的看法,也能够知道客户的了解程度,有利于把握客户的未来的投资取向。

客户:"他说这是一款不错的车,特别是在安全系统方面,配置比较高。"

分析:这是有利的信息,朋友的正面意见将会对客户的决策起到帮助作用。

销售顾问:"您这位朋友说得非常正确。安全系统是这款车的一个重要卖点,除了车身设计外,配备了只有高档轿车才配备的 ESP,同时还配备了双氙气随动转向前照灯。我想请教一下,安全系统的配置是否是您购车时重要考虑的问题?"

技巧:进一步强化这位客户对安全系统的认识,增强他的信心。同时,提出诊断性问题,了解客户是否把安全系统放在选车条件的第一位。

客户:"当然。我以前开的哪款车安全配置比较低,有一次在高速公路上差一点出事故。"

分析:客户通过他自己的亲身经历,说明了原来那款车在安全系统方面的不足,这一定是客户在未来选车时必须要考虑的关键因素,也是这个环节的谈话要到达的目标,找到客户需要解决的问题。

销售顾问:"也就是说,如果我没有理解错的话,安全配置是您选车时首先要考虑的问题。除此之外,还有什么问题必须考虑呢?"

技巧:再进一步寻找客户所面临的需要解决的其他问题,只要找到了客户的问题,那么成功销售就近在咫尺了。

客户:"就是该车的动力性如何?原来那款车虽然也是 2.0L 的排量,但由于车身自重较大,所以跑起来总感觉吃力。这款车的车身质量是多少?"

分析:客户再次表述了他面临的问题,即动力性表现,这是有经验的购车者才会提出的问题。此时,销售人员必须对客户所提及的汽车产品非常了解,才有可能不至于出现销售破绽。

销售顾问:"您这个问题问得真到位,发动机是您最值得了解的地方,虽然只是 2.0L 的排量,但其输出功率达到了 108kW,输出转矩达到了 200N·m,自重比您所说的那款车还更轻,所以动力性是无可挑剔的。"

技巧:对客户的意见进行肯定,目的是强化客户对销售人员的认同。当然,客户提出的问题如果是自己产品的强项,那是再好不过;如果不是,就要设法进行转化,弱化客户对此项问题的关注与要求。

销售人员与客户之间的对话继续在进行,接下来销售人员就客户在购车中面临的需要解决的问题再进一步探询。成功销售的第二步是找到他们在购车中需要解决的问题,这是诱发他们迅速做出投资的动因。

3 客户解决需求问题的迫切程度

情景设定:某客户经过比较,最终锁定了两个不同品牌的同级车,但由于各款车都有其独到之处,他较难取舍。其中,A品牌为新上市的车型,在同级车中率先装备了ESP、双氙气随动转向前照灯、八方向可调节电动座椅等高科技安全与舒适性配置,但这款车外形设计过于时尚,整体视觉效果是车体不够宽大,同时还没有天窗;B品牌为已经在市场上销售一年多的车型,在同级车中销售相当不错,业界的评价也很高,虽然没有装备ESP和氙气前照灯,但宽大的车身、天窗和用户良好的口碑的确让客户割舍不掉。这天,他来到了A品牌的展厅,想就这个问题寻求一个最终的答案。

销售顾问:"通过刚才您的介绍,两款车都让您心动。说句实在话,购车选择是一件很难的事情,因为没有一款车也不可能有这样一款车,能够把所有车型的优点集于一身。只是,一款汽车是否适合自己,关键的还是要看是否能够符合我们的投资要求,能否解决我们目前存在的问题。再次,我想请教一下,在您过去用车的经历中,上高速公路行驶的机会多不多?"

技巧:在明确了客户的选择范围后,进行立场转化,提出选车应该考虑的问题与角度,让客户感觉到是站在他们的立场上考虑问题,帮助他们出主意。接着,话题一转,开始导入到A品牌最有优势的部分:安全保障系统。寻找客户没有特别注意甚至是忽略掉的问题并进行强化。

客户:"多,经常要出差,全省各地跑。"

分析:客户的回答正好符合后续需求引导的要求。

销售顾问:"那就是说,出差的时候遇到刮风下雨的机会比较多了?"

技巧:把高速公路的行驶与恶劣条件联系在一起,暗示安全保障的重要性。

客户:"那自然。"

分析:得到客户正面和肯定的回答,正好能够顺势进行引导。

销售顾问:"遇到风雨天您是不是要减慢车速而且还要小心翼翼?"

技巧:强化风雨天的行车风险对客户心理上的影响。

客户:"那肯定。"

分析:得到客户的正面答复。

销售顾问:"有没有在雨天高速行驶时遇到过紧急情况?"

技巧:诊断性问题激发客户对行车危险的联想。

客户:"有啊!半年前送一个客户去某地,在高速公路上就碰到过这样的情况,那一次差点把我们吓死了。"

分析:客户的回答证实了这种可能性的存在,也进一步强化了客户防范风险的意识。

销售顾问:"这么说,汽车的安全保障系统是您不得不重点考虑的问题了,特别是该车是否配备了ESP。"

技巧:强化客户对汽车安全尤其是ESP配置的认同。

客户:"没错。"

分析:得到肯定的答复。

销售顾问:"那我再请教一下,您开车出差时会不会因为时间紧,经常在晚上赶路。"

技巧:结合氙气前照灯的作用继续进行深一步问题的挖掘。

客户:"差不多每次出差都会如此。"

分析:又一次得到肯定的答复。

销售顾问:"这样的话,行车过程中对灯光的要求就会比较高,不仅照度要高,而且视野要好,如果在弯道行驶和上下坡的时候能够自动调节,那么行车就安全得多了。"

技巧:从灯光系统进行分析,强化氙气前照灯对客户行车安全的保障。

客户:"你分析得没错。"

分析:再一次得到客户肯定的答复。特别提示:这样一而再、再而三地让客户给出肯定的答复,从心理学的角度看,此时即使提出的问题是错的,客户也会顺势回答"正确"。

销售顾问:"这样看来,行车安全的保障是您必须第一位考虑的问题,而这款车有没有天窗就显得不重要了。"

技巧:在客户心理不断得到正面强化的情况下,提出必选的答案让客户选择。

客户:"当然,如果安全保障系统又完备,而又有天窗的话,会更好一些。"

分析:客户提出的虽然是一个折中的意见,但可以看出,刚开始时对天窗的要求强烈程度已经开始弱化,这正是此段话术的精髓所在。

销售顾问:"从这个角度看,在您刚才确定的这两款车中,也只有A品牌最符合您的要求了,我建议现在您就把这辆车开回去吧!"

技巧:再次强化客户对A品牌的认同,并适时地提出了成交要求。

客户总是愿意为能够解决他们问题的方案付出代价,关键在于你是否帮助他们认识到这些问题与你提供的解决方案之间的对应关系。

(四) 客户需求归纳分析

在实际的工作中,我们接待客户的经验是在逐渐积累丰富的,我们必须从每一次客户的接待中不断提高,从接待的实际体验中总结有效的方法。

1 家庭情况影响购买行为

不同家庭状况的购买行为分析见表3-11。

不同家庭状况的购买行为分析　　　　　　　表3-11

家庭状况	购买行为模式
单身阶段:年轻、浪漫	无经济负担,追求新潮 购车目的以追求时尚为主
新婚夫妇:年轻且无子女	收入稳定 购买目的以实用为主
满巢期1:孩子在6岁以下	流动资产少,关注汽车广告,考察广泛,购车目的以家用为主

续上表

家庭状况	购买行为模式
满巢期2：孩子在6岁以上	经济状况好转，较少受广告影响，考察周详 购车目的以家用和休闲为主
满巢期3：中年夫妇尚有子女扶养	经济状况较好，基本不受广告影响 购车目的以家用和休闲为主
空巢期1：中老年夫妇，子女已不在身边，但依然在工作	经济状况上佳，对新产品兴趣较弱 购车目的以休闲和旅游为主
空巢期2：老年夫妇，子女已不在身边，可能退休	收入减少，购车目的以馈赠子女为主 通常多考虑汽车价格，而由子女决定品牌

❷ 不同年龄和社会阶层的消费特性

不同年龄和社会阶层的消费特性见表3-12。

不同年龄和社会阶层的消费特性　　　　　　表3-12

年　龄	男　性	女　性
小于20岁	独生子女，无经济来源，有决策权，但资金靠他人提供	
20～34岁	白领阶层，中层管理者，个性鲜明，事业成长期，年轻父亲	白领阶层，收入稳定，追求时尚，年轻母亲
35～50岁	事业有成，稳健持重，积蓄较多，渴望休闲	相夫教子，以丈夫和子女的成功为荣，进取心降低
50岁以上	领导者，空巢家庭，身体状况稍差，旅游休闲	退休，家庭妇女，旅游休闲，为子女着想

总而言之，客户需求分析的过程是销售顾问与客户之间交换意见，密切沟通，并从沟通中获得有效信息的过程，再对有效的信息进行分析，转换成专业的、能够得到客户认同的意见，从而满足客户的需求，达成共识。客户需求分析是站在客户的角度思考问题，时刻进行角色互换，体会客户急需解决的问题。客户需求分析是观察、沟通、思考的艺术，面对不同的客户，需求也不同，需要在实际工作中不断积累经验，不断提高沟通能力及专业能力，提高客户满意度，获得客户的长期信任，拉近彼此之间的距离。

第三节　新车介绍

在经过前期接触客户之后，销售顾问应该做到基本消除客户焦虑感并取得客户一定信任，明确客户真正需求，建立尽量详尽准确的客户档案，营造一个融洽的销售气氛。在对客户真正需求分析之后，销售顾问应根据销售进度以及客户需求，看准时机，将汽车产品优势介绍给客户。

介绍汽车的过程必须针对客户真正的需求而进行,这样才能真正深入客户的心,不至于隔靴搔痒,让客户觉得乏味而不能接受。而在介绍时也有一定的程序和规定,以期尽可能优化介绍的效果和效率。

在整个汽车产品介绍的过程中,销售人员应边介绍边不断观察客户的反应,根据客户的需求、反应随时准备作适当的调整。

一、汽车产品知识概述

汽车销售不同于其他类型的产品销售,它是以汽车作为销售的核心,而汽车又是一种特殊的产品,其结构复杂,科技含量高。因此,对汽车产品知识的充分了解是汽车销售顾问必须具备的条件,汽车销售顾问要有专业化的汽车产品知识。

(一)汽车产品价值构成的五大要素

在消费日益成熟的中国,汽车消费正在转入"价值主导时代"。价值是汽车产品以及服务带给消费者的利益,它决定了价格高低和品牌崇尚度。就一辆汽车而言,汽车产品价值既包含汽车产品基本属性带来的价值,还涵盖其延伸功能带来的价值(图3-6)。

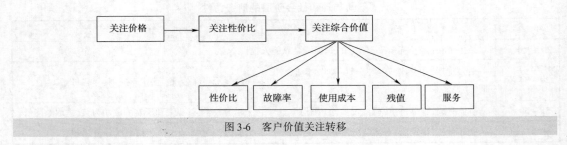

图3-6 客户价值关注转移

目前,我们通常说的汽车的综合价值主要由5个方面组成。

1 性价比

汽车性价比的组成如下:

$$性价比 = \frac{动力性、安全性、平顺性、操纵性、舒适性、造型、配置}{价格}$$

购车前不仅仅需要比较汽车的造型、价格和配置,更应该看重车型的性能和品质等车辆基本素质。现在的客户在购买时,第一位不是盲目的比价格,而是比价值。这就要求汽车销售顾问将精力转向汽车性能和品质的介绍。

2 故障率

故障率低意味着省钱、省时、省心,汽车给客户创造的价值更大。故障率是客户选车的重点,也是汽车销售顾问描述的重点,应该更多地关注汽车的可靠性。

3 使用成本

汽车使用成本的组成如图3-7所示。

油耗是汽车日常使用费用中最大的一项开支。特别是汽油价格的不断上涨以及环境污染等因素,省油这一大利器在汽车销售上越来越有发言权。除此之外,客户也非常关注汽车常规维护、故障维修的费用以及良好的服务和便利性,这也是销售顾问在销售中应该涉及的。

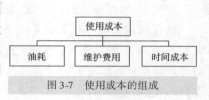

图3-7 使用成本的组成

4 残值(二手车价值)

汽车残值通常是指汽车在规定的合理使用年限内所剩余的使用价值。随着二手车交易日益发展,二手车交易价格的高低是判断汽车价值的一个越来越重要的参照指标。销售顾问应该从各方面来说明汽车产品的保值能力。

据统计,德国大众的汽车品牌3年后的平均残值将为新车价格的52%,是残值较高的品牌;奔驰是豪华车中的佼佼者,3年后的旧车残值平均为54.5%;豪华车的平均残值为48.7%。

5 售后服务

购车是消费的开始而不是终结,维修服务在价值总量中占据着很大的比例,车主不仅需要热情周到的接待服务、正宗而便宜的配件、合理的工时费和便利快捷的维修服务,而且需要一次性修复率高、维修质量高,更需要用车和维护好汽车的指导。服务质量关系到车主损失的时间、金钱。因此,售后服务是当前消费需求和营销水平升级最现实、最迫切的需要。

(二)汽车产品价值的介绍话术

购买汽车对每个人来说,都算是一件大事,当然要做更多的比较和选择。通常我们更建议客户综合比较车的价值而非简单的比较汽车的价格。汽车的价值组成如下:

$$汽车的价值 = \frac{性价比(高) + 故障率(低) + 使用成本(低) + 二手车价格(高) + 售后服务(好)}{客户的付出成本"经济+时间+心情"(低)}$$

客户获得的利益与其付出的成本的比值就创造了客户的价值,这个价值越高,对客户的吸引力就越强。销售顾问要引导客户从这个角度考虑购车决定。

比如在实际的汽车产品介绍中,我们面对以下这些问题时,可以采取如下的方式回答。

案例说明:产品价值介绍

客户:"你们这款车的价格好像比较高。"

销售顾问:"综合来看,我们的汽车在同档次比较中是性价比最高的汽车。它的故障率低,使用成本低,售后服务也是同行业中要求最高的,综合比较您选我们的汽车不仅是物有所值,甚至是物超所值。"

客户："我要再考虑一下"。

销售顾问："先生请问您是在考虑车辆价格问题还是车型、性能问题呢？如果是性能问题，我们之前也对比过其他几款车型了，这个车最适合您了。如果是价格问题，今天是本店做活动的时候，机会难得。"

客户："你别管我看没看过，你报个底价得了，比别人便宜我马上买。"

销售顾问："噢，看来您是一个挺爽快的人，我也相信您在别的地方看过这款汽车，不然您不会说今天马上就可以买的，价格方面既然您已经看过了，都差不多的，别人能做到的我们都能做到，更何况我们店离您工作的地方又比较近，您来也比较方便，所以我相信您只要看好车型，价格方面坐下来谈谈。再者，我想您买车关注的也不仅仅是价格方面的问题，应该还有其他方面，比如说售后服务，保险理赔等，我相信让我介绍完我公司的一些特色服务后，您一定会满意的。"

客户：(临成交时)："你再送我××、××，我马上就买。"

销售顾问："这车价平常我们都是不送东西的，今天我们搞活动才破例送出这么多东西啊，最优惠的时机都不买的话，那下次您过来，我们这边再也送不出这么多东西了。选车型就选择最优惠的时机定下来。不要让一两个××、××而影响了您用车！"

客户："××车身发动机噪声大，起步也不快。"

销售顾问："××车和××相对比，××车的声音会显得稍微大一点。拿宝马跟××××对比，宝马的声音也是大一点，这是德国车的造车传统，让您有澎湃动力的感受。衡量一个车的好坏，发动机技术的好坏，并不是靠声音来判断的，您觉得大众车的发动机口碑如何？我有个朋友，用的是×××，他还嫌发动机声音不够大，还特地去把排气管换了，搞得周围的人都看过来才觉得够气派。"

当然，在销售顾问的实际工作中，客户还会提出各种各样的问题，这就要求我们认真聆听、分析，仔细观察，根据不同的情况，给出最合理、最有利的答案。

二 汽车产品的介绍要点

汽车产品的介绍要点主要包括设计理念、技术规格与装备、推销要点、竞争分析4个方面。每款新车上市前，厂家和经销商都会针对该车型对汽车销售顾问进行汽车产品知识的培训。

(一) 汽车产品的设计理念

1 车系的概念

汽车作为全球化的产品，根据生产地域不同，可划分为不同的车系，而根据各个汽车企业的发展，又各自有其鲜明的特点。这里我们对几大主要的车系进行分析。

(1) 德系车(图3-8)。汽车是由德国人发明的，全世界又以德国车市场占有率最高。

德系车的特点：操控性能好、保值率高、安全、稳重、做工严谨。

代表品牌：奔驰、宝马、奥迪、大众、保时捷。

a) 宝马标志　　　　b) 大众标志　　　　c) 奔驰标志　　　　d) 奥迪标志

图 3-8　德系车代表品牌

　　德国车的特点就是德国人的性格体现。车身线条和曲面永远都是那么的富于逻辑性，简洁而有内涵。正是这种严谨的作风诞生了世界上顶级的豪华车阵容，鲜明的品牌设计成就了德国车的高品质感。宝马汽车开创并继续引领汽车设计的机械美学，大众汽车的大 U 形散热器格栅使得大众车看起来并不大众，随着奔驰、宝马、大众的全球畅销，也将这种品牌设计风格带给了更多的消费者。

　　(2) 美系车(图 3-9)。美国也是第一个让汽车走进家庭的国家，美国是第一个让汽车从奢侈品变为日常必需品的国家(福特发明了流水线生产汽车技术)。

　　美系车特点：宽大舒适、大气稳重、安全性好、豪放、狂野、不拘小节、功率较强。

　　代表品牌：福特、别克、雪佛兰、凯迪拉克。

　　美国车的安全性被认为是世界上最好的，甚至不惜以牺牲燃油经济性为代价。美国车给人的派头一向很足，最大的特点就是强调舒适性和动力性，发动机强调大排量、大功率，安全性也非常好，悬架系统和隔声设计非常出色。但过分地强调大功率和大车身往往导致美国车给人以油耗大的坏印象。

　　(3) 日系车(图 3-10)。日本车是除德系车、美系车以外的另一类受欢迎的车系。

a) 福特标志　　b) 别克标志　　c) 凯迪拉克标志　　　　a) 本田标志　　b) 丰田标志　　c) 日产标志

图 3-9　美系车代表品牌　　　　　　　　　　图 3-10　日系车代表品牌

　　日系车特点：经济实用、外观时尚、性价比高、做工比较细致。

　　代表品牌：本田、丰田、日产、铃木。

　　日本车的设计理念是两小一大，即油耗最小、使用成本最小，舒适性和使用便利性最大。日本因为国土面积狭小等各种条件所限制其车型的设计理念都是：车体轻而紧凑，经济实惠。这种设计理念一开始就广泛地成为各个车厂的设计标准。所以，日本车往往给人感觉性价比很高，虽然它不是最好的车，但是它是最实惠的车。而且日本人造车非常地注重细节，所以日本车给人的感觉是做工比较细致。此外，日本车的故障比较少，维护起来比较方便。缺点方面：正是由于过多的成本控制，容易导致一些不容易被发现的零部件质量比较低，设计方面对安全性的重视程度不够好。

2 车型的设计理念

每一款车都有自己的品牌历史和车型历史,在汽车市场竞争日益激烈的今天,每一款车的市场定位也更加清晰,了解这些车型背后的知识能更好地掌握汽车产品的内涵。我们以雪铁龙爱丽舍轿车为例(图3-11)进行说明。

图3-11 雪铁龙爱丽舍轿车

爱丽舍的名字取自爱丽舍宫(Elysée palace),法国总统官邸。提及它,让人联想到它的尊贵、优雅、品位,这里来往的都是社会名流,它与现代世界紧密相连;也让人联想到法兰西民族追求现代、时尚、个性化的传统。爱丽舍轿车新车型是一款精致中蕴涵现代的轿车,将这款轿车命名为"爱丽舍",则取其尊贵的含义,可表现一款诠释法国式的优雅和品位的轿车;同时以一个独具特征的地点表现一款个性十足、时尚潮流的轿车。

(二)汽车产品的技术规格与装备

汽车产品技术规格主要包括:车型型号、车身尺寸及质量、发动机、制动系统、悬架、驱动方式等。而汽车产品装备则包括:驾驶及安全装备、车内造型装备、车外造型装备、其他辅助电器装备等。每款车都会有自己的技术规格与装备表,详细记录了该款车的参数及各种规格。对于这些规格和新技术装备,汽车销售顾问要非常熟悉才能熟练的给客户进行讲解,尤其是同一款车会有不同的配置,不同的价格,销售人员要将这些对比情况详细的给客户介绍清楚。另外,对汽车产品技术规格的了解要求汽车销售顾问必须具备一定的汽车专业知识,这就需要销售顾问日常的积累补充。我们以爱丽舍轿车的部分技术规格与装备表为例,了解我们所需要掌握的一些基本产品知识(表3-13)。

爱丽舍2010款部分技术规格及装备表　　　　　　　　　表3-13

车型	科 技 型		尊 贵 型
	手动	自动	手动
尺寸参数			
长/宽/高外形尺寸(mm)	4367/1708/1413		
轴距(mm)	2540		
前/后轮距(mm)	1423/1424		
最小转弯直径(m)	10.5		
整备质量(kg)	1110	1150	1110
行李舱容积(L)	437		
油箱容积(L)	51		
发动机			
TUSJP4 发动机	●	●	●

续上表

车型	科技型		尊贵型
	手动	自动	手动
发动机排量(L)	1.587		
压缩比	10.5		
额定功率[kW/(r/min)]	70/5750		
最大转矩[N·m/(r/min)]	142/4000		
最高车速(km/h)	185	178	185
综合工况油耗(L/100km)	7.8	8.2	7.8
市郊工况油耗(L/100km)	6.3	6.6	6.3
制动系统			
真空助力	●	●	●
X形双回路液压制动系统	●	●	●
车外造型装备			
多钻晶莹前照灯	●	●	●
星辉立体尾灯	●	●	●
14#钢轮辋	●	●	—
14#铝轮辋	—	—	●
185轮胎	●	●	●
同色保险杠	●	●	●
镀铬装饰包(行李舱+车窗+前进气口下沿)	—	—	●

注:"●"表示"有","—"表示"没有"。

(三)汽车产品的推销要点

汽车产品的介绍要点一般包括外观、内饰、行驶性能、乘坐空间、安全环保、高科技配置、舒适配置、个性化装置等内容。下面以东风雪铁龙爱丽舍车型为例进行简单说明。

1 汽车外观介绍

外观介绍主要包括车辆造型、全车尺寸、流线型设计、颜色等,还包括一些有特色的外观设置,比如发动机舱盖、前照灯组合、前格栅、腰线和肩线、车轮、天窗等。以雪铁龙爱丽舍轿车为例,其外观沉稳而不乏时尚(图3-12)。

爱丽舍轿车前脸的"雪铁龙家族式设计"令其看起来依然时尚,让人一眼就能识别。流畅的车身线条简洁明快,没有多余的线条装饰,车身至尾部平滑过渡,没有丝毫的累赘感。

图3-12 雪铁龙爱丽舍轿车前脸

2 汽车内饰介绍

汽车内饰的介绍主要是突出舒适和操作的便利性及高科技含量，如电动可调节座椅、多功能转向盘、真皮内饰、多功能仪表板、空调等。以爱丽舍轿车为例，其内饰简单朴实。爱丽舍轿车在内饰方面延续了之前的整体样式，不过在做工和用料方面有了很大提升。中控台上的银色面板增添了活力，清晰的布局对于初次接触汽车的驾驶者来说非常容易上手，按键的设计虽然没有新意但使用起来比较顺手。爱丽舍轿车仪表台如图3-13所示。

a)　　　　　　　　　　　　　　　　b)

图3-13　爱丽舍轿车仪表台

3 汽车行驶性能介绍

汽车行驶性能介绍主要突出介绍车辆的驱动方式、发动机情况、变速器情况、悬架情况、最高车速及加速情况。以爱丽舍轿车为例，其驾驶操作轻便，动力性能也足以满足家用（图3-14、图3-15）。

a) 爱丽舍轿车发动机舱　　　　b) 爱丽舍轿车变速器操纵杆

图3-14　爱丽舍轿车动力系统

爱丽舍轿车搭载的1.6L发动机是PSA全球共用的一款小型高能发动机，最大功率为78kW(5750r/min)，最大转矩为142N·m(4000r/min)，排放达到国Ⅳ标准，官方油耗只有5.0L/100km(60km/h等速)。作为家庭轿车，乘客乘坐的舒适性固然很重要。爱丽舍轿车的动力虽然无法令驾驶者倾心，但另一方面，它在起步等过程中没有了突兀的感受，平顺的过程为乘客带来了更好的舒适感受。

 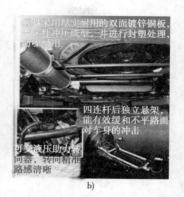

图3-15　爱丽舍轿车底盘总成

4 汽车乘坐空间介绍

乘坐空间直接关系汽车的舒适性，宽敞、充裕的乘坐空间，加上丰富的储物空间对于舒适、方便的驾车出行都有很好的保障作用。以爱丽舍轿车为例，它的乘坐空间就比较良好，储物空间也很丰富（图3-16）。

图3-16　爱丽舍轿车的乘坐空间

像众多同级别车型一样，爱丽舍轿车在乘坐空间上更多地照顾了前排乘客，因而前排的乘坐空间更加宽敞，相对而言，后排的腿部空间没有太多优势，而头部空间与前排的差异不大，都较为充裕。爱丽舍轿车的座椅柔软，乘坐较为舒适，同时也可以充分吸收车身的振动。后排座椅的靠背与身体的贴合较好，可以为后排乘客提供良好的肩部支撑。

5 汽车安全及环保装备介绍

汽车的安全及环保主要介绍主动安全施加（如 ABS 系统、EBD 系统、ESP 系统等）和被动安全系统（如安全带、高吸能式车身等）。爱丽舍轿车装有博世8.1版 ABS + EBD 系统（图3-17）。

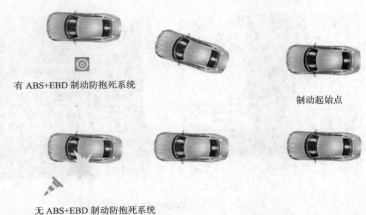

图 3-17　ABS + EBD 制动示意图

6　世界高水平的尖端技术和舒适装备介绍

每款车都会有自己独到的尖端技术和舒适装备，这些配备要重点给客户进行说明和介绍，比如雪铁龙轿车的 PSS 后轮随动转向技术，在车辆转弯过程中，后轮可随前轮同相偏转，能大幅提升行驶稳定性和转向操纵性能。

7　车辆使用及售后服务的便利性介绍

购买车辆是消费的开始，汽车的经济性越来越受到客户的关注，低油耗是汽车销售的一大利器，而在售后方面汽车厂商和经销商必须保证为客户提供完善、便利的售后服务。

(四) 汽车产品的竞争分析

由于汽车市场的竞争，同一个价格区间内会有多个品牌的车型参与竞争，由此形成了竞品车的概念。对于汽车销售顾问，知己知彼则百战不殆，在进行竞品车分析时，要本着客观、公正的态度进行，不要恶意贬低竞争对手，也不能刻意夸大自己。只要把自己销售品牌的车型优势讲出来就可以了。下面以雪铁龙爱丽舍轿车及其竞品车型为例，进行简单分析（图 3-18）。

1　外观对比

同一个价格区间的竞品车在外观上会各自有其特点，通过外观的不同风格可以比较出各款车给人的印象。如爱丽舍轿车的车身外观整体造型偏方方正正，在前照灯处与双人字车标交融处饱满圆润（图 3-19），双圆组合式尾灯是厚重的造型（图 3-20）。相比捷达轿车来说，爱丽舍轿车的外形更轻松，虽然谈不上法式浪漫，也算是柔化掉了不少车身线条。

外观综合评价：相比较来说，爱丽舍轿车与捷达轿车在车身尺寸上基本上各有所长，但爱丽舍轿车有两款指标明显胜出（表 3-14），因此爱丽舍轿车相对捷达轿车来说，在车内空间上会有不错的表现。

爱丽舍轿车 (7.2万~8.5万元)

标志207轿车(7.1万~10.8万元)　　伊兰特轿车(8.9万~11万元)　　捷达轿车(7.6万~10.2万元)

图3-18　爱丽舍轿车及三款竞品车型

a) 爱丽舍　　　　　　　　　　　　　　b) 捷达

图3-19　爱丽舍轿车与捷达轿车正45°外观对比

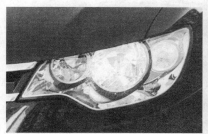

a) 爱丽舍　　　　　　　　　　　　　　b) 捷达

图3-20　爱丽舍轿车与捷达轿车前照灯对比

第三章 汽车整车销售核心流程

爱丽舍轿车与竞品轿车车身参数表　　　表 3-14

车　型	长（mm）	宽（mm）	高（mm）	轴距（mm）
爱丽舍	4367	1708	1413	2540
捷达	4415	1674	1415	2471
标志 207	4260	1680	1468	2450
伊兰特	4545	1725	1425	2610

2 动力性能对比

同一个价格区间的不同品牌车辆，其发动机和变速器的配置及参数也会不一样，通过比较发动机和变速器的技术和参数，可以给客户在车辆动力性能方面的选择提供一个依据。如爱丽舍轿车与几款竞品车之间的动力性能参数有所不同（表 3-15）。

爱丽舍轿车与竞品车动力性能参数对比　　　表 3-15

车型	2010 爱丽舍 1.6 自动科技型	2010 标志 207 1.6 自动品乐版	2011 伊兰特 1.6 自动舒适型	2010 捷达 1.6 前卫
最大功率（kW）	78	78	82	70
最大转矩（N·m）	142	142	145	140
最高车速（km/h）	178	180	173	175
综合参考油耗（L）	8.2	7.7	7.3	7.5
变速器简称	4挡手自一体	4挡手自一体	4挡自动	5挡手动
挡位个数	4	4	4	5
变速器类型	AT	AT	AT	MT

3 内饰及配置对比

内饰及配置直接决定了客户驾乘的便利性、舒适性以及安全性，也是客户选购车辆时所考虑的重要因素，销售顾问也必须掌握各竞品车型的内饰及配置差异。以爱丽舍轿车与捷达轿车相比较为例，两者内饰都比较朴素、稳固得体、方便使用（图 3-21）。

a) 爱丽舍　　　　　　　　　　　　b) 捷达

图 3-21　爱丽舍轿车与捷达轿车内饰对比

以下对比捷达轿车和爱丽舍轿车的最低配车型的配置区别，来看看两车配置上的卖点（表 3-16）。

捷达轿车和爱丽舍轿车最低配置区别表　　　　　　　表3-16

车型	捷达 2010 款 1.6 伙伴	爱丽舍 2010 款 1.6 手动科技型
指导价	7.58 万元	7.38 万元
安全性配置差异	无气囊	驾驶席安全气囊 自动停车辅助系统 转向盘上下调节
舒适性配置差异	座椅高低调节 后排中央扶手 车窗防夹手功能	后排座椅整体放倒 前排中央扶手 后视镜电动调节

内饰配置综合评价：捷达轿车的最低配车型虽然比爱丽舍轿车贵了2000元，但是安全配置几乎没有，当然ABS+EBD的配置是不能少的基本配置，其他安全配置就完全没有了。而爱丽舍轿车在安全配置上相对更丰富，值得推荐。舒适性配置方面捷达多一项车窗防夹手功能，爱丽舍轿车多一项后视镜电动调节，两车不相上下，两车几乎没有什么太多娱乐和舒适配置。

4 车系对比

不同车系的车辆有其不同风格、不同特点，我们已经进行了大体说明，在车系分析的基础上，再进行外观、动力性能、内饰及配置的对比，根据客户的需求，有针对性地进行分析说明，找到客户最能接受的方式，从而达到销售目的。

5 小结

新的车型、新的技术日新月异，这就需要我们的销售顾问在本职工作之外，注意资料的收集，开阔视野，全面的关注汽车行业，这样才能更完善地将汽车产品介绍给客户，更专业的表现会取得客户的加倍信任。

三 新车介绍方法

（一）汽车产品的6个方位绕车法

6个方位绕车法是汽车产品说明的一个重要方法，也是目前各个汽车品牌经销商展厅销售都在采用的产品说明方法。这样规范的汽车产品展示流程是由奔驰轿车首先使用的，但是，在启用的初期并不完善，后来被日本丰田公司的雷克萨斯（原凌志）轿车采用并发扬光大。

6个方位包括车前方（左前方45°）、车侧方、车后方、车后座、驾驶室、发动机舱（图3-22）中的每个方位可以说明不同的产品重点，销售顾问自我练习时可以把汽车的产品知识要点按照方位进行分类。

经过调研，一个汽车消费者在4S店平均要花费90min，其中有40min被用来观看汽车展示。所以，6个标准步骤的展示应该使用40min，每一个位置大约花费7min，有的位置时间短一些,有的要长一些,比如,在车后座和驾驶室就需要多花费一些时间。实际工作中,6个方位没有一定的顺序要求,应以客户的需求为出发点,客户需要销售顾问讲什么,就应按照客户的要求进行讲解,要把6个方位的要点融合进去。

图3-22　6个方位绕车法示意图

6个方位绕车法注意要点如下:
(1)每个方位都有一个最佳的站位点,销售顾问要根据客户的特点主动引导。
(2)每个方位都有最适合介绍的内容,要展示给客户。
(3)方位没有顺序,也不是一次非要介绍6个方位,而是根据客户需要进行。
(4)每个方位都有一定的介绍话术,要多积累和总结经验。

1　车前方(左前方45°)

当客户接受你的建议,愿意观看你推荐的车辆的时候,到底应该从哪个位置开始介绍呢?车前方应该是你开始的位置,要结合车型的特点、客户身高特点及客户感兴趣的内容选择合适的位置,一般情况下,销售顾问在这个方位的介绍方法如图3-23所示。

(1)站在车辆左前照灯前80cm左右,面对客户。
(2)邀请客户在车辆正前方约45°,距离车辆2~3m的位置观看。
(3)局部介绍需五指并拢,手心向上引导客户观看,必要时可微微躬身。

图3-23　车前方介绍方法

车前方介绍的主要要点有:品牌车标特征、整车造型设计、车头前端设计、前照灯设计、前格栅设计、前风窗玻璃清洗装置等。

实例说明:

销售顾问应五指并拢,指向发动机舱盖和前照灯,面对客户进行详细解说。

我们一起来看下它的前部,低俯(宽而低的车身造型)、浑厚有力的造型设计,展现出高级紧凑型轿车的设计精髓(图3-24)。从前方向车身两侧延伸的棱线与低位配置的前格栅线条组合而成的"U"字形前脸设计,远看就像一张笑脸,优美自然,立体动感,与车头两旁的前照灯组相映生辉。将远近光灯、示宽灯与转向信号灯三合为一的组合式前照灯,拥有外扩立体感的造型设计,照明效率更高,功能性更强,并可根据光线变化,自动点亮或熄灭,美感与实用性兼备(图3-25)。前雾灯独立位于"笑脸"两旁,令前部表情更加生动同时具有极高的穿透力和非凡的照射能力,在恶劣天气中能有效提高前方能见度,为您指明方向(图3-26)。

图 3-24　车前方介绍要点

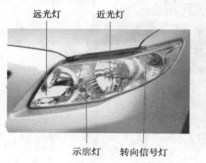

图 3-25　组合式前照灯

图 3-26　前雾灯

2 车侧方

到达车侧方时，客户的兴趣开始进入状态，根据你发掘的客户的深切需求，有针对性地介绍车辆的侧面。车侧方介绍时有两个位置，一般情况下在一侧介绍外观和特色装置，在另一侧介绍车辆的安全装备。销售顾问在这个方位的介绍方法如图 3-27 所示。

（1）介绍应在车辆侧面进行。

（2）将客户邀请至 B 柱外 60~100cm 的位置观看车辆。

车侧方介绍要点主要有：车身的长度、车侧线条、侧面转向灯、外侧门把手、轮胎与轮毂、宽大车内空间、优良的行驶性能设计、最小转弯半径、前后悬架、轻质及高强度车体、防抱死制动系统、电子制动力分配装置、车身稳定性控制系统、牵引力控制系统、上下坡辅助控制系统、冲撞吸能式车身、无线门锁遥控装置、智能钥匙起动系统等。

图 3-27　车侧方介绍方法

实例说明：

我们一起来看下车的侧面，这辆车彰显"短车头、长车身"的先进 FF 轿车的特点，集安全稳定的构造、智能化和人性化的设备于一体，各项配备都可与高级车媲美（图 3-28）。它的侧面采用了高腰线设计，彰显尊贵气质。同时，通过对车身表面和底盘的平整化设计，实现了超低风阻空气动力学性能,风阻系数(Cd)仅为 0.28,在同级车中非常优异。车身采用特有的 GOA 安全车身,在遇到前方、侧方及后方碰撞时,车身能够有效地吸收冲击能量,并在发生危险时为双方带来周全的安全保障(图 3-29)。前麦弗逊、后拖曳臂式悬架系统,辅助以优异的高刚性车身结构设计,具备了稳定的直线行驶能力与转向性能和良好的噪声、振动阻隔效果,即使行驶在不良路面,也一样拥有上佳的乘坐舒适性。当随身携带智能钥匙时,只要靠近车辆,轻轻握住车门把手,锁扣就会打开。上锁时,只要长按车钥匙的锁止按钮,全自动车窗、车门及天窗就可以自动关闭。一键起动系统还可以通过按钮来控制发动机的起动和停止,而不需要使用点火钥匙(图 3-30)。

图 3-28　车侧方介绍要点

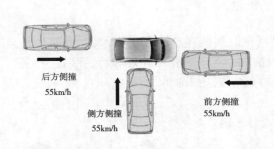

图 3-29　车身防冲撞示意图

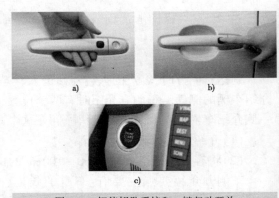

图 3-30　智能钥匙系统和一键起动开关

3 车后方

成功留住客户,并带客户来到车后方位置,切记这个时候要征求客户的意见,如果客户有额外的问题,应在全面介绍后仔细回答。车后方是一个过渡位置,车辆的许多附加功能可以在这里介绍。一般在车后方,销售顾问的介绍方法如图 3-31 所示。

图 3-31　车后方介绍方法

(1)销售顾问适合站在车辆左后方的位置进行介绍,

距离车辆后保险杠50cm左右的距离。

（2）邀请客户在车辆右后方或正中的位置观看。

车后方的介绍要点主要有：组合尾灯、排气管、倒车雷达及倒车影像系统、开启方便的行李舱盖、汽车的扰流板、备胎的位置设计、后风窗玻璃的设计等。

实例说明：

先生，您看，起伏感的尾部造型，通过与前车灯遥相呼应的组合尾灯以及保险杠上配置的圆形后射灯的设计，诠释出跑车般的后部造型（图3-32）。组合尾灯将制动灯、倒车灯、后雾灯和转向信号灯巧妙整合，造型独特美观，动感华丽，行驶时更是色彩绚丽耀眼，尊显高贵（图3-33）。这辆车拥有450L的超大行李舱容积，如果将后排座椅放倒，更可容纳大而长的笨重行李，非常适合您全家外出旅行或疯狂采购时放置物品的需求（图3-34）。不锈钢排气尾管隐藏在后保险杠的右下方，既尊重了后方车辆和行人，又强化了整体的美观，并有利于降低风阻系数，提高燃油经济性。

图3-32　车后方介绍要点

图3-33　组合尾灯

a)　　　　　　　　　　b)

图3-34　行李舱

4 车后座

到达车后座时,争取客户参与你的介绍过程,邀请客户开门、触摸车窗等。这个位置是一个过渡位置,需要销售顾问积极鼓励客户更多的体验车辆,激发客户的想象,促进他产生希望拥有该款车的冲动。在车后座时,销售顾问的介绍方法如图3-35所示。

图3-35　车后座介绍方法

(1)积极鼓励客户更多地触摸、体验车辆,激发客户的想象,促进客户的购买冲动。

(2)销售顾问可在车内或展车外介绍,但一定要邀约客户进入展车内参观。

车后座的介绍要点主要有:后排电动调节座椅、后排中央扶手处控制板、车载冰箱、后排空调出风口、后部空调、后窗电动式遮阳帘、后座侧窗帘、后排座椅安全带调节、后排乘坐空间、后排座椅安全锁、后排座椅电动按摩等。

实例说明:

先生,您可以打开车门,坐进这辆车内部感受一下。该车采用与高级车座椅相同的设计理念,符合人体工学的舒适感受,乘坐空间宽敞,后排座椅安全锁和后车窗遮阳帘更能为您营造安心的乘坐环境(图3-36)。车身采用先进的FF开发平台,减少后排底板中间的隆起,使后排底板平整化,其高度仅为30mm,令后排乘客丝毫感觉不到压迫感。后排座椅采用6∶4

图3-36　车后座介绍要点

分割式，还可放倒，与行李舱相通，可拥有更大的储物空间来容纳大件物品或较宽较长的物品（图3-37）。为了给乘员最细致的安全保护，避免您不必要的财产损失，后排座椅上设置了安全锁，按下锁定按钮，就可以将后排座椅完全固定。后车窗设置了遮阳帘，能够遮挡后方照射进来的阳光，炎炎夏日让车内更加凉爽，并可确保驾乘人员的私密性（图3-38）。

图3-37　可放倒后排座椅　　　　　　　　　　图3-38　后车窗遮阳帘

5 驾驶室

驾驶室这个位置是客户最感兴趣、最能够产生实际联想的位置，也是销售顾问讲解的重点，可以涵盖的内容比较丰富，应根据客户的具体需求有针对性地选择介绍的重点。这个时候，销售顾问应该注意观察客户感兴趣的方面，引导客户到驾驶座上体验一下，让客户想象自己未来就是这辆车的操纵者、拥有者，激发客户对车辆了解的积极性，以及拥有这辆车的欲望。一般情况下，销售顾问在驾驶室讲解时的介绍方法如图3-39所示。

（1）打开驾驶室车门，站在B柱位置前为客户介绍转向盘、变速器等。

（2）请客户进入展车，销售顾问以标准蹲姿为客户操作电动座椅等。

（3）蹲着或者在得到客户允许以后坐到副驾驶席继续介绍其他功能。

图3-39　驾驶室介绍方法

驾驶室的介绍要点较多，主要有：能够充分体验宽敞的车内空间、高精度高品质感的内饰设计、前排电动调节座椅、驾驶席最佳位置记忆及自动调节系统、提高舒适感的前头枕、真皮包裹转向盘、电动调节转向盘、新型动力转向装置、转向盘操控按钮、组合式仪表板、自发光式仪表盘、多功能信息显示器、带蓝牙功能的多媒体DVD语音导航系统、测间距声呐、倒车诱导装置、高级音响系统、左右独立式新型自动空调、空气清新器、等离子发生器、大型杂物箱、中央小储物盒、杯架（前/后）、顶式操控台、带有顶棚照明的遮光罩、智能钥匙起动系统、手自一体式自动变速器（操控手柄）、可加热及可折叠的电动后视镜、防紫外线及低反射的风窗玻璃、扩散式风窗玻璃清洗装置、安全带警告装置、前排安全气囊、窗帘式安全气囊、各种电子辅助系统等。

实例说明：

先生，请您坐到驾驶座位上，感觉一下驾乘体验。这辆车集优化简便的操作性、优越的乘坐舒适性、行驶的稳定性和静谧性于一身，充分为您打造绝佳的驾驶体验（图3-40）。

图3-40　驾驶室介绍要点

①4挡自动变速器（Super ECT）（图3-41）。轻量、紧凑化的自动变速器，设计时减少了运动零部件的摩擦，使换挡更加顺畅，让驾驶更加轻松自如。

②5挡/6挡手动变速器（图3-42）。这辆车还特别为满足喜欢驾驶乐趣的客户配备了5挡/6挡手动变速器，采用了更合理的齿轮传动比和多级齿轮油，提高了燃油经济性，同时增加了变速器与发动机的连接点，令换挡更加顺滑、流畅。

图3-41　4挡自动变速器操纵杆

图3-42　5挡/6挡手动变速器操纵杆

③三辐式带操控键的转向盘（图3-43）。三辐式带操控键的转向盘采用真皮包裹，握盘时会给您极佳的触觉享受和细腻精致的体验。音响控制、蓝牙控制、声音识别控制按键全部集中于转向盘之上，让您在驾驶的同时就能轻松操控。

④定速巡航系统（图3-44）。当您在高速公路或路况畅通平坦的道路行驶时，只要通过转向盘右下方的定速巡航控制键，即可使车辆自动保持一定的速度行驶。

图3-43　三辐式带操控键的转向盘

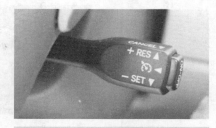
图3-44　定速巡航系统控制键

⑤6向电动调节驾驶座椅(图3-45)。您看,您现在乘坐的驾驶座椅具有6向电动调节功能,可实现椅背前后、上下高度、靠背角度及腰部支撑调节,不论您想采取哪种坐姿,都可轻松得到满足。

⑥EPS电子助力转向系统。先进的电子传感器可感应车辆行驶速度与转向盘的转动角度,自动提供可靠的转向助力。无论是停车、低速或是高速行驶时,都能提供可靠的转向助力。当车辆在直线行驶时,系统不消耗任何能量,有效提升了燃油经济性。

⑦SRS安全气囊(图3-46)。这辆车配备了前排两级式双SRS安全气囊、侧部SRS安全气囊及窗帘式SRS安全气囊。当车辆发生猛烈撞击时,安全气囊会迅速展开,对驾乘人员提供最大程度的安全保护(图3-47)。

图3-45　6向电动调节驾驶座椅

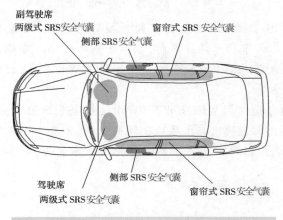
图3-46　SRS安全气囊

图3-47　SRS安全气囊展开效果图

⑧自发光式仪表板(图3-48)。先生,您看,这辆车采用自发光式多功能显示仪表板,灯光鲜艳生动,拥有渐显、渐弱的照明功能,仪表板外饰采用了翼状凸起流线型造型设计,中央的驾驶信息显示屏能自动分析显示您的各项行车数据,让您对爱车行驶情况了如指掌。

⑨自动停车便利系统(图3-49)。当您需要停车时,这辆车的驻车(倒车)测距雷达通过车辆前方和车尾部的超声波传感器,自动侦测前、后方障碍物,并在仪表板上以图示和声响

图3-48　自发光式仪表板

来提示您与前、后障碍物的距离。此外,该车还配备了更为高级的倒车影像显示装置,当您挂入倒挡时,显示屏自动显示车辆后方状况,并标有距离定位线、车身延长线和预计路线。

⑩DVD语音电子导航系统(图3-50)。这辆车的DVD语音电子导航系统拥有丰富的检索、储存记忆功能,可以轻松记录并随时调出以往设定的行走路线。同时,32000色的7in(英寸)触摸式信息显示屏,使画面更加清晰、逼真。另外,DVD语音电子导航系统带有蓝牙免提装置,可以在手不离转向盘的情况下通过声音识别来进行控制操作,十分便利。

图3-49　泊车便利系统

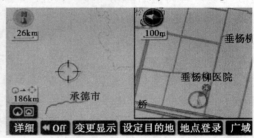

图3-50　DVD语音电子导航系统

⑪音响系统(图3-51)。6碟连放的CD音响主机,免去了频繁换碟的麻烦,可兼容MP3、WMA等多种格式的音乐,让您尽享音乐带来的乐趣。同时,该车还兼具数码收音机功能,能够准确搜索设定广播频段,信号更加稳定。LIVEACS音响装置加强了低音效果,配合6音箱系统,给乘客带来环绕立体声的震撼感受。

⑫自动空调系统(图3-52)。这辆车的自动空调系统采用了PWM变频冷气压缩机,既提高了空调性能,又更加节能。设置于仪表板上方的中央出风口使风向上送,不会由于风直接吹向乘员的脸部和头部而使其不适。空调系统的空气滤清器配有花粉祛除装置,令车内空气始终保持清新自然。

6　发动机舱

到达发动机舱是你开始介绍发动机动力的时候。在一个车辆的介绍当中,发动机的动力表现是非常重要的一个方面。示范打开发动机舱盖,根据客户的询问是销售顾问重点要介绍的内容,可根据客户要求,短时间的起动车辆,增加客户的实际体验感。一般来说,在发动机舱这个方位时,销售顾问的介绍方法如图3-53所示。

(1)对等待观看的客户说"请稍等",离开车辆前端来到驾驶室旁。

(2)打开车门,拉动发动机舱盖锁定释放杆。

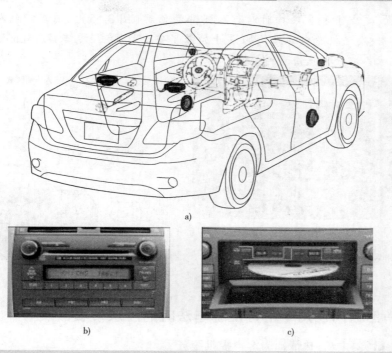

图 3-51　音响系统

图 3-52　自动空调系统

　　(3) 关上驾驶室门,返回车辆前端,用双手打开发动机舱盖。

　　发动机舱的介绍要点主要有:发动机布局、添加冷却液、润滑油等储油罐的位置、发动机悬架避振设计、节油方式、环保设计、尾气排放设计、散热设备的设计等。

　　实例说明:

　　这辆车拥有凌驾于其他同级别车之上的强劲动力和较高的燃油经济性。它装备的是最新研制开发的双VVT-i(进、排气门智能正时可变控制系统)直列四缸发动机,进一步提高了转矩、输出功率和燃油经济性三项指标,实现了低转速、高转矩和低油耗、高功率的完美统一,同时极大提升了发动机的响应性,将每一份力量平顺地传递至部件深处,时刻保证强劲动力(图 3-54)。发动机舱盖采用纵梁结构,断面采用缓冲构造,减少了发生碰撞时对行人头部的伤害。同时对前保险杠前端进行了加固,并在散热器支架下部安

图 3-53　发动机舱介绍方法

装了缓冲装置,减少了发生碰撞时对行人腿部的伤害(图3-55)。前车身结构可承受车速15km/h的撞击,发动机舱内部结构的设计加强了安全性,在经受车速15km/h以下的撞击时,将车身前缘各部分的损伤降到最低。

双VVT-i直列四缸发动机:同级车内最高水平的动力性和燃油经济性

图3-54 发动机舱介绍要点

图3-55 行人保护设计

(二)销售顾问使用6个方位绕车法时的注意事项

(1)保持微笑,主动、热情地为客户提供服务。
(2)在介绍过程中,使用规范的站姿、走姿、蹲姿、坐姿。
(3)在介绍的时候不忘使用"您看""您请""请问您"等文明礼貌用语。
(4)在为客户作指引、介绍的时候,手臂伸出,五指并拢,手心向上。
(5)开关车门时要注意举止文明,轻开轻闭。
(6)客户进入展车内时,销售顾问应用手掌挡在车门框下(掌心向下、五指并拢)保护客户。
(7)爱护展车,尤其要预防车辆油漆被客户不慎刮伤的现象出现。
(8)保持展车内外的清洁及车内饰物的整齐。如果客户手持香烟、饮料、食品等容易破坏车内清洁的物品,销售顾问应礼貌地制止其进入展车参观。

(三)FAB话术法则

1 FAB话术法则的定义及意义

世界级的销售流程关键特点是:它不是产品相关信息的数据堆积而成的,而是把客户的情感需求和车辆的具体配置方式讲述出来,能让客户体会到价值所在。

FAB话术法则是销售理论中一个很重要的话术法则,它提供了一个向客户介绍产品的话术逻辑,通过该法则可以将产品的配置特点、功能和客户获得利益结合起来,促进客户对汽车产品更加了解,从而产生购买欲望。

FAB法则对应的是3个英文单词:Feature、Advantage、Benefit,即特点、功能、好处。按照这样的顺序来介绍,就是说服性演讲的结构,它达到的效果就是让客户相信你的产品是最好的、最适合他的,FAB法则是销售汽车最常见的一种说服技巧。

（1）特点(Feature)：在产品演示和试乘试驾阶段，销售顾问应对所有关键配置特点进行讲解，并强调客户关心的部分；清楚地提到这些配置的名字，例如："这是迈腾的音响系统。"此外，为了确保客户能理解销售顾问的介绍，需指明正在讲解的配置位置。例如，试乘试驾时，销售顾问应在介绍音响配置时逐一指出各个按键，介绍时要做到客观真实。

（2）功能(Advantage)：在对某项配置进行讲解并指给客户观看之后，销售顾问应该清楚地说明这一配置的功能，比如："按这个键可以打开音响（按键启动），在这里选电台频道。"讲解功能时，应确保客户完全理解，如有必要，应询问客户是否真正理解这些配置的功能。

（3）好处(Benefit)：解释这些配置给客户带来的好处（好处要因人而异，视客户的需求而决定），对配置的好处应进行详细讲解，尤其是你销售的汽车产品对比其他竞争车型所独有的优势，比如："当您在欣赏音乐时，这款车的音响效果将带给您一个倍加舒适，轻松的驾驶体验。"

FAB法简单地说，就是在找出客户最感兴趣的各种特征后，分析这一特征所产生的优点，找出这一优点能够带给客户的利益。

2 FAB话术法则的应用

FAB话术法则的应用应该遵守"一个中心，两个基本法"。"一个中心"是以客户的利益为中心，并提供足够的证据；"两个基本法"是灵活运用观察法和分析法。

针对不同客户的购买动机，把最符合客户要求的产品利益，向客户推介是关键的，为此，最精确有效的办法，是利用特点（F）、功能（A）和好处（B）。其标准句式是："因为（特点）……，从而有（功能）……，对您而言（好处）……"

FAB法则实例应用举例见表3-17。

FAB法则实例应用举例　　　　　　　　　　表3-17

FAB法则	定　义	例　一	例　二
特点(F)	实际配置特点 因为……	因为配置高档驾驶人座位	因为配置2.5L发动机
功能(A)	从而有……作用 如何操作	从而拥有八方位调节功能	从而帮助提高车辆性能
好处(B)	对您而言意味着……	对您而言由于调节范围广，可以增加舒适程度	对您而言在赛车情况下，加速性能特好

分组练习：小组成员之间，互相运用FAB话术法则对以下汽车配置进行介绍：行李舱、ESP、氙气前照灯、音响系统、无骨刮水器。

第四节　试乘试驾

试乘试驾是让客户感性地了解车辆有关信息的最好机会，通过切身的体会和驾乘感受，客户可以加深对销售顾问口头说明的认同，强化客户对销售顾问以及汽车产品的信心。

一 试乘试驾概述

1 试乘试驾的意义

在汽车销售过程中,试乘试驾具有十分重要的作用。当汽车产品引起客户的兴趣时,试乘试驾可以让客户更进一步体验到销售顾问所推荐的产品的质量和特点,以提高销售的成功率。销售顾问要尽可能的邀请、引导客户参与试乘试驾,并且密切留意客户在试乘试驾过程中的神态、表情和想法,多与客户交流,根据客户关注的要点进行介绍,给予适时的帮助、推荐、说明、指导,鼓励客户对汽车产品的体验,激发客户拥有产品的欲望。

2 试乘试驾的目的

试乘试驾是汽车产品说明的延伸,也是客户触摸、感受车辆的最好时机(图3-56)。

(1)产品体验。通过详细与深度的产品介绍说明、静态感观、亲自操控、乘坐感受,带给客户关于车辆最直接、全面的感观感受和真实的细节体验。

(2)品牌宣传。无论是目标客户,还是舆论领袖、传媒工作者,一次有效的试乘试驾将带来"正确的认识+产品的好感+正面的舆论扩散"。

(3)影响购买意愿。通过试乘试驾过程的巧妙设计和引导,体验者大多会对所试乘试驾的车辆留下良好的印象和感受,这是影响购买决定的重要因素之一,一次有效的试乘试驾将带来"真实的印象+实际的体验+购买的冲动"。

(4)促进销售提升。试乘试驾,是有效的媒体推广和销售促进手段,同时也可借此机会获取目标客户线索和其对车辆的关注重点,并在试乘试驾活动中稍加引导或跟踪,便能有效促进销售的达成。

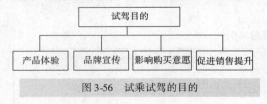

图3-56 试乘试驾的目的

3 试乘试驾中销售顾问的重要性

(1)销售顾问应该是高素质的试乘试驾活动组织者。专业的销售顾问将是成功的试乘试驾活动的策划人和组织者,他们不仅熟练掌握试乘试驾活动的流程,同时知晓体验者最需了解的信息和最能打动体验者的细节所在。成功的策划和组织将包括合理的信息整合、细节设计和人员组织,这些都必须通过专业的销售顾问得以实现。

(2)销售顾问应该是高质量的试乘试驾活动实施者。试乘试驾活动的成功与否很大程度上取决于执行者与体验者的互动和沟通,因此专业的销售顾问也将是高质量完成活动方案的执行者。激发好感的细节感受、专业的深度讲解、适宜的热情沟通都将帮助体验者尽快树立对新车的好感并促使他们作出选择。

4 试乘试驾体验方式

(1)店面试驾。店面试乘试驾是最常见的体验方式之一,一般就在4S店周边附近,针对对象主要是邀约/来店的意向客户;对参与者的安排,则尽量减少试驾前的等待时间以及延长试驾后的交流时间。

(2)公路试驾。对于公路试驾,我们需要提前安排食宿及针对性的引导,因此接待及组织工作相对复杂一些,针对对象主要是俱乐部会员/老客户/媒体工作者;对参与者的安排,则突出团队的意识及安排的体贴,加强路途中的交流,同时留有合理的休息观光时间是必要的。

(3)场地试驾(深度试驾)。对于场地试驾,我们要根据实际的需求选择场所,规划具体的体验项目,针对对象主要是邀约客户(含意向客户/老客户/会员)/媒体工作者,常见的体验方式比如媒体试驾会;对参与者的安排,需要考虑组织有序,接待周到,讲解细致,避免长时间等待。

二 试乘试驾的主要流程

试乘试驾的主要流程包括:试乘试驾的准备;客户登记;试乘试驾的说明;客户试乘;更换驾驶位,客户试驾;试乘试驾评价(图3-57)。

1 试乘试驾的准备

(1)路线选择及设计(图3-58)。各品牌汽车销售服务企业根据自己情况选择试乘试驾路线图,为保证必做体验点项目的完成,路线图必须包括(但不限于)以下路段,当然,这些路段可能受条件限制没有连在一起,即路线图可以由几个分路段组成:90°左右转弯路段,能保证以45km/h左右的速度过弯;平直加速路段,保证有150m长或以上,起动后可加速至60km/h或以上。

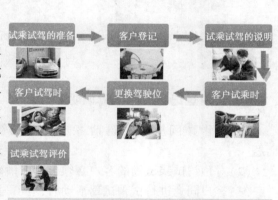

图3-57 试乘试驾流程图

(2)试乘试驾车辆准备。每天必须进行车辆的常规检查,确保全天候车况良好,燃油充足,停放整齐规范;每天对车辆进行维护,清洗车辆,确保车辆外观整洁如新,车内整洁无杂物、无异味;对车辆进行调整,收音机预设好频道,试乘试驾后及时将座椅、头枕、转向盘、安全带、扶手、空调等恢复到常规状态;车内必须准备试音碟和不同风格的CD,以及其他人性化准备,比如矿泉水等(图3-59)。

(3)试乘试驾销售顾问的准备。事先征求客户的意见,根据客户的时间安排来设计试乘试驾的过程,销售顾问必须具备熟练的驾驶技术,扎实的产品知识,能够熟练地介绍产品性能和优势,并能对竞争车型的技术参数进行对比,介绍时结合客户的反映,针对客户感兴趣的部分深入介绍,注重与客户的交流互动。

第三章 汽车整车销售核心流程

图3-58 试乘试驾线路设计

a)   b)   c)

图3-59 试乘试驾车辆的准备

2 客户登记与试乘试驾说明

（1）销售顾问应主动邀请客户试乘试驾，可尽量运用试乘试驾作为跟进活动的话题。

（2）对预约试乘试驾的客户必须再以电话确认试乘时间。

（3）客户同意进行试乘试驾活动时，应填写试乘试驾协议书，并且请客户签名，复印客户的驾驶证。试乘试驾协议书应简洁清晰，明确责任义务，避免出现对时间和操作有严格规定的措辞（图3-60）。

（4）在办理试乘试驾手续时，应该邀请客户至休息区，提供饮料，培养轻松愉快的心情。

（5）销售顾问根据客户对车的关注重点（如加速/制动、驾驶操控性、舒适等），为客户提出试车路线的建议，给客户量身订制的感觉。

（6）当客户提出其他路线方案时，能够迅速作出反应，尽量满足客户需求。如果要求无法满足，也能够给客户作出合理解释，充分沟通，请客户在条件允许范围内选择最理想的方案。

（7）在试乘试驾前应对客户介绍试乘试驾的车型、产品特点和安全驾驶须知等。

```
试乘试驾协议书（示例）

尊敬的客户：
    您好！欢迎您和您的亲友参加我公司举办的试乘试驾活动。参加试乘试驾活动前，请填写您的基本信息：

| 姓名 | | 职业 | |
| --- | --- | --- | --- |
| 性别 | | 兴趣爱好 | |
| 手机 | | 曾驾驶过的车型 | |
| 是否有私车 | | 感兴趣的其他品牌 | |
| 驾驶证号码 | | 欲购品牌 | |

在正式进入活动前，请您对以下条款进行核对和确认声明：
1. 您拥有合法的中华人民共和国机动车驾驶证并且超过一年的驾龄。
2. 试车时，您将严格遵守行车驾驶法规，服从公司陪驾人员的指示，严格按照指定的试驾路线驾驶。
3. 文明驾驶，保证驾乘人员的人身安全。
4. 保护试乘试驾车辆的安全完好。
5. 注意防火，在试车期间杜绝一切火灾隐患（如吸烟等）。
6. 我公司陪驾人员有权根据实际经验和技术判断，取消您试乘试驾资格，保障人身安全，避免不必要的损失。
7. 对试驾过程中所造成的意外、车辆损失以及人员伤害等一切损失，均由您自行承担全部责任。

                                                        试驾人：
                                                        日　期：
```

图3-60　试乘试驾协议书

3 客户试乘

（1）销售顾问用手挡在车门上侧保护，客户进入副驾驶座后帮助客户调节座椅，关闭车门。

（2）销售顾问回到驾驶座位上，系好安全带，并提醒客户系好安全带，将自己的手机设置为静音状态。

（3）体验怠速效果。发动车辆，怠速工况下请客户感受车内静音效果。

（4）体验音响效果。打开音响，询问客户喜欢的音乐类型，播放CD，根据客户感受调节音量。

（5）体验车辆起步平顺性。轻踩加速踏板，缓慢增加速至45km/h左右，询问客户感受。

（6）销售顾问依据车辆特性，在不同的路段进行动态产品介绍，如过弯的稳定性、颠簸路面的舒适性、换挡平顺性、动力性能、制动性能等。

4 更换驾驶座位

车辆在进行预先设计好的行驶路线之后，销售顾问可以将车辆平稳停靠在安全路段，准备让客户进入试驾环节。

（1）更换驾驶座位，请客户坐到驾驶座位上，做好保护措施。

（2）请客户体验座椅调节、打开电源、调节车窗等基本操作，确认客户是否系好安全带。

（3）询问客户以前的驾驶经验及熟练程度，如果有需要，向客户介绍基本操作，并对起步、换挡的注意事项进行说明。

（4）如果客户有需要，更换不同的CD，体验音响效果。

5 客户试驾

客户试驾时往往比较兴奋,销售顾问在不打扰客户安全行车的情况下,可适时地提醒客户尝试车辆的不同性能,同时提醒客户注意驾驶安全。

(1)客户试驾过程中,以精简交谈为原则,不分散客户驾驶注意力,确保行车安全,让客户自由的体会汽车产品带来的驾驶乐趣。

(2)根据设计路线,适当指引,提醒前方路面情况。

(3)适时的称赞客户的驾驶技术。

(4)销售顾问仔细地聆听客户的谈话,观察客户的表情、神态、驾驶方式,发现客户更多的需求。

(5)若客户有明显的危险驾驶行为或感觉客户对驾驶非常生疏,可以婉转的要求客户将车停放到安全地带,向客户解释安全的重要性,获得客户谅解,邀请客户继续试乘。

6 试乘试驾后

当客户已按照设计好的路线试驾后,销售顾问要结合客户试乘试驾的感受适时的跟进,以促使成交。

(1)客户要询问客户试驾的感受,是否已经充分体验车辆性能,不排除客户再度试驾。

(2)销售顾问协助客户将车辆停放到指定区域,并引导客户关闭车辆电源。

(3)再次赞赏客户的驾驶技术,将客户引导到洽谈桌旁,倒上茶水饮料。

(4)帮助客户回忆美好的试乘试驾体验,询问客户的感受和建议,对客户感兴趣的地方加以强调说明,强化客户对车辆的亮点记忆。

(5)询问客户对车辆的购买意向和需求,引导客户进入报价协商阶段。

(6)对暂时未成交的客户,利用留下的相关信息,与其一同填写《试乘试驾客户信息及意见反馈表》(表3-18)。

(7)客户离开后,将客户信息及时更新到汽车销售客户关系管理系统中。

试乘试驾客户信息及意见反馈表　　　　表3-18

客户姓名		性别		
身份证号码			粘贴驾驶执照复印件	
联系电话				
驾照类型		驾龄		
试乘试驾车型		是否试驾	□是	□否
试乘试驾时间		线路		
销售顾问		试车员		

续上表

试乘试驾意见反馈			
意见反馈项目	不满意	基本满意	很满意
1. 您对试乘试驾车的车况和清洁程度是否满意			
2. 您对试乘试驾线路的长度是否满意			
3. 您对试乘试驾线路设置的测试项目是否满意			
4. 您对销售顾问的试乘试驾服务是否满意			
5. 您对试乘试驾车的动力表现是否满意			
6. 您对试乘试驾车的操控性能是否满意			
7. 您对试乘试驾车的制动性能是否满意			
8. 您对试乘试驾车的舒适性能是否满意			
9. 您对试乘试驾车的内部乘坐空间感受是否满意			
10. 您对试乘试驾车的综合评价是否满意			
请在这里写下您对本次试乘试驾的任何感受、意见或建议：			
您认为试乘试驾对您决定购买这辆汽车是否有很大的影响作用		□ 是	□ 否
感谢您的支持与配合！请在此处签署您的名字：			

三 试乘试驾的要点

（1）主动邀请客户试乘试驾。试乘试驾是销售顾问促进销售成功的最重要的方式，为了满足并超越客户期望，请销售顾问务必主动提供"体验式"服务，主动邀请客户试乘试驾，或者根据客户时间安排预约客户参加小型试驾活动。

（2）试乘试驾过程是销售顾问与客户进行情感交流的最有利时机，是取得客户信任的最好的销售方式。销售顾问应该充分把握契机，拉近与客户的心理距离，进一步增强客户的购买信心，站在朋友的角度为客户提供适当的建议。

（3）在试乘试驾过程中，销售顾问应让客户集中精神进行体验，并针对客户需求和购买动机适时地进行解释说明，全面、动态地介绍产品突出优势，进一步激发其购买欲望。

（4）试乘试驾过程要最重要的是安全。所以，我们建议先由销售顾问说明整个试驾流程和场地情况,预告客户有哪些需要注意的安全事项,让客户有时间熟悉路线和车辆,并提醒客户安全驾驶的注意事项。

(5)试乘试驾结束后,应主动邀请客户回到洽谈区,交流试驾感受,进一步强化客户对产品优势的认同,并为达成交易和下一步联系奠定基础。

第五节 报价成交

在通过需求分析和产品说明后,客户会对车辆基本满意,接下来就是达成购买协议的重要环节——报价和签约成交。此阶段是所有销售流程中关键的一环,在客户愿意签订协议之前,销售顾问应根据情况,处理客户异议,和客户沟通协商,提出有利于双方的解决方案,获得客户认可,从而顺利达成成交协议。许多销售顾问对该环节是最感头疼的,因为这个环节把握不好,前面所做的努力将前功尽弃。所以,这个环节一定要学会揣摩客户的心理,总结销售经验。

一、报价和签约成交概述

客户的异议或抗拒往往是在将要拥有产品时和必须付出代价时产生的,因此,报价和签约成交过程中,销售顾问的专业素养、对客户的异议处理和必须成交的信念是必要的条件。

1 报价和签约成交的目的

报价谈判是在销售顾问和客户建立充分信任的基础上展开的,销售顾问通过公平、透明和有效的价格谈判,赢得客户对汽车产品的充分认识,增强对品牌、产品的信赖感。通过全面详细的服务内容说明,体现销售顾问服务的专业性。通过成交信号的把握和使用积极的成交技巧来促成交易,实现个人和公司销售业绩的提升。

2 报价和签约成交的流程

报价说明的过程是基于客户需求分析及汽车产品说明之后的,是销售顾问与客户在一定的互谅了解,建立一定程度的信任关系的基础上进行的,销售顾问应该在分析客户的需求之后,站在客户的立场扮演建议者的角色。报价和签约成交的基本流程如图3-61所示。

二、客户对报价和签约成交环节的期望及应对措施

准确把握客户的心理是报价和签约成交的基础,只有对症下药才能在客户满意的基础上顺利达成销售。

1 报价环节的客户期望

在报价环节,客户需要一个专业的汽车销售顾问,能够在整个购买交易过程中做到诚

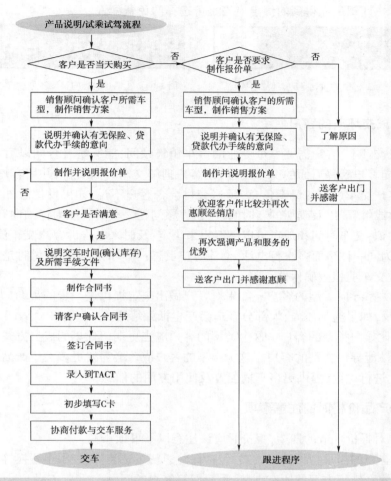

图 3-61　报价和签约成交的基本流程

实、可靠、透明,而且能完全满足客户的需求;能够推荐一款适合客户的车;能够让客户在某个时间范围内或某个确定日期前提取新车(越快越好,最好是可以马上提车),在车有现货时,让客户可以马上提车;能够让客户了解和评估相关信息(例如新车价格、二手车置换、服务价值、质保范围、合同条款和备件条件、付款手续等);能够向客户说明所选择的产品、质保、服务和经销商都具有高附加值,而且交易公平,客户的购买价格不高于任何其他客户。

(1)情感关系导向类型的客户(图 3-62)。所有类型的客户都期望得到更多的优惠,但这种类型的客户期望最先得到的优惠应当是提供的额外服务项目。

图 3-62　情感关系导向类型客户特点

(2)性价比导向类型的客户(图 3-63)。所有类型的客户都期望得到更多的优惠,但这种类型的客户期望最先得到的优惠应当是价格折扣。

(3) 车辆性能导向类型的客户(图 3-64)。所有类型的客户都期望得到更多的优惠,但这种类型的客户期望最先得到的优惠应当是可选择的免费配置。

图 3-63　性价比导向类型客户特点　　　图 3-64　车辆性能导向类型客户特点

2 签约成交环节的客户期望

在签约成交环节,客户需要一个专业的汽车销售顾问,能够签署合同以后,依旧保持对客户的重视;向客户解释后面的交车流程,让客户理解交车时间安排,并用客户最习惯的联系方式通知客户交车过程的最新信息;延迟交付会令客户不悦,如果发生意外延迟,请给客户合理的理由或解释,以及确切的新时间表;销售顾问在交车时有能力详细向客户说明车辆使用的相关知识;交车时间和地点可以由客户来决定;及时来电告诉客户交车流程的进展情况,但如果是为同一件事而多次打电话,会让客户反感;客户的新车在交付时是零缺陷的,经销商必须通过交车前检查确保这一点。

(1)情感关系导向类型的客户。如果对客户做出决定提供进一步的帮助,大部分客户会表示赞赏,相反,如果施加压力,大部分客户会产生抵触情绪。

(2)性价比导向类型的客户。这个类型的客户应当更期望优惠的成交方式。

(3)车辆性能导向类型的客户。这个类型的客户应该会需要更多关于产品细节的信息,并进一步对此进行讨论,提供更多车辆配置及使用方面的信息。

3 说明产品价格时的注意事项

根据客户对报价环节的期望,报价时应该注意以下事项。

(1)根据客户的需求拟订销售方案,包括保险、贷款、选装件、二手车置换等。
(2)清楚解释销售方案的所有细节,耐心回答客户的问题。
(3)让客户有充分的时间自主地审核销售方案。
(4)在报价前,再次总结客户选定的汽车车型的主要配备及客户利益,然后报价。
(5)报价完毕后,则重点强调客户选定的汽车车型对客户生活或工作带来的正面变化。
(6)使用报价表格准确地计算并说明产品价格及相关选装件的价格。
(7)明确说明客户应付的款项与所有费用及税金。
(8)若客户需要代办保险,使用专用的表格准确地计算并说明相关费用。
(9)必要时重复已做过的说明,并确认客户完全明白。

4 客户签约成交时的注意事项

根据客户对签约成交环节的期望,签约成交时应该注意以下事项。

(1)以"客户第一"的态度操作签约程序。
(2)准确填写合同中的相关资料,协助客户确认所有细节。

(3)专心处理客户签约事宜,谢绝外界一切干扰,暂不接电话,表示对客户尊重。

(4)恭喜客户作出了正确的选择,并承诺提供完善的售后服务,适当强调汽车产品给客户带来的实际利益与好处。

(5)签约后,使用"一条龙服务"表格,详细说明车辆购置程序及费用。

5 客户在签约成交时犹豫不决

坚持"客户第一"的态度,不对客户施加压力,耐心地了解客户需求与抗拒原因,协助客户解决问题,进一步提供相关信息。

6 客户决定暂时不签约成交时

坚持"客户第一"的态度,正面地协助客户解决问题;不对客户施加压力,表示理解;给客户足够时间考虑,不催促客户做决定,耐心地给客户做解释;以正面的态度积极跟踪,保持联系;若客户最终选择其他品牌,则明确原因并记录在案。

三、报价及签约成交材料

在进行汽车产品报价及签约成交时,要确保销售顾问有一整套完成的材料以支撑这笔交易,包括汽车选装资料、价格信息、利率表、必要的工具(如计算器、签字笔等),还有非常重要的表格工具、报价单及成交合同等。

1 汽车产品报价单

向客户报价的之前,客户已经建立的汽车品牌、企业以及汽车销售顾问的价值,这个时间我们销售顾问需要了解购买行为的决定者必须在现场,客户对汽车品牌、车型已经明确表示基本认可,这个时候可以进入报价环节,报价时重要的工具就是报价单。

报价单是我们核对客户需求,将客户需求总结到文字上,记录客户信息及汽车产品信息,以及计算总体价格的重要工具,报价单包含的内容如图3-65所示。

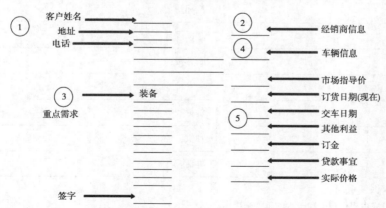

图3-65 汽车报价单包含的内容

当我们与客户沟通到这样一些问题时,我们可以理解为这是可以报价的信号:论及与付款相关的问题;论及颜色、内饰、装备并做肯定;论及交车时间;论及售后、备件问题;论及订金、合同;论及其他细节问题。

在向客户报价之前,要营造一个舒适的环境:合适的区域、整洁的座椅、没有电话打扰、关闭手机、提供茶水、必备的文件。填写报价单时,务必要准确核实客户的信息和需求,反复跟客户确认,必须让客户了解每一项金额,充分征询客户的意见,并耐心解释,直到客户接受。在金额优惠、交车时间等问题上,自己权力范围之外的,务必不要给客户承诺。下面我们以某汽车销售服务公司报价单(图3-66)为例学习。

××××汽车销售服务有限公司

汽车产品报价单

尊敬的客户,感谢您光临××××五星级经销商××××汽车销售服务有限公司选购车辆,以下为我公司汽车产品报价单,供您参阅。如果您选择分期付款购买××××汽车,贷款所需基本资料在报价单背面,谢谢。

报　价　单

车型:	颜色:	价格:
车辆主要配置:		
其他需求:		

附:购车总价(包含车辆入户费用)明细。

购车总价明细

车价:	车购税:
首付款:	贷款金额:
保险费用:	照相费:
拓号费:	上线检测费:
公证费:	抵押费:
牌照费:	续保押金:
贷款管理费:	服务费:
上路小计:	
贷款年限:	贷款利率:
利息:	月供:
销售顾问:	电话:

注:1. 以上费用仅供参考;
　　2. 贷款比率最终由银行根据购车人的条件来决定。

图3-66　某汽车销售公司汽车产品报价单

2 汽车产品销售合同

当与客户进行报价协商之后,再次确认客户对你提出的购买方案是否满意,让客户采取主动,并允许客户有充分的时间作出决定。销售顾问应对客户的购买信号敏感,一个双方都感觉满意的协议将为销售的达成铺平道路。同时,如果客户感觉到满意,那么他就会更乐意向身边的人述说他的愉快经历,将身边有购车需求的人介绍给这位销售顾问。

在签订购买协议之前,要确认客户已经完全理解在价格协商阶段所提出方案中的所有内容。回应解决客户所有担心的问题,让客户有充分的时间自己来思考和决策所得到的方案。

在客户对车辆和购买方案完全满意后,就可以完成书面文件工作,并向客户详细说明每个文件(如订单、销售合同、销售协议、保险单、贷款申请表等)。在客户充分了解之后,请客户签署订单及其他文件,将所有文件的客户留存部分交给客户并提醒客户妥善保管。最后解释交车的步骤、日期、地点等信息,获得客户的认可。下面我们以一个汽车合同实例来进行案例学习。

汽车销售合同

合同号:JH00×××××

供方:浙江××汽车有限公司

需方:××××××××有限公司

经双方友好协商,确定浙江××汽车有限公司为供货单位,并达成以下条款。具体如下:

第一条 厂牌车辆型号、配置、供油方式、颜色、数量、价格供方保证向需方提供如下内容的合格汽车。

汽车产品购买信息

需方	厂牌型号	配置	供油方式	颜色	数量	单价	总价
××××××× 有限公司	福建戴姆勒威霆119商务版	真皮座椅、倒车雷达、整车地毯、迎宾踏板、尾门亮条、后保护板	汽油	黑	1	33.44万元	33.44万元
发动机号				车架号			
316×××××				LB1WA6880A××××××			

合计:33.44万元

合同总价:人民币叁拾叁万肆仟肆佰元整

第二条 质量保证

供方保证本合同汽车是2011年1月1日(车辆制造日期)后生产的符合国家技术规格和质量标准的国产合格产品。

合同车辆在交货过程中,发生意外事故和故障损失,如撞、刷、裂、损等均由供方承担责任;需方验收合格提货后,需方人为造成的事故,供方概不负责。

如发生与合同车辆不符等重大问题,需方有权当场拒收。

第三条 交货时间、地点

1. 交货时间：供方确认需方款到账后 2 个工作日内交付。
2. 交货地点：杭州市×××路×××号，供方配合需方做好验收工作。
3. 在交付汽车时，供方必须向需方提供车辆上牌(验证)所需的一切相关资料及随车的工具器材。(附《新车交车确认单》)

第四条 售后服务

供方保证在汽车验收合格交货后及时办理合同车辆质保的有关手续，落实杭州市区范围的特约维修网点(站)，具体负责质保期内车辆的维修保养和质量索赔工作。

第五条 验收

合同签订生效后 2 个工作日内，由需方负责组织验收。

第六条 货款的支付

需方对车辆验收合格后，通知相关部门一次性支付合同车辆价款。

第七条 其他约定

1. 本合同所涉及车辆车价已包含以下配置：真皮座椅、倒车雷达、整车地毯、迎宾踏板、尾门亮条、后保护板。
2. 本合同所涉及车辆车价含免费维护一次。
3. 本合同只针对车架号为 LB1WA6880A×××××××指定车辆，如果需方在付款前验收车辆时对该车不满意，供方不再提供其他车辆给需方选择，则合同自行终止，并且供方不承担违约责任。

第八条 违约责任

1. 供方逾期履行合同的，自逾期之日起，向需方每日偿付合同总价万分之一的滞纳金；供方逾期 30 日不能交货的，应向需方支付合同总价千分之三的违约金。
2. 需方逾期支付货款的，应向供方每日偿付合同总价万分之五的滞纳金。需方无正当理由拒收汽车、拒付货款的，应向供方偿付合同总价百分之五的违约金。

第九条 争议的解决

因汽车产品质量和售后服务质量问题发生的争议，应首先通过协商解决并达成书面协议。如协商不成，任何一方有权在供方注册所在地选择仲裁或诉讼的途径解决。

第十条 合同的生效

1. 本合同经供方和需方法定代表人或其委托人签字并加盖双方公章后生效。
2. 本合同壹式贰份，供、需方各执壹份。

供方(盖章)：　　　　　　　　　　　需方(盖章)：
法定代表人或受委托人　　　　　　　法定代表人或受委托人
(签字)：　　　　　　　　　　　　　(签字)：
地址：　　　　　　　　　　　　　　地址：
邮编：　　　　　　　　　　　　　　邮编：
电话：　　　　　　　　　　　　　　电话：

传真：
开户银行：
账号：

传真：
开户银行：
账号：
签约时间： 年 月 日
签约地点：杭州

3 客户购车相关手续

准确提醒客户办理购车相关手续，会减少客户不必要的麻烦，避免因客户的遗忘而降低客户的满意度，正确的告知客户购车需要的相关证件材料，可以体现销售顾问的专业性。

1 购车人所需手续

(1) 购车人身份证、户口本、结婚证原件。
(2) 购车人收入证明。
(3) 购车人近3个月存折或银行卡对账单。
(4) 购车人房产证明。
(5) 购车人驾驶执照。
(6) 营业执照、税务登记证书(企业法人提供)。

2 共同还款人所需手续

(1) 共同还款人身份证、户口本原件。
(2) 共同还款人收入证明。
(3) 共同还款人近3个月存折或银行卡对账单。
(4) 共同还款人房产证明。
(5) 营业执照、税务登记证书(企业法人提供)。

3 办理临时牌照所需手续

(1) 发票复印件。
(2) 已生效保险单复印件。
(3) 合格证复印件。
(4) 有效身份证明(公共户需要提供组织机构代码证复印件)。

4 办理车辆入户所需手续

(1) 发票原件(注册联、购车税联)。
(2) 有效身份证明原件及复印件各贰份(公共户需要提供组织机构代码证)。
(3) 已生效的交强险副本原件。
(4) 合格证原件及复印件。
(5) 车辆登记表及承诺函(公共户需加盖公章)。

注意：缴纳购车税需用银行卡支付，不收现金。

四 价格应对

客户在购买许多产品时,都会有还价的心理,购买汽车产品时也一样会寻求价格上的优惠,而此问题产生后的尖锐程度其实与销售顾问前期的铺垫工作、与客户的信任是否到位有着密切的关系。

汽车销售的最终价格与销售顾问个人和汽车经销企业的最终利润都有直接关系,汽车经销企业对汽车销售价格、优惠幅度都定期会有明确的要求。价格谈判的目的就是确保在优惠幅度之内达成汽车的销售,并且尽可能获得高的盈利。

应对客户杀价的能力是销售顾问必备的技能之一,根据客户的不同,销售情况的不同都有不同的做法,选择合适的做法既能够保证客户的满意度,也能创造最大的效益,实现共赢的局面。

1 客户谈价心理

汽车销售的过程中,每个销售顾问都会因为价格问题而失去一些客户,就算你给的是最低价,客户还是会还价,基本上最后成交的价格都不是最低价,而你周围总会有些比你更低的报价,现在的客户越来越了解产品,也越来越注重价格问题,这些都是我们会面对的事实。

销售顾问充分了解客户杀价的心理,对于应对价格问题有很大的帮助,客户常见的杀价心理有以下几类。

(1)贪小便宜的心理:希望以比别人低的价格买到好东西。
(2)怀疑的心理:任何的价格,都怀疑其真实性。
(3)害怕吃亏的心理:害怕受骗,害怕买贵了。
(4)炫耀的心理:告诉他人,自己很会买东西,用较便宜的价格买到相同的产品。
(5)试探的心理:总是要试图杀价格,以求探寻底价。
(6)习惯性心理:只要是买东西,谈到价格,就习惯性地杀价。

2 销售顾问的应对

销售顾问在面对客户讨价还价时,常常会出现这样的问题:对产品服务,价值包装不够;不了解(缺乏)竞争客户咨询;对市场的动态咨询了解不足;魄力不足,或表现得无所谓;担心拒绝和失败,担心客户说"不";自己对产品和价格没有信心;自己也相信只有更低的价格才会有机会;自己和别人除了价格外已经不存在什么差别了。

会出现这样的问题,都是销售顾问的自身准备不足而造成的,面对价格问题,我们要有这样的心态:客户砍价是必然的,一定要沉着应对;判断客户砍价的主要原因;极具耐心的沟通,通常在和谐气氛下面对;讲诚信,努力达成双赢;富有竞争意识;某些情况下可以用"非和谐"方式与客户交流;被拒绝不一定是结束,往往只是一个开始,思考各种处理方法。

3 价格谈判概述

价格谈判在议价成交、达成协议的过程中起着至关重要的作用,一般而言,客户对轻易获得的让步永远保持着怀疑的态度,对合理且坚定的价位,比较能够产生认同感。所以在价格谈判中,除非已经非常确定市场行情,否则应先以建议售价为出发,再提供公司的促销价格,最后才考虑其他的让价或者提供赠品的做法。

客户要求进行价格谈判,意味着客户感兴趣,客户有成交的可能;价格谈判是对一个销售人员素质的全面考验,绝不仅仅是"讨价还价";价格谈判没有"常胜将军",没有专家;价格谈判绝对有原则和技巧,通过不断的反复的学习、实践、交流和总结,一定可以提高谈判的成功率。

(1)谈判的定义。谈判是一种互动,双方努力从各种选择中找到一个能充分满足双方利益和期望,而不致引起否决的方案作为共同决定。谈判没有所谓的输赢,只有比较符合谁的需求和利益。成功的谈判,双方都没有损失。

(2)价格谈判的目标。客户想付出的越少越好,销售顾问则想赚得越多越好;客户认为不讨价还价就会被销售顾问欺骗;客户并不完全了解他将要购买产品和服务的全部价值;客户可以从众多的经销商和销售顾问那里买到产品。当价格大于价值时,客户会觉得太贵了;当价格等于价值时,客户会觉得物有所值;而当价格小于价值时,客户就会觉得很便宜。所以建立价格与价值之间的平衡是所有价格谈判的目标所在(图3-67)。

图3-67 价格与价值的平衡

(3)价格谈判的原则。首先要准确把握价格谈判的时机,取得客户的"相对购买承诺"是开始价格谈判的前提条件,销售顾问的充分准备是价格谈判成功的重要因素。在价格谈判的过程中,必须找到价格争议的真正原因,并协商解决争议。价格谈判最终要达到共赢,客户以理想的价格买到最合适的汽车产品,销售顾问以客户能够接受的最高价格卖出汽车产品,创造业绩的同时让客户找到"赢"的感觉。

(4)充分准备。充分的准备会让价格谈判更轻松,正所谓"知己知彼,百战不殆"。首先了解客户的背景(客户的购车经历、客户的决策行为类型),然后建立客户的舒适感,取得客户的信任和好感(专业、热情、亲和力)。时刻关心客户的需求,让客户感觉到"我要帮你买到最合适你的车",而不是"我要你买这款车,我要赚你的钱"。要设想好价格谈判过程中可能出现的情况,并提前预想应对措施,调整良好的心态。

4 价格谈判的技巧

1 初期谈判技巧

(1)注意拿捏好分寸,提出比你真正想要的价格还要高的价格。给自己一些谈判的空间;给客户一些还价的空间,避免产生僵局;提升产品或者服务的价值感(4S店的服务等);让客户觉得赢得了谈判。

(2)报价的对半法则。探询客户期望的价格;在自己的报价和客户的最初期望中寻求中间点;应用对半法则让步,寻求双方接受的平衡点。

(3)千万不要接受对方的第一个提议。若对方要求的某一个期望买价高出你的心理买价,你也千万不能立即接受;否则客户立即会产生"我可以拿到更好的价格"的想法;客户同样会觉得此事必有蹊跷;在后来的过程中会不停地挑毛病和要求其他赠送。

(4)适当的时候表现出惊讶的态度。在客户提出议价时表示惊讶。客户不会认为你马上就会接受他的提议,但是如果你不表示惊讶,等于告诉对方他的价格你愿意接受;如果你毫无惊讶的神情,客户的态度会更加强硬,附加条件会更多。

(5)扮演勉为其难的销售人员。这是一个在谈判开始之前先压缩客户议价范围的绝佳技巧;当你使用这个技巧时,客户会放弃一半的议价范围;小心提防勉为其难的买主。

(6)适当的时候要做到立场坚定,紧咬不放。以立场坚定的态度应对对方的杀价或超低报价,然后让客户给出一个更合适的报价;如果对方以同样的方法对付你,你应该反其道而制之。

❷ 中期谈判技巧

(1)借助公司高层的威力。如果客户要求的价格超出你想要成交的价格,你在两次让利之后客户还是要求再让,你可以借助高层的力量,表明自己实在无能为力,将决定权推到上面。取得客户的相对承诺;让客户表明他现在就有签单的权利。

(2)避免对抗性的谈判。如果客户一开始就反对你的说法,不要和他争辩,千万不可造成对抗的氛围;使用"了解、我明白、我同意、感受到、发现"等字眼来化解对方的敌意;用转化的方法消除对方的抗拒。

(3)抛回烫手的山芋。别让其他人把问题丢给你;当对方这么做的时候,你要探测这个问题的真实性还是个幌子;永远记住怎样在不降低价格的情况下解决这个问题。

(4)交换条件法。在确认能够成交的基础上,如果客户提出更多的要求,你也要提出一些要求作为回报;可以避免客户再提更多的非分要求;牢记这样和客户沟通:"如果我帮了您这个忙,那么你可以帮我一点忙吗?"

❸ 后期谈判技巧

(1)好人/坏人法(红脸/白脸法)。当你和两个以上的对象谈判时,对方可能采用这样的方法;当你和同事一起采用这样的方法的时候,可以有效地向你的客户施压,同时还可以避免局面尴尬。

(2)蚕食鲸吞法。当客户基本决定成交的时候,让他同意之前不同意的事情;销售顾问一定要在最后做出进一步的努力;成交后可以推荐客户购买更多的东西。

(3)取消之前的议价。如果客户要求一降再降的话,在最后销售要想法取消以前的议价;这个方法很冒险,只有在买主不停杀价的情况下使用;避免正面冲突,要请一个上级主管来当红脸。

(4)让价的方法。常见的错误让价方法有以下几个:错误一,避免等额让步,如\$250、

$250、$250、$250；错误二,避免在最后一步中让价太高,如 $0、$0、$0、$1000；错误三,起步全让光,如 $1000、$0、$0、$0；错误四,先少后多,如 $100、$200、$300、$400。

(5) 拟订合同法。在洽谈的差不多的时候,借给客户倒茶水的机会离开,再次回到位置上的时候顺便拿上一份合同在自己的手上;有意的给客户解释合同上的条款,向有利的方向引导客户,让客户感觉不好意思不签合同。

第六节　车辆交付

在与客户签订合同之后,销售的前期工作已经完成,销售目标也基本达成,下一个会影响整体销售服务观感的是车辆交付流程。车辆交付流程对整个客户管理过程而言,是下一个优质服务阶段的开始。销售达成过后的回访,客户是否有较高的满意度,车辆交付的过程也起到了关键作用。一个好的车辆交付流程,除了需要经销商全员配合以外,销售顾问是否能够站在客户的立场,仔细的进行检查,能够体现销售顾问的综合素养。事实上,交车环节是客户最兴奋最开心的时刻,销售顾问应该抓住机会进一步扩大客户的惊喜过程,让客户满意而归,并为以后的售后服务工作做一个良好的开始。

一、车辆交付概述

1. 车辆交付的目的和意义

车辆交付环节是客户最期待的环节,但是同时也是汽车经销商销售过程中最容易轻视的、最薄弱的一个环节。强化交车流程,是创造客户忠诚度,引导客户长期合作与长期消费的关键因素。由于大部分客户都是第一次接触家用轿车,对轿车的使用方法和技巧掌握并不全面,通过交车过程对车辆的解释和提醒驾驶时需要注意的问题的步骤补充了在新车展示和试乘试驾过程中没有介绍到的内容,让客户全面了解购买汽车产品的使用方法,避免因为产品使用不当造成双方不必要的损失。为此,要通过制定一系列的标准,介绍相应技巧,学习常用的应对话术,让客户对汽车销售服务体制及产品保证有高度的认同,使得交车过程更能激发客户的热情,提升客户的满意度,将客户的喜悦心情带到极点,为售后跟踪联系预作铺垫。车辆交付环节客户满意度组成如图3-68所示。

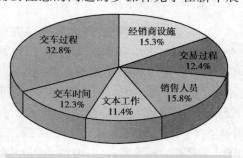

图3-68　车辆交付环节客户满意度组成

2. 交车环节的客户心理

在整个销售过程中,销售顾问的投入点和客户的投入点是有所区别的,客户的整个购买

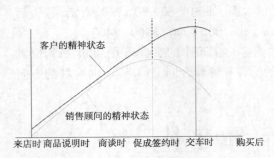

图3-69 交车环节客户与销售顾问精神状态对比

过程在车辆交付时会达到兴奋的最高点,客户对经历了整个销售过程而真正拥有自己的爱车感到喜悦,而销售顾问却很容易因为购车合同已签,汽车销售的达成结果已定,而将注意力转移到其他客户或其他的工作上,所以这就是我们这个环节需要解决的问题。交车环节客户与销售顾问精神状态对比如图3-69所示。

从客户角度来看,客户对车辆交付这个环节有较高的期望。客户需要一个专业的销售顾问,能够为他提供以下服务。

(1)认真准备,让新车交付过程能成为值得回忆的难忘时刻,为客户带来欣喜。
(2)让车辆交付过程成为令客户非常难忘的体验。
(3)为车辆交付做好充分准备,并和客户一起分享这个激动人心的场面。
(4)确保交付的新车整洁干净、零缺陷,而且已经安装好客户之前所购买的选装配置。
(5)提前为客户准备好相关的文件,包括付款的形式和各种文件。
(6)让客户了解如何操作车辆上的相关功能。
(7)告诉客户车辆的免费维护项目和维护建议。
(8)介绍一位服务顾问与客户认识。
(9)告诉客户车辆交付持续的时间,因为客户急切地希望开走新车。
(10)为客户提供路线帮助,最近的加油站以及最近的路线,并祝福客户行车安全。

面对情感关系导向类型的客户时,车辆讲解应着重车辆的多用途性,包括家人、朋友乘坐,还有具备携带个人业余爱好相关物品的功能;面对性价比导向类型的客户时,车辆讲解应突出其高质量、驾驶性和合理的性价比,无论是新车价值还是残值;面对车辆性能导向类型的客户时,车辆讲解应强调车辆形象,对车主形象的体现,以及发动机舱内各部件新技术应用的影响。

3 车辆交付的成功因素

一个完美的车辆交付过程,经销商应该准备一个室内交车间(标准展厅已包含此功能区),交车间布置应做到整洁温馨;销售顾问必须提前做好新车交付准备并恭候客户;所有经销商员工应分享客户的激动之情;必须设置欢迎牌,向每位客户表示欢迎;将车辆覆盖印有品牌标志的车罩,销售顾问与客户一道将其揭开;销售顾问解释相关文件和解答客户询问的过程最好不超过15min;车辆说明及交付最好持续大约60min,但应根据客户需求进行调整;不应匆忙完成交付,而应安排充足时间,并根据客户需求进行调整;100%向客户解释用户手册;100%为客户介绍服务顾问;100%向客户解释质保的范围和维修要求;100%感谢客户购车;100%使客户收到纪念品;100%使客户收到纪念照片;100%询问客户跟踪回访电话的恰当时间。

车辆交付流程

车辆交付的标准流程如图3-70所示。

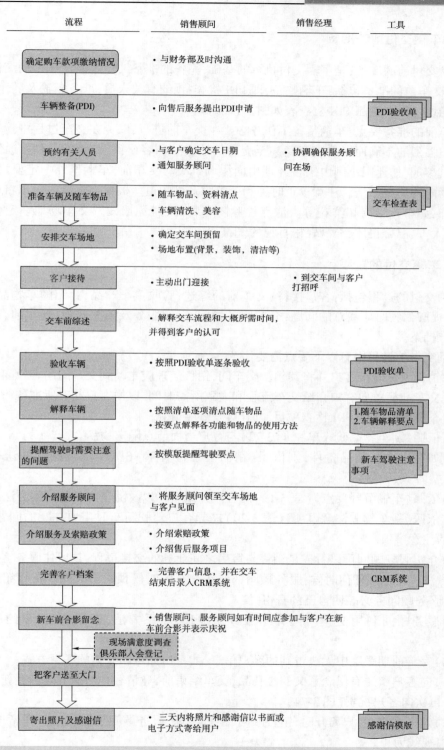

图 3-70　车辆交付流程

1 车辆交付前的准备

车辆交付前的准备，是车辆交付执行的基础，完备的准备工作才能保证车辆交付时的万无一失。交车前的准备包括：车辆整备，即 PDI 检查；预约有关人员；准备车辆及随车物品；布置交车场地。汽车产品 PDI 检查表如图 3-71 所示。

交车前的准备要点：车辆整备工作务必要在交车前进行，以免在交车过程中检查出问题导致客户强烈的不满而影响满意度甚至交易的达成。和客户预约交车时间后，通知服务站相关人员参加，如遇困难则由销售经理出面协调解决。交车前，车辆里外一定要进行清洗，保证车辆内外美观整洁。注意校正时钟和调整收音机频道。根据当地风俗可以将车辆进行简单装饰，如布置彩绸和鲜花等。清点检验随车物品，避免遗漏。交车场地一定要布置妥当，简洁大方、温馨得体，充满轻松喜悦的气氛。

2 车辆交付的过程

车辆交付的过程包括：客户接待；交车前的综述；验收汽车产品；介绍随车物品；解释所交车辆；提醒驾驶时应注意的问题；介绍服务顾问；介绍服务及索赔政策；新车前合影留念；完善客户档案。

车辆交付的过程中有以下要点需要注意。

（1）销售人员迎接客户并将其领至交车间，销售经理应主动到交车间向客户问好。

（2）交车前简单向客户介绍交车流程和大致所需时间，以便客户能有所准备。

（3）车辆验收参照 PDI 检查项目，并让客户签字确认。

（4）依照《随车物品验收单》（图 3-72）与客户当面清点随车物品。

（5）如客户选装精品备件，则依照《精品装饰检验单》（图 3-73）验收，并让客户签字确认。

（6）依照《车辆解释要点》（表 3-19）向客户介绍车辆以及随车工具的使用方法。

（7）依照《新车驾驶注意事项》（表 3-20）提醒客户驾驶新车时需要注意的问题，尤其是磨合期的注意事项。

（8）介绍服务顾问可以看成是销售与售后之间业务的交接过程，是留住服务客户最简单有效的方法。无论在任何时候，服务顾问都要在交车的时候预留出时间。在介绍服务顾问的时候，服务顾问务必表明自己的身份。

（9）服务顾问利用交车时间介绍服务站地址、联系方法、索赔项目、预约服务的好处等。

（10）完善前期跟踪中无法得到的客户信息，如身份证号和完整的联系方式。

（11）向客户赠送有纪念意义的小礼品，交车结束前，邀请客户与服务顾问在新车前合影留念，并再次向客户祝贺（图 3-74）。

（12）送别客户，客户离开时，销售顾问、销售经理、服务顾问到展厅门外列席送别，直到客户远离视线为止。

PDI 检 查 表

编号					车型	
车型代码		底盘号	发动机号	经销商代码	交车日期	

1	发动机号、底盘号、车辆标牌是否清晰,是否与合格证号码相符	
2	发动机号、底盘号、车辆标牌是否符合交通管理部门规定	
3	核对随车文件(与上牌照相关文件)是否正确	
4	目视检查发动机舱(上部与下部)中的部件有无渗漏及损伤	
5	检查发动机机油油位,必要时添加机油	
6	检查冷却液液位(液位应达 max 标记)	
7	检查制动液液位(液位应达 max 标记)	
8	检查助力转向液压油油位(油位应达 max 标记)	
9	检查蓄电池状态、电压,电极卡夹是否紧固	
10	检查前桥、主传动轴、转向系统及万向节防尘套有无漏油或损伤	
11	检查制动液储罐及软管有无漏油或损伤	
12	检查车身底板有无损伤	
13	检查轮胎、轮辋状态,调整轮胎充气压力至规定值	
14	检查车轮螺栓及自锁螺母拧紧力矩	
15	检查底盘各可见螺栓拧紧力矩	
16	检查车身漆面及装饰件是否完好	
17	检查风窗及车窗玻璃是否清洁完好	
18	检查座椅调整、加热、后座椅折叠功能及安全带功能	
19	检查转向盘调整功能及加油口盖开启功能	
20	检查内饰各部位及行李舱是否清洁完好	
21	检查所以电器、开关、指示器及操纵件功能	
22	检查前、后刮水器各挡功能、雨量传感器功能及调整清洗液喷嘴喷射角度	
23	检查车内外照明灯、报警灯、指示灯、喇叭及前照灯灯光手动调整功能	
24	检查电动车窗玻璃升降、中央门锁、车外后视镜调整及天窗开关功能	
25	检查车外后视镜调整、内后视镜防眩目功能及天窗开关功能	
26	检查收音机功能,将收音密码贴于收音机说明书上;校准时钟;维修间隔显示归零	
27	检查空调功能,将自动空调的温度调至 22℃	
28	查询各电控单元故障存储	
29	检查随车文件、工具及三角警示标牌是否齐全	
30	装上车轮罩、点烟器、顶篷天线及脚垫	
31	除去前轴减振器上的止动器(运输安全件);取下车内后视镜处的说明条	
32	试车:检查发动机、变速器、制动系统、转向系统、悬架等功能	
33	除去车内各种保护套、垫及膜	
34	除去车门边角塑料保护膜	
35	填写《维护手册》内的交车检查证明,加盖 PDI 公章	
	本车已按生产厂规定完成交车前检查,质量符合生产厂技术规范	

服务顾问签字:　　　　　　　销售顾问签字:　　　　　　　客户签字:

此单一式两份,服务站和业务部各保留一份

图 3-71　汽车产品 PDI 检查表

随车物品验收单

尊敬的用户：

感谢您购买_____轿车，该车型号为：_____，发动机号：_____，底盘号：_____，颜色：_____，发票号码：_____，请您按以下清单点清随车物品，并留下您的详细联系方式，以便我们对您的轿车进行完善的售后服务：

名　　称	数　　量	单　位	确认打钩
合格证	壹	份	
免检单、技术参数表	各壹	份	
密码卡	壹	份	
维护手册	壹	本	
售后服务网通信录	壹	本	
7500km免费维护凭证	壹	本	
安全系统说明书	壹	本	
操作系统及装备说明书	壹	本	
维护指南	壹	本	
技术数据	壹	本	
收录机说明书	壹	本	
点烟器	各壹	个	
天线	壹	个	
脚垫	肆	个	
防盗螺栓、扳手、螺丝刀、拆卸钩	各壹	个	
轮毂盖	肆	个	
备胎、轮胎套筒、千斤顶	各壹	个	
钥匙	贰	把	

该车车况良好，随车物品齐全。

购车单位(个人)名称：_____

签收日期：_____　　　　销售顾问：_____

图3-72　随车物品验收单

精品装饰检验单

尊敬的用户：

　　为了能使您对本公司所装饰精品满意，本着对用户负责的态度，我们对您所装精品进行了精心的检查。若您对本车所装精品质量满意，请在检验单内签字，谢谢合作！

　　祝您一路平安！

| 车型 | 颜色 | 车牌号 | 销售人员 | 安装日期 |

精品项目	已 安 装	验 收
1. 贴膜	☐	☐
2. 安装防盗器	☐	☐
3. 加装倒车雷达	☐	☐
4. 改装电动座椅调节器	☐	☐
5. 安装车载电话	☐	☐
6. 安装 CD/VCD/DVD 显示器/喇叭/低音炮	☐	☐
7. 安装排挡锁	☐	☐
8. 加装桃木内饰	☐	☐
9. 车门内饰加装真皮	☐	☐
10. 车内坐垫套	☐	☐
11. 安装地板	☐	☐
12. 加装真皮座椅	☐	☐
13. 安装中央扶手箱	☐	☐
* 安装新增项目	☐	☐
* 安装合格的车辆内外饰清洁是否满意	☐	☐

不满意原因：

本车已按规定完成检查，质量符合规范要求。

安装人员签字：_____　　　　　客户签字：_____

图3-73　精品装饰检验单

车辆解释要点　　　　　　　　　　　　　　　　　　　　表3-19

项　目	检　查
1. 陪同客户走近车的同时，演示钥匙遥控器的使用	
2. 引导客户正确开启与关闭车辆前发动机舱盖，并解释发动机舱各部件位置	
3. 告知客户发动机号和底盘号的位置并和客户共同核对	
4. 告知发动机舱内各储液罐的位置及正确添加方式(冷却液、制动液、助力转向液、机油尺、刮水器清洗液)	
5. 客户坐在驾驶位置时，告知其座椅及转向盘的正确调整方法	
6. 引导客户正确操作车门及行李舱的开启(尤其提醒客户注意车后门的儿童锁及后排座椅翻转功能)	
7. 引导客户进行车辆的电动升降玻璃、电动后视镜及天窗的正确操作	
8. 车辆仪表板上各项仪表及指示灯的位置及所含内容(多功能显示器的正确使用)	

续上表

项　　目	检　　查
9.详细解释车内各灯控开关的位置及使用(前照灯、转向灯、制动灯、雾灯及室内顶灯)	
10.详细解释车内各电器开关位置及操作(如:空调、音响、除霜、刮水器等)	
11.说明车辆安全装备的位置及使用(安全带、气囊等)	
12.引导客户正确使用车辆换挡机构(手动挡挡位、自动挡挡位功能)	
13.告知客户轮胎正常状态及加油口盖里侧的气压标准值	
14.告知客户随车工具及物品的正确摆放位置及功能(如千斤顶、套筒扳手、牵引钩、备胎、三角警示牌等)	
15.指导客户正确使用随车工具(如千斤顶、三角警示牌、防盗螺栓等)	
16.提醒车油不多,请先到附近加油站加油,并告知最近的路线	

新车驾驶注意事项 表 3-20

尊敬的客户,感谢您选择我公司为您服务,为了使您的爱车保持良好状态,建议您注意以下事项:
1.长途行驶前请检查车辆状态,为即将进行的长途驾驶做好准备;行驶中请您注意车速及与周围车辆的间距
2.早上驾车前请检查汽车底盘有无漏油、漏水现象,特别是长途用车之后,底盘有擦刮现象,请及时到维修站做检查
3.切忌急加油,急制动
4.行车前应观察车辆仪表指示器是否正常
5.新车磨合过程(1000km)中车速不宜超过最高时速的3/4,建议时速不超过120km/h
6.发动机转速不宜超过 3000r/min,空挡加油也别超过3000r/min
7.头 300km 制动片需要磨合,不要猛踩制动踏板,头几百千米制动出现响声也是正常的
8.忌满载(5 个人,10 多个行李包),不宜超过满载的 50%
9.请在 7500km 内及时来店进行首次维护
10.建议汽油尽量使用高标号
11. 发动机长时间高速运转后,怠速稍停 2min 后再关闭发动机
12. 验证磨合效果:时速50km/h,放空挡使汽车滑行,如滑行距离大于 600m 则磨合过关
13. 请在使用前详细阅读产品说明书,比较专业的问题可以来电咨询

图 3-74　交车后合影留念

3 交车后续工作

交车后续工作包括客户的信息记录和客户的后期跟踪回访。

交车后续工作的要点:销售顾问应将获取的客户信息及时更新到 CRM 系统(图 3-75),以便后期进行客户关怀,特别是销售流程前期无法获取的客户信息,如身份证号码及其他联系人信息等;销售顾问将交车照片和有总经理签字的感谢信寄给客户,可以选择传统邮寄或电子邮件,根据方便程度而定;销售顾问在做第一次回访的时候应询问是否收到照片和感谢信;定期做好客户的后期跟踪回访工作(表 3-21)。

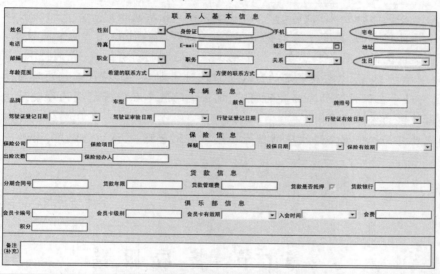

图 3-75　CRM 客户信息记录

客户购车回访安排表　　　　　　　　　　　　　表 3-21

事由及时间	联络方式	责任人	主要传达信息
交车之后立即	信函	总经理签字	表达恭贺和感谢支持,请他推荐我们的产品
交车后 1 天	电访	销售经理	使用是否一切正常
交车后 3 天	电访	销售顾问	确认一切正常,请客户向他人推荐我们的产品
交车后 2 周	亲访	销售顾问	确认一切正常,有无需求,提醒首次投保
交车后每 1 个月	亲访、电访	销售顾问或客服人员	询问是否一切正常,表示关心,请他推荐我们的产品
特殊促销、新车销售	亲访、电访或邮件	销售顾问或客服人员	主要诉求及优惠促销内容,新车型介绍
周年庆或生日等特殊事宜	电访或邮件	销售顾问或客服人员	视事而定
即将达到包修期、年检期等	电访或邮件	销售顾问或客服人员	是否需要协助,保险续保,请他推荐我们的产品
贷款即将到期	电访	销售顾问	换车计划,新产品介绍,请他推荐我们的产品

4 感谢信

感谢信形式内容如下。

感 谢 信

尊敬的客户：

真诚祝贺您拥有一辆_____轿车,并对此表示衷心的感谢!

您购买_____公司的_____轿车是一个明智的选择,她将为您提供无穷的驾驶乐趣。为您提供尽善尽美的服务是我们_____公司的宗旨。我店是按照_____销售有限责任公司的统一标准设计建立的,拥有一流的设备,充足的原厂零备件和大量的专业技术人员,可以为您的车辆提供全面的服务。您在驾驶车辆过程中遇到的所有困难,我们将乐意为您解决。

请您按《维护手册》中定期规定的行驶里程或时间到_____特许经销商处对您的爱车进行维护,这有助于在保持无故障驾驶的同时,确保您的汽车在保修范围内享受到由_____汽车有限公司提供的保修服务。

谨向您致意并祝您驾车愉快!随信寄给您交车纪念照片,请留作纪念,谢谢!

总经理:_____
_____特许经销商_____公司
_____年_____月_____日

第七节 售后跟踪

一、汽车售后服务概念

汽车售后服务是指汽车作为商品售出后由服务商为客户及其拥有的汽车提供的全过程、全方位的服务。如为客户的爱车作调试、维护、修理等,以此排除技术故障,提供技术支持;为客户邮寄产品改进或升级信息,以及获得客户对汽车产品和服务的反馈信息。汽车是一种结构复杂、技术密集的现代化交通运输工具,也是一种对可靠性、安全性要求较高的行走机械,它是靠运动实现其功能的,各零部件在使用中不可避免地要产生磨损和老化,使用的特殊性也决定了汽车售后服务的特殊性。

二、汽车售后跟踪服务的目的

1 与客户建立持续发展的关系

客户关系发展得是否顺利,对于经销商的经营至关重要,这关系到客户是否愿意回来寻求以后的维修服务并购买零部件。因此,在售后跟踪的过程中,经销商应为客户提供良好的服务,解决客户爱车存在的问题,增进客户满意度。

2 通过老客户开拓业务、促进销售

经销商为老客户提供高质量的售后服务,老客户的满意度很高,于是介绍自己的亲朋好友前来购车,让他们分享优质的售后服务,从而帮经销商促进销售。

三 汽车售后跟踪服务最主要的方法

1 电话跟踪回访服务

电话跟踪回访服务是目前企业进行汽车售后跟踪服务采用的最主要的一种方法,其作用有以下几点:

(1)对客户惠顾表示感谢,征求满意程度,转达关心,,提高客户信任度。
(2)培养忠实客户,提高企业自身形象。
(3)对不满意情况与客户进行及时沟通,采取行动,解决可能存在的任何问题,避免客户将不满意告诉别人或不再惠顾。
(4)对于经销商未意识到但对于客户非常重要的一些问题予以重视。
(5)将跟踪结果反馈给服务顾问、服务经理、车间主任等,,找出改进工作的措施,以利于今后开展工作。
(6)通知客户下一次例行维护检查的时间。

2 电话跟踪回访服务应注意的问题

(1)打电话时应使用标准语言及标准语言顺序,语音要自然、友善,以免客户误会他的车辆存在问题。
(2)语速适中,一方面让没有思想准备的客户有时间和机会回忆细节,另一方面避免客户紧张。
(3)应认真倾听,不要打断客户的话,并如实记下客户的评语(无论是批评还是表扬)。
(4)维修后一周内必须打电话询问客户是否满意。
(5)从事电话跟踪回访工作的人员应具备一定的沟通协调能力及语言表达技巧,并应懂得基本的维修常识。
(6)打电话前应考虑客户是否方便接电话,要避免在客户休息时间打电话。
(7)如客户抱怨发牢骚,不要找借口搪塞,而要告诉客户你已记下他的意见,近期将会有工作人员与他联系解决问题,随后应督促相关工作人员尽快与客户联系。
(8)对客户的不合理要求要有原则地回答。
(9)自己解决不了的问题可以要求更高一级的主管帮助解决。
(10)对跟踪的情况进行分析并提出改进措施。

四 汽车售后跟踪服务的内容

1 对已成交客户的跟踪服务内容

（1）消除客户的后悔心理。为了第一时间了解客户是否满意，销售人员应在交易完成之后马上为客户提供相应的售后服务。因为即便客户已经购买，但仍会担心自己的决策是否错误。有选择必定有后悔，毕竟任何一款车都会有自己的优点和缺点，此时多关心客户，提醒他使用新车该注意的事项，积极解答客户遇到的问题，可以减少或消除客户的后悔心理，维护品牌和销售人员的信誉，为扩大客户群打好基础。此外，在对客户来说特殊的日子，如结婚纪念日、生日、孩子出生日、客户职务提升等，给客户寄去贺卡或发去短信，或电话恭贺，通过这些方式提醒客户，你把他当成知心朋友。总之，使客户觉得成为你的老客户使他们受益匪浅。

（2）调查走访售后的状况。成交后，销售人员应及时收集、反馈信息。跟踪服务前，销售人员应查阅客户基本信息，包括姓名、电话、购买车型及维修、索赔、投诉历史等。根据档案资料，销售人员定期向客户进行电话跟踪调查或走访面谈。跟踪服务的第一次时间一般选定在客户提走车辆两天至一周之内。通过调查了解客户对新车使用的情况及感受、对公司服务的评价、在使用过程中遇到哪些问题、有什么样的困惑，并耐心倾听客户的抱怨和不满，将客户的意见反馈给公司，让公司组织专业人员积极为客户提出具有建设性的意见，及时解决其遇到的各种问题。只要你真诚地关注对方，你必定会赢得客户的信任。

（3）提供最新的资料及信息。为客户提供最新的资料及信息，也是维系客户的一种好办法。产品的资料和信息包括商情报道的资料和信息以及商品本身的资料和信息。如销售人员每月给客户寄一份汽车杂志为客户提供参考资料，同时也借此报道商情，培养客户的产品忠诚度，也起到一定的宣传效果；如销售人员及时将车辆在升级、维修、驾驶等方面的变动提供给客户，让他们了解商品本身的动态，以达到联络感情的目的。

（4）将客户组织化。把现有的客户组织起来，成立某品牌或某款汽车俱乐部或车友会，让客户产生归属感和认同感，从而吸引更多的潜在客户加入该组织。当然，举办客户洽谈会也是另一种比较好的组织方式，既可以加深主顾感情，又可以及时发现问题，处理客户异议。

总之，销售人员不仅要善于推销产品本身的使用价值特别是附加价值，而且应该学会推销自己，让客户喜欢你，愿意成为你的客户。

2 对未成交客户的跟踪服务内容

与客户未能成交，销售人员要做好以下跟踪服务。

（1）了解客户背景。销售人员应具有一定的信息敏感度，与任何客户打交道，都应该有意识地、巧妙地询问或推测未成交客户的背景，包括其家庭背景、职业背景及社会背景。销售人员获取信息后，应及时加以记录、归类、整理。对客户背景了解得越多，就越能找到有益于销售的线索，从而增加销售机会和成功的概率。

（2）反思自己的问题。在没有成交的情况下，一定要反思自己是否了解客户的需求，自己的言谈举止是否得体，对所销售的产品是否了如指掌，这位客户是否会再来等。找出没有成交的原因，并通过跟踪服务，迅速解决客户提出的问题，这样将有80%的客户会再度和你联系。

（3）保持联络。对于未成交的客户，要与之保持书信及电话联络。及时将最新产品资料及信息送到客户手中，在客户生日等特殊的日子打电话或致函示意，分享客户的喜与忧，真诚地关心客户，即便最终客户没有购买你的产品，他也会自愿为你介绍新客户。

知识拓展：要求客户成交话术

销售顾问："李小姐，今天是您第五次来店，加上前几次的了解，想必都对您要投资的品牌和车型有了一个完整的概念了吧？"

技巧：对客户前面的情况作一个小结有助于后面提出成交要求。

客户："没错，通过你们的介绍和其他品牌店的介绍，虽然是初次购车，我已经有了一个大概的认识了。"

说明：得到客户的回应，这是成交的良好开端。

销售顾问："好，我们就来讨论一下您要买的车是什么样的吧？"

技巧：学会回顾，才能有所进步。

客户："好的。"

说明：客户已经从心理上接受被诱导了。

销售顾问："如果我没有记错的话，您首先考虑的是外形，要符合您的职业特点，对吧？"

技巧：把客户关注的第一个投资重点进行强化，有助于强化客户的购买欲望。

客户："是的。"

说明：客户从心理上进一步被诱导。

销售顾问："经过您的比较，这款车应该是比较合适您的想法的一款车，没错吧？"

技巧：循循善诱，强化认同。

客户："你还记得真清楚。"

说明：客户从心理上进一步被诱导。

销售顾问："从安全的角度看，四气囊的配置是最低的要求，应该不会错吧？"

技巧：再次针对客户关注的重点进行强化。

客户："是的。"

说明：客户从心理上进一步被诱导。

销售顾问："从内饰来看，真皮转向盘、带卫星导航的6碟DVD、8喇叭音响系统、真皮的可十个方向调整的座椅也是必需的选择，没错吧？"

技巧：继续针对客户关注的重点进行强化，接下来是一个渐进的强化过程，当客户认同的心理已经成为一种定式后，成交的曙光就显现了。

客户："对！"

销售顾问:"如果我总结一下,那就是我们推荐的这款车最符合您的要求,对吧?"

技巧:这是关键一步。由于客户对问题的回答已经习惯"是的""对""没错",这时即使销售人员提出一个错误的结论,客户也会顺嘴回答"是""对""好的",这是一种高超的心理诱导术。

客户:"对。"

销售顾问:"那好吧,既然这款车您这么中意,只要您把这份合同签了,这部车就是您的了。"(边说边把已经事先准备好的合同递到客户面前,让客户在一个连串的"ok"后签下合同。)

技巧:马上提出成交要求。可以说,经过上面的步骤,客户已经不可能拒绝成交了,但结果的好坏除了与事前的准备,如合同的准备等有关外,还必须说对话。

客户:"……"

成功法则:成功激发客户的习惯性心理定式,是主动成交能够获得成功的关键。

成交控制话术:

销售顾问:"非常感谢马总,经过大家的共同努力,我们达成了一个双方都非常满意的合作,相信通过这种合作,你们购买的这几辆车也会极大地提升贵公司的形象,贵公司的事业会更加的兴旺发达,我们公司也会在与贵公司的合作中得到更多的进步。"

技巧:对客户的配合表示衷心的感谢,要显示出诚意。同时,营造一种双赢的气氛,让客户感到他们通过这次交易也获得了想要的。再次祝贺对方生意与事业兴隆,特别是购买这几辆车后对他们生意与事业的帮助更应该表达清晰。

客户:"哪里,哪里!这都是大家有缘,相信以后我们合作会更愉快。"

说明:客户的客套话,但也表露出了一种胜利的喜悦。

销售顾问:"马总,您看,为了让我们能够做好交车的各项准备工作,现在还得麻烦您办一件小手续,我们一起到财务交一下合同订金。"

技巧:要为合同的顺利执行设置一定的门槛,即在合同签署后收取一定的订金。这是一项技巧性的工作,如果订金顺利收取,那么决策后悔的概率就会大大降低。如果客户有所拒绝,除了信誉非常良好的客户,事后反悔的事例不在少数。

客户:"小问题,小王,你去办一下。"

销售顾问:"马总,您好,您看所有的手续已经办妥,我们已经安排了相关的部门和人员开始做交车的准备,您就等候我的通知,好吗?"

技巧:办理完所有的手续后,应该给客户一个承诺,让他们放心并对你的专业性表示极大认可,提升他们的满意度,这样才不容易发生"决策后悔"的事情。

客户:"没有问题。"

成功法则:除了客户满意外,设置能够限制"决策后悔"的门槛是合同顺利执行的前提与保障。

热情交车话术:

销售顾问:"杨小姐,您好,欢迎再次光临。今天是交车的日子,也是值得庆贺的好时光。从今天开始,拥有这辆车的日子会让您的生活更有意义。"

技巧：把交车当作一个盛大的节日来对待，不管客户是花多少钱买车，关键的是要让他们觉得投资有价值。而这种价值是由他人的肯定来确定的，所以，学会肯定别人胜过不厌其烦地讨论自己的产品与服务。

客户："我也是这样想的。"

销售顾问："杨小姐，我今天才发现，这款车配上您如果用两个字来形容的话，叫作'绝配'，只有您这样的气质配上这款车，才能体现您的高贵和您的气质。"

技巧：学会把车和人的一种结合上升到一定的高度，并进行适当的夸张，这对于女性来讲更有意义和价值。当然，对于较理性的客户而言，要注意不要言过其实，否则会适得其反。但可以肯定的是，赞美之辞是每个人都需要的，只是需要注意表达的方式即可。

客户："你过奖了。"

销售顾问："这是我的真心话。不论从色彩、造型上，还是从其他的方面来看，都体现了一种高贵的品质，要不您怎么千挑万选，最终选择了这款车呢？"

技巧：让客户感受到这是一种发自内心的真诚之辞，而不是虚伪之辞。同时，再次表示出对客户独特眼光的赞叹。

客户："当然还是你们推销的到位，让我有机会与这款车结缘。"

说明：客户的回应表示对销售人员的认可。

销售顾问："是啊！我们也相信当您驱车前往公司时，会有更多的目光关注到您及这款漂亮的车。"

技巧：再次以周围人群的眼光来激发客户的一种心理满足，进一步提升他们的满意度。

客户："你再说我都有些不好意思了。"

成功法则：客户良好的心理感受胜过一切。交车阶段对客户恰如其分的赞美，有助于提升客户的满意，让这种满意再上一个新的高度，可以再次激发客户对汽车产品、服务与经销企业的认同。

销售顾问："杨小姐，您好！为了让您在今后使用的过程中更好地掌握这款车的性能，更好地发挥其作用，现在我们花点时间来讨论一下有关的事项吧！"

技巧：首先你自己要把事情说清楚，同时客户也要愿意配合你，这才是一个正确的交车过程应该做的事情。

客户："好的。"

销售顾问："我们先从这款车的使用的注意事项开始。您看，我们先从最简单的车门开启介绍，好吗？"

技巧：使用中的注意事项要逐项介绍清楚，不论是从外到内还是从内到外，直到客户明白并会操作为止，这是当下交车过程最容易被偷工减料的部分，因而也是今后问题最多的部分。

客户："好的。"

销售顾问："您看，有关操作方面的注意事项已经介绍完了，您看一下有没有不清楚的地方？"

技巧：每一个项目介绍完成后，要征询客户的意见，看还有什么不清楚的地方，还有什么不会操作的地方，直到客户全会为止。

客户："我基本清楚了。"

销售顾问："接下来我介绍一下维护方面的要求与规范。没有问题吧？"

客户："没有问题。"

销售顾问："这款车的首次维护里程是7500km，您必须按时到店来进行维护，因为这涉及今后索赔政策兑现的问题。当然，我们售后会在适当的时间及时提醒您，即使您忘记了也没有关系。当首次维护结束后，维护的间隔里程是15 000km，您有没有发现，这是我们这个品牌的一大特点，即维护间隔里程最长，维护费用更低。"

技巧：当介绍中遇到汽车产品品质、性能和服务等比同类竞争产品优势的项目时，还应该再次不厌其烦地进行强调，让客户深化对这些优势的认识，为今后对该客户周边潜在客户的开发奠定一个良好的基础。此时，千万不要抱持一个错误的想法：这些内容在之前的销售中已经向客户介绍过，再强调就显得啰嗦了。

客户："是这样的。"

销售顾问："最后，我再介绍一下今后您在售后服务或其他服务中可能会与您合作的人员：这是我们的销售经理×××，这是我们的服务经理×××，这是我们的服务接待×××，这是我们公司最优秀的服务技师×××。相信他们今后会为您提供优质的、让您满意的服务。"

技巧：把所有与客户今后服务相关的人员介绍给他们，便于客户今后的服务。需要强调的是，介绍的时候要对被介绍对象的角色进行详细的说明，特别是他们的业务能力与水平是介绍的重点，目的只有一个，再次让客户放心，不担心未来使用过程中的服务问题，这也是提升客户满意度的关键一环。

客户："谢谢！"

销售顾问："关于您的新车，您看还有什么不清楚的地方吗？"

技巧：最后，还应该再次询问客户还有什么疑问或不清楚的地方，因为每一个人的沟通都会因理解而出现偏差，这一点需要注意。

客户："没有了。如果今后使用中我遇到问题我应该找谁？"

销售顾问："如果您今后使用中遇到任何的不清楚的地方，您可以与我们当中的任何一位联系，这是他们的联系方式，已经备注在给您的资料上，到时您可以查看一下。"

技巧：一定要设法留下所有被介绍人员的联系方式，同时让这种联系方式容易被找到。另外，要承诺其中任何一位接到客户的服务请求时，都会负责任地服务好客户。

成功法则：事前的说明比事后的解释好一万倍！如果没有交车时的"啰嗦"，也就很难大幅度地减少售后服务中遇到的问题与麻烦。

第四章 汽车备件管理与营销

学习目标

通过本章的学习,你应:
1. 能叙述我国汽车备件的发展现状和进行汽车备件管理的意义;
2. 知道汽车备件相关的基本常识;
3. 掌握汽车备件管理的基本方法;
4. 正确掌握汽车备件营销的基本技能;
5. 掌握汽车备件管理系统的使用方法。

第一节 汽车备件管理与营销概述

一 汽车4S店备件管理与销售的现状和意义

近年来,我国汽车市场迅猛发展,为国内各个汽车生产企业带来了前所未有的良好发展机遇。伴随着汽车大量进入家庭,私家车的销售正逐渐成为国内汽车市场销售的主力军,国内汽车市场年度销售总量在未来若干年稳定增长的趋势将不可逆转。

机遇总是与挑战并存,在这块巨大的"市场蛋糕"面前,各汽车相关企业都渴望占有更大的份额。比较其他消费性产品而言,汽车及汽车备件的销售更多需要依赖企业的品牌。好的企业品牌来源于好的市场口碑,好的市场口碑来源于优质的销售和售后服务。提升售后服务竞争力就是提升市场竞争力,就是树立市场口碑,从而树立企业品牌形象。

有效提升售后服务竞争力已成为汽车企业越来越重视的问题。有的汽车企业主推"24

小时全天候救援"服务,有的抓售后服务硬件设施投入,有的抓客户的接待过程,有的抓售后服务维修技术的提升,所有这些服务举措,由于汽车售后服务的特殊性,终究离不开汽车售后服务体系的"弹药":稳定而及时供应的汽车备件。"巧妇难为无米之炊",无论维修设施如何先进,维修技术如何全面,客户接待如何周到,如果没有稳定而及时的备件供应给予支持和保障,汽车售后服务将寸步难行,进而直接影响汽车的销售业绩。所以,汽车备件供应的职能职责,决定了它在汽车售后服务与汽车市场营销中的重要作用。

目前,在汽车的整个获利过程中,整车销售、备件销售、维修服务的利润比例为2∶1∶4,而备件销售和维修服务两个环节又都依赖备件管理和供应。备件的销售过程,以及能否及时供应直接关系着汽车4S店的服务质量,关系着客户的满意度,体现4S店的服务能力,影响着汽车4S店的口碑。然而,汽车维修所需备件的种类繁多,形状规格各异,需求量又带有偶然性,这都给汽车备件的管理带来一定的难度。较低的库存水平可以降低库存成本,但是库存水平低又容易导致缺货,一旦缺货就会造成生产中断及服务质量的下降。因此,服务水平和库存量、库存成本之间存在着矛盾,同时维持较低的库存成本、保持合适的库存量和适度的缺货率是汽车4S店备件管理的重要目标。事实上,现在很多汽车4S店在备件管理和销售上都还不够重视、不够规范,备件管理比较粗放,尚存许多需要改进的地方。

备件的管理和营销对于提升产品售后服务竞争力的重要性不言而喻,提高备件的销售能力,实现备件稳定而及时的供应,掌握有效的备件销售技巧,建立客观科学的备件管理体系成为重中之重。

中国汽车备件市场供应链

国内的汽车备件市场主要有两条供应渠道。

(1)主流渠道,指整车厂渠道,备件由整车厂的售后部门销售到特约汽车销售服务企业,再到车主,部分到批发商或独立维修企业。

(2)非主流渠道,指批发商从备件厂商采购,到经销商或独立维修厂。这种渠道中的备件厂商包括整车厂商,外国厂商和独立备件生产厂商。

第二节 汽车备件常识

一 汽车备件的概念及特点

在汽车销售服务行业中,把新车出厂后使用过程中所需要的汽车零部件和耗材统称为汽车备件。它包括新车出厂以后在维修过程中用来更换的新备件或修复件,汽车上需要更换或添加的各种油、液,以及用于提高汽车使用的安全性、舒适性和美观性的产品。

汽车备件作为商品来说,既具有普通商品的一般属性,也有其自身鲜明的特点(图4-1)。

图 4-1　汽车备件的特点

1 品种繁多

汽车本身属于高科技产品,零部件种类繁多,而且又有品牌、车型的区别,所以,只要是有一定规模的汽车备件经销商、汽车综合修理厂或者是汽车品牌 4S 店,其经营活动中涉及的汽车备件都有上万种,甚至几十万种。

2 代用性复杂

汽车之间具有一些结构上的相似性,所以很多汽车备件可以在一定范围内代用,不同备件的代用性是不一样的,例如汽车内饰、轮胎、灯泡的代用性就很强,而集成芯片、传感器等备件的代用性就不强。掌握汽车备件的代用性,也是管理好汽车备件的重要条件。

3 识别体系复杂

一般每个品牌的汽车备件都有独立的原厂编号,即汽车备件编码,但是通常情况下,汽车备件经营者为了便于仓库的管理,还会自行为其进行编号。

4 价格变动快

整车的销售价格会随着市场经常变动,所以汽车备件的价格变动就更加频繁了,并且汽车备件价格也有季节性。例如,汽车空调在夏冬季节的使用频率偏高,备件需求偏大,价格就可能较春秋季偏高。

汽车备件的分类

一辆汽车的组成零件数以万计,不同品牌、不同车型之间又有所区别。我们按照用途将汽车备件分为三类:维修零件、油液和附件。

1 维修零件

维修零件是指维护和恢复汽车正常运行所必需的零部件,这些零部件能够保证车辆的行驶性、安全性和舒适性。维修零件按照组成部分的不同,又可以分为零件、分总成、总成、合件、组合件、套件几类。

(1)零件(图 4-2)。零件是汽车的基本制造单元。不可再拆卸的、具有规定功能的整体就是零件,如活塞环、活塞、气门等。

(2)分总成(图4-3)。将两个或两个以上的零件采用装配工序组合到一起,对总成有隶属装配级别关系的部分就是分总成。如离合器片、活塞连杆、减振器、玻璃升降器等。

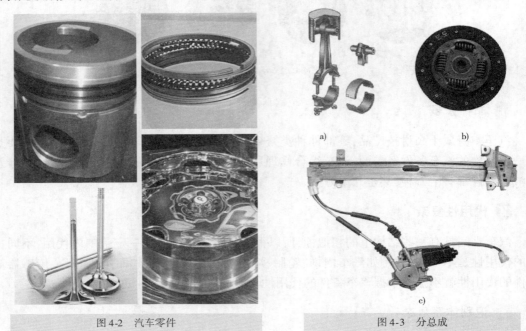

图4-2 汽车零件　　　　　图4-3 分总成

(3)总成。由若干零件、分总成装成一体,能单独起到某一作用的组合体称为总成,如发动机总成、离合器总成、变速器总成等。

(4)合件。由两个以上的零件组装,起着单一零件作用的组合体称为合件,如带盖的连杆、成对的轴瓦、带气门导管的缸盖等。合件的名称一般根据其中的主要零件确定。

(5)组合件。由几个零件或合件组装而成,但不能单独完成某一机构作用的组合体称为组合件,如变速器盖等。

(6)套件。在修理维护过程中,某些系统零件要求同时全部更换,在市场上一般采用套件的形式供货,如发动机大修包(图4-4)、半轴修理包、转向器修理包等。

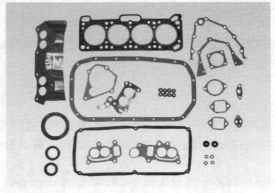

图4-4 发动机大修包

2 油液

保证汽车各部分正常工作,所需要消耗的液体材料,称为油液,包括汽车燃油、发动机机油、齿轮油与润滑脂、汽车工作液(制动液、冷却液)等。

3 附件(图 4-5)

附件是指用来改善或提高车辆乘坐舒适性、行驶安全性、车辆美观等性能的附加设备,如空调、音响设备、地毯、导航、遮阳板等,这些设备不影响车辆的基本行驶性能。

图 4-5　附件

三、汽车备件的业务流程

汽车备件的业务流程如图 4-6 所示。

汽车销售服务企业对于汽车备件的管理主要涉及汽车备件的订货采购、入库管理、库存管理、出库管理及备件销售等环节。

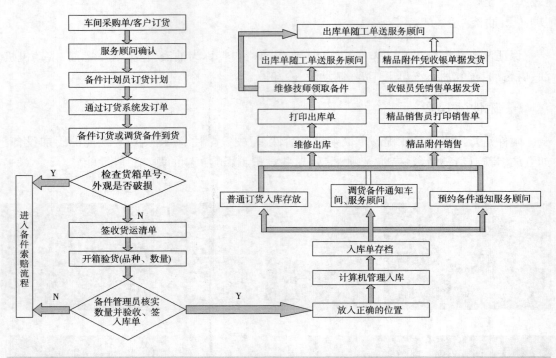

图 4-6　汽车备件业务流程

四　汽车备件编码

1　汽车备件查询的一般流程

备件查询是备件管理人员的一项基本工作,快速、准确地查询所需备件的相关信息,是进行备件订货、仓库管理、备件出库销售的基础。备件查询的一般流程如图 4-7 所示。

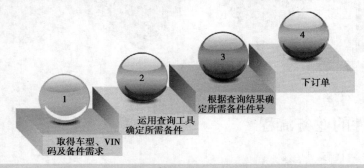

图 4-7　备件查询的一般流程

由图 4-7 可知,车型、VIN 码以及备件需求是备件查询的基础,取得上述信息是为下一步确定备件编号做准备,如果没有这些信息,就无法进行下一步作业。因此,备件管理人员需要查询某车型的某个备件。首先,要知道此车的车辆信息,然后才能通过备件图册或备件管理系统进行备件查询。为了正确识别每一种车型,汽车厂家采用了完整的车辆编码代号,也就是17位VIN码来反映其生产的各种汽车代号的特征。

2 VIN码的含义

(1) VIN码是汽车制造厂为了识别不同车辆而给车辆指定的一组字码。

(2) VIN码标记是各国政府为管理机动车实施的一项强制性规定。

(3) VIN码由字母和阿拉伯数字组成(不包含I、O、Q三个字母)。

(4) VIN码共17位。

(5) 17位编码经过排列组合,可以使车型生产代号在30年之内不会发生重号,故VIN码又被称为"汽车身份证"。

(6) VIN码一般以标牌的形式出现,装贴在汽车的不同部位。

(7) VIN码常见位置有仪表板左侧、前横梁、行李舱内、悬架支架上、纵梁上、翼子板内侧及直接标注在车辆铭牌上。

3 VIN码的组成

VIN码由三个部分组成:第一部分,世界制造厂识别代号(WMI);第二部分,车辆说明部分(VDS);第三部分,车辆指示部分(VIS),如图4-8所示。

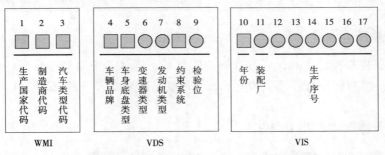

图4-8 VIN码的组成

4 VIN码的应用

(1) 车辆管理:登记注册、信息化管理。

(2) 车辆检测:年检、排放检测。

(3) 车辆防盗:识别车辆、结合GPS建立盗抢数据库。

(4) 车辆维修:诊断、电脑匹配、备件订购、客户关系管理。

(5) 二手车交易:查询车辆历史信息。

(6) 汽车召回:年代、车型、批次和数量。

(7) 车辆保险:保险登记、理赔,浮动费率的信息查询。

5 汽车备件编号规则

为了提高备件管理人员的工作效率,保证订购备件信息的准确性,采用电子化或网络化的汽车备件管理系统已大势所趋。另外,不同生产厂家、不同车型和年款的汽车备件互换性非常复杂,只有采用基于计算机的数据库技术才能对备件的互换性匹配进行快速、准确的查找与比对。为使汽车备件能够适应计算机管理,以便提高备件管理时的准确性,汽车制造厂家都对所生产的汽车备件实行编码分类,编码的规定各不相同,但都有相对固定的规则。这些固定的编码统称为原厂编码,由英文和数字组成,每一个字符都有特定的含义,即每一个备件都用一组不定量的数字和字母表示,不同的制造厂家表示的方法各不相同,每个汽车制造厂家均有自己的一套备件编号体系,不能相互通用。

汽车备件编码一般采用 10~15 位数字或数字与字母共同组合而成,构成汽车备件编号,编号是唯一的,一种备件对应一个编号。有些公司的备件编号分为若干段,目的是便于识别备件所属的总成或大类。一汽大众—捷达轿车备件编码大类见表4-1。

表4-1 一汽大众—捷达轿车备件编码大类

分类	含 义	分类	含 义
1	发动机、燃油喷射系统	6	车轮、制动系统
2	燃油箱、排气系统、空调制冷循环部件	7	手动、脚动杠杆操作机构
3	变速器	8	车身及装饰件、空调壳体、前后保险杠
4	前轴、前轮驱动差速器、转向系统、前减振器	9	电器
5	后轴、后轮驱动差速器、后减振器	0	附件(千斤顶、天线、收音机)

6 汽车备件的查询

(1)汽车备件查询的工具。通过查阅备件目录来确认备件编号。汽车备件查询工具主要有备件图册、微缩胶片备件目录和电子备件目录三种形式。三者只是形式不同,但内容上是一样的。

(2)汽车备件查询方法(图4-9)。

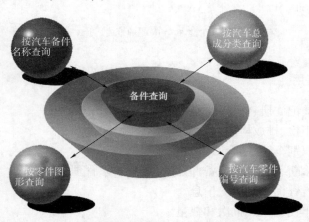

图4-9 汽车备件查询方法

第三节 汽车备件管理

一、汽车备件的订货与采购管理

汽车备件的订货与采购管理直接关系生产企业能否得到发展,消费者需求能否得到满足,是决定销售服务企业经营状况是否良好的关键问题。

1. 汽车备件市场调查与预测

备件订货是汽车备件管理的重要环节。订货人员应该具有良好的职业敏感性,及时了解汽车及备件市场信息,对市场进行准确的调研和预测,为制订备件订货计划提供有效的现实依据,并将有关信息反馈给备件供应商及汽车备件生产企业。

(1)市场的概念(图4-10)。

(2)汽车备件市场调查。汽车备件市场调查是应用各种科学的调查方法,搜集、整理、分析汽车备件市场资料,对汽车备件市场的状况进行反映或描述,以认识汽车备件市场发展变化规律的过程。它包括市场环境调查、市场状况调查、销售可能性调查,以及对消费者及消费需求、企业产品、产品价格、影响销售的社会和自然因素、销售渠道等方面进行调查。

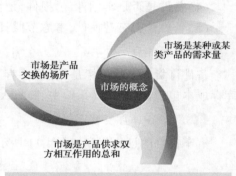

图4-10　市场的概念

(3)汽车备件市场预测。汽车备件市场的预测应根据汽车备件市场过去和现在的表现,应用科学的预测方法对汽车备件市场未来的发展变化进行预计或估计,从而为科学决策提供依据。汽车备件市场预测的方法主要采取定量预测法。

定量预测法:定量预测法是根据过去几个月发生的经营统计数据,运用一定的数学模型,通过计算与分析来确定市场未来发展趋势在数量上变动的预测方法。定量预测法具体包括以下两种。

①算术平均法:将过去几个月的实际观察数据相加,然后求其平均值来进行预测的方法。

②加权平均法:根据每个时期观察值的重要程度,分别给予不同的权数,求出加权平均值作为预测值。

2. 汽车备件的订货

① 汽车备件订货员的岗位职责

(1)订货员应该与厂商保持良好的供求关系,掌握市场信息,对市场及订货进行预测,并将有关信息反馈备件供应商。

(2) 科学制订备件订购计划，并向厂商发出备件订单，开展备件订货工作。

(3) 及时做好备件的入库工作，以实收数量为准，打印入库单。负责备件相关的财务核算及统计工作。

(4) 根据供应和经营状况，适时做出库存调整计划，负责做好入库验收工作。对于购入备件存在的问题，做出书面统计。

(5) 贯彻执行备件仓库管理制度，完成公司交办的其他任务。

❷ 备件订货计划的制订

备件订货计划的制订需要考虑以下五个方面内容。

(1) 本企业售后维修客户的实际保有量、客户流失率、车型分布、使用年限和行驶里程数、维修技术特点。

(2) 了解最新的技术要求。

(3) 掌握本企业备件库存结构、备件销售历史、销售趋势。

(4) 备件是否是常用件、易损件，是否具有季节特点，当月是否有促销活动。

(5) 备件是否有替换件，考虑节假日的供货影响。

❸ 良性库存

备件订货追求的目标是"良性库存"，即以最合理的库存最大限度地满足用户的需求。库存成本包括订购成本(采购费、验收入库费)和储存成本(占用资金利息、仓库管理费)。

❹ 汽车备件订货程序

汽车备件的订货程序如图 4-11 所示。

图 4-11 汽车备件的订货程序

3 汽车备件的采购

1 汽车备件进货的原则

(1) 坚持数量、质量、规格、型号、价格综合考虑的购进原则,合理组织货源,保证备件适合客户的需要。

(2) 坚持依质论价、优质优价,坚持按需进货、以销定购的原则。

(3) 进购的备件必须加强质量的监督和检查,防止假冒伪劣备件进入企业。

(4) 购进备件必须有产品合格证及商标。

(5) 购进的备件必须有完整的内、外包装,并有相应标志。

(6) 要求供货单位按合同规定按时发货,以防应季不到或过季到货,造成备件缺货或积压。

(7) 对价值高的备件和需求量相对较小的备件必须落实好客户,方可进货。

2 对所购备件的分类检验

对不同批次、不同货源、不同品牌的汽车备件进行检验的方法也有所不同,如图 4-12 所示。

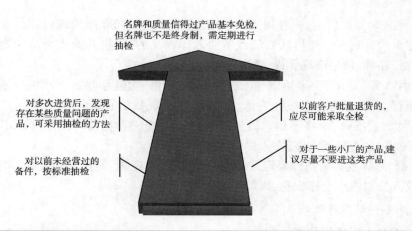

图 4-12 汽车备件的分类检验

3 供货方式的选择

(1) 对于需求量大、产品定型、任务稳定的主要备件,应当选择定点供应直达供货的方式。

(2) 对需求量大但任务不稳定或一次性需要的备件,应当与生产厂签订合同,采取直达供货的方式,以减少中转环节。

(3) 对需求量少的备件,宜采取直接采购的方式,以减少库存积压。

4 供货商的选择

对供货商的选择,不是单一的看某一个方面,要从价格和费用、产品质量、交付情况、服务水平等综合方面考察,从而作出最有效、最正确的选择。

汽车备件的出入库管理

1 汽车备件的验收

(1)汽车备件的验收流程。汽车备件的验收流程主要是从验收准备开始,包括场地准备、资料准备等;然后是资料的核对,核对汽车备件数量等信息;再到实物的检验,针对不同的备件,采用不同的检验方式;最后是验收记录,检验合格后,办理验收手续。

(2)验收注意事项。对汽车备件的验收注意事项主要包括三个方面:对备件品种的验收、对备件数量的验收以及对备件质量的验收。

(3)异常情况处理。验收过程中可能会出现零件短缺、零件多余、零件误发等异常情况,这个时候需要及时发现问题,与供应商取得联系,尽快说明情况,解决问题。

2 汽车备件的入库

1 汽车备件入库管理制度

(1)备件采购回来后,首先办理入库手续,由采购人员向仓库管理员逐件交接。库房管理员要根据采购计划单的项目认真清点所要入库物品的数量,并检查物品的规格、质量,做到数量、规格、品种、价格准确无误,质量完好,配套齐全。

(2)备件入库,要按照不同的主机型号、质材、规格、功能和要求,分类、分别放入货架的相应位置储存,在储存时注意做好防锈、防潮处理,保证货物的安全。

(3)备件数量准确、价格不错。做到账、标牌、货物三者相符。发生问题不能随意地更改,应查明原因,是否有漏入库、多入库。

(4)精密、易碎及贵重备件要轻拿轻放。严禁挤压、碰撞、倒置,要做到妥善保存,其中贵重物品应放入公司内小仓库保存,以防被盗。

2 汽车备件的入库流程

汽车备件的入库流程如图 4-13 所示。

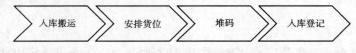

图 4-13　汽车备件的入库流程

3 汽车备件的出库

1 汽车备件出库管理制度

(1)仓库管理部门应在下列几种情况下出货:维修作业领料、维修换件借用、客户购买、索赔。

(2)除以上各项出库外,公司仓库管理部可根据实际情形的需要出库。

(3)各个部门人员向仓库部门领货时,应在仓库的柜台办理,不得随意自行进入仓库内部。

(4)各项出库必须有统一的领料单证,同时由领取人亲笔签名方可领取。

❷ 汽车备件的出库流程

汽车备件的出库流程如图 4-14 所示。

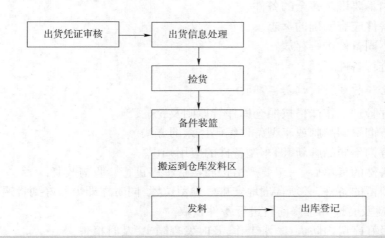

图 4-14　汽车备件的出库流程

❸ 出库要求

(1)"三不",即未接单据不登账,未经审核不备货,未经复核不出库。

(2)"三核",即在发货时,要核实凭证、核对账卡、核对实物。

(3)"五检查",即对单据和实物进行品名检查、规格检查、包装检查、件数检查、质量检查。

4 汽车备件仓库日常管理

❶ 备件库管理基础知识

为了更科学地进行库存管理,也为了有一个安全、高效、高品质、人际和谐、精神状态朝气蓬勃的工作环境,同时使企业能够实现降低成本、提高备件供应效率、降低损耗、最终实现提高客户满意度这一目的,备件仓库应实现 5S 管理。

5S 的中文意思是整理(Seiri)、整顿(Seiton)、清扫(Seiso)、清洁(Seiketsu)和素养(Shit-suke)这 5 个词的缩写。因为这 5 个词日语中罗马拼音的第一个字母都是"S",所以简称为"5S",开展以整理、整顿、清扫、清洁和素养为内容的活动,称为"5S"活动。

❷ 5S 管理对工作人员的要求

(1)自己的工作环境必须不断的整理、整顿,物品、材料不可乱放。桌面及抽屉定时清理,物品、工具及文件等要放置于规定场所。

(2) 道路必须经常维持清洁和畅通。消耗品(抹布、手套、拖把等)定位摆放,定量管理。
(3) 下班前打扫、收拾,扫除垃圾、纸屑、烟蒂、塑料袋、抹布,清理擦拭设备、工作台、门、窗。
(4) 遵守作息时间(不迟到、不早退、无故缺席),工作态度良好(无谈天、说笑、擅离职守、看小说、打瞌睡、吃东西等现象)。

❸ 备件仓库5S管理要求
(1) 仓库内不要堆放多余的备件。
(2) 各种备件应有明确的标志。
(3) 按照不同备件进行存放。
(4) 合理进行备件管理。

❹ 备件仓库管理员岗位基本职责
(1) 对库存管理工作严格按照仓库保管原则及5S实施。
(2) 掌握查询不同品牌或车型备件编码体系的方法。
(3) 掌握查询不同品牌新、旧车型备件的应用知识。
(4) 接到备件的货单后,一定要严格按照接货程序进行验收与收货。
(5) 对于预留的备件,必须合理地安排好预留位置,同时立即填写好到货通知书,及时提交给发货员以便及时通知维修前台进行备件领取。
(6) 认真做好库房内防火、防水工作,及时发现隐患,及时报告。
(7) 如遇休息与休假时,应把所遗留或未完成的工作进行书面交代,给代工同事。
(8) 在日常工作中,必须与各个部门及时沟通,并协作各部门做好工作。

5 汽车备件库存盘点

❶ 库存盘点的含义

盘点是每个备件仓库每日都需要进行的业务之一,仓库定期对库存汽车备件的数量进行核对,清点实存数,查对账面数。不仅要清查库存数与存数是否相符,有无溢缺或规格互串,还要查明在库汽车备件有无变质、失效、残损和销售呆滞等情况。通过存盘,彻底查清库存数量,已有或隐蔽、潜在的差错事故,发现在库汽车备件的异状,及时抢救、减少和避免损失,这些都直接关系汽车销售服务企业的利益。

备件盘点的工作内容包括盘存备件的数量、盘点质量、核对账目与实物、核对账目与账目。

❷ 库存盘点的分类
库存盘点按照时间上的不同可以分为日常盘点与定期盘点,如图4-15所示。

❸ 盘点工作的流程
汽车备件仓库盘点的工作流程如图4-16所示。

❹ 盘点结果处理
(1) 账物不符。账物不符主要有两种可能,即盘亏和盘盈,处理方式如图4-17所示。

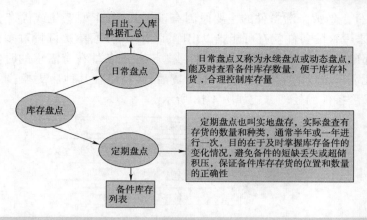

图 4-15 库存盘点的分类

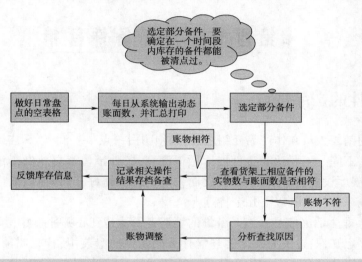

图 4-16 汽车备件盘点的工作流程

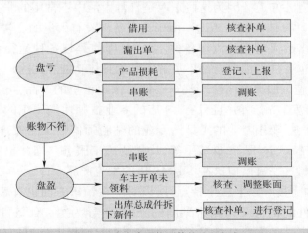

图 4-17 盘点中账物不符的处理方式

（2）呆滞备件。造成呆滞备件的主要原因有以下几个：车型老化或停产，有些车型已经老化或停产，原来库存的备件就有可能难以出库；库存不合理，单次订货过多，造成超过一年时间备件未全部出库，或者一些特殊性的备件或季节性的备件在有需求的时候进货量大，剩余部分一年内无需求造成的呆滞；客户订单到货后，客户已在其他店更换；事故车订货后最终却未更换。呆滞备件的处理方式如图4-18所示。

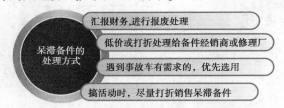

图4-18　呆滞备件的处理方式

第四节　汽车备件营销

一、汽车备件的产品特点

汽车备件的销售人员在作产品介绍之前，必须明白一点——汽车4S店跟备件超市卖的备件到底有什么不同。不要认为备件展厅做得漂亮，备件销售就自然做得很好。据调查统计，有很多备件展厅设置得一般的4S店反而备件销售做得好，因为他们抓住了备件销售重点中的重点。汽车备件具有以下几个特点：

（1）不常用，非生活必需品。汽车备件的消费者不清楚到底哪种膜好、哪种膜不好，因为这涉及专业的鉴定知识；也没有几个客户懂什么叫水性底盘装甲，什么叫油性底盘装甲，销售人员不说他根本就不知道那是什么东西，如何区别。对于备件的了解，几乎全靠销售人员来说，说了以后消费者才知道。因为这些东西是日常生活中不常用的非必需品。

（2）客户不了解其具体功能与用途。由于汽车备件没有大量的广告宣传，又不是常用的生活必需品，所以大多数人对各种汽车备件不了解，即使是从各种途径作了了解，认识也并不深刻，绝大多数汽车备件的消费者都不了解它们的具体功能和用途。

（3）大多需要与施工服务相结合。汽车备件不像超市里的产品，可以付钱后拿着就走，而是大多数产品需要安装施工，并且只有4S店的专业技师才能施工的。像防爆膜，送给客户他也不知道怎么贴，需要用专业的工具请专业的贴膜师傅贴。此外，还有车载DVD、汽车防盗器、汽车真皮座椅、大包围、底盘装甲等，均需要施工服务。当然也有头枕、香水、座套、挂饰等不需要施工服务的备件，但这些不是4S店的主流产品。

由于汽车备件本身具有以上三个特点，所以对应在销售方面也有着与一般产品不同的方式、特点。汽车备件的销售要以销售顾问的介绍、引导为主。到备件区来选购备件的客户，由于他不懂哪种产品是适合自己需求的，他需要询问销售人员，只有等销售人员介绍后，他才知道要哪种产品。在这个销售过程中,汽车备件的销售顾问扮演着另外的一种角色,称作医生角色。因为客户买备件的过程与病人看病的过程类似,不同的是,医生很少给病人选药的机会,而备件销售顾问给客户选择的机会。

二 汽车4S店的汽车备件销售优势

(1)汽车4S店的汽车备件产品质感上具有良好的第一印象。产品展示出来的时候,能够很直接、很直观地告诉消费者,该产品多么与众不同,这样才能俘获消费者的心。

(2)汽车4S店所提供的汽车备件产品要和别人的不一样,所提供的服务要是别人无法做到的。例如,装上某款产品以后就有可能损坏客户的原车,但专车专用产品则不会损坏客户的原车,这就是与众不同。

(3)不可比性。汽车4S店之所以要经营原厂备件是因为它们拥有不可比性,除了4S店,其他地方是找不到的。提到原厂的、和车型相匹配的,消费者就会很信服,因此,这是一个直观的说法和原则。

(4)配套的售后服务。作为汽车4S店,首先要明白自身与其他经营汽车备件的店面有什么不同,选择备件的时候切记4S店的备件一定是少而精,不要求多。施工服务是4S店的价值的体现,不要对一个产品实施施工,而对另一个产品不施工。没有施工、没有售后服务的产品是不值钱的,就是因为有了施工、有了售后服务,客户才愿意进店。

三 汽车备件销售的时机

汽车备件销售流程以汽车产品销售流程为主线,全程以备件知识和销售技巧为基础,重点分别在3个关键节点展开备件销售。3个关键节点分别是:试乘试驾点、报价成交点、交车关键点。售后服务环节也是销售备件的重要环节,只是存在不定时的特性。

1 试乘试驾关键点

通过实物展示或展示试乘试驾车来介绍备件的卖点,并让客户实际体验这些卖点。

(1)试乘试驾关键点备件销售技巧:平时注重对备件相关知识的熟悉掌握和不断积累,深刻理解话术内涵,做好基本准备;在前期的接待、咨询过程中,注意观察和分析客户的性格特点和兴趣喜好,以便依据客户的需求并结合试乘试驾环节来进行备件的推荐。

(2)试乘试驾关键点备件推荐话术范例:张先生,您要是没有意见,请在这张试驾协议上签字,然后我就陪您一起去感受和体验这辆车的各项优越的性能,好吗?(走向并进入试驾车)您看,这辆试乘试驾体验车上还安装了一套智能导航系统呢,等一会我们在道路上也可以感受一下它实际的效果。

2 报价成交关键点

为避免出现客户提出免费送备件或想要打折购买备件的要求,建议在明确客户签约意向或签约后再向客户推荐重点产品。对包含备件的总的支付方式、支付额进行说明,准备备件并安排相关人员进行安装。

(1)报价成交关键点备件销售技巧:首先要确保车辆的成交,哪怕是需要赠送一部分备件来赢得成交,切忌为了销售备件而引起客户的抵触情绪,最后影响到整车的销售。

(2)报价成交关键点备件销售展厅推荐话术范例:王先生,恭喜您选好了称心的车型和颜色,我将为您办理相关的购车单据的填写……还有,这里是几款特别适合您这款车的备件,效果非常好,也很实用,刚才您也看到过的。您看,这是备件目录(拿出备件目录)。

3 交车关键点

当客户没有订购备件时,通过向客户发放备件目录或宣传单页,寻找与客户再次协商的机会,强调备件的独特魅力。

(1)交车关键点备件销售技巧:不断探寻客户的需求,抓住最后一个关键节点,争取获得客户的认可。但是不要急于求成,客户若是暂时不认可,也一定要专业礼貌的完成交车环节,为客户留下一个良好的购车印象,便于日后和客户保持顺畅的联系,争取其他的销售机会。

(2)交车关键点备件销售展厅推荐话术范例:张先生,您的这辆交车我们已经为您准备好了,保险和牌照也都办好了。停在交车区里面呢,我和您一起去看看吧!您选的3个备件:前保险杠隔栅饰条、尾灯饰框和排气管套筒已经装在车上了,真的是很漂亮,我的同事都说好看,您看看。好了,张先生,车辆的功能和资料我就介绍到这里了,您还有什么需要我解释的吗?这是我的名片,还有昨天我特意为您选的几款装饰件,特别适合您这款车,我都标记在这里了(备件目录)。您有时间的时候,我就帮您安排。祝您用车愉快顺利!

四 汽车备件销售的注意事项

(1)由于备件部分是属于车辆的附加值部分,客户比较容易产生对销售的抵触情绪,洽谈时尽量根据客户的需求通过明确客观的分析与详尽的功能讲解和演示,让客户明白他选择的备件是非常适合自己、适合自己车辆的,是"物有所值"的,切忌给客户造成"强买强卖"的推销感觉。

(2)由于有些备件有安装时机的问题,比如防爆太阳膜要在车辆上牌以后安装、底盘装甲要在天气好的时候安装等,这些情况在安装前一定要向客户说明清楚。

(3)价格优惠是备件销售和谈判的最大问题,当然如果前期的需求分析做得尽量准确,这部分压力就会减轻,遇到价格分歧时,首先要告知客户公司的政策,然后说明自己的权限,在公司政策原则基础下,通过销售策略来和客户进行洽谈,原则上是利润最大化。当备件可能影响车辆成交时,可在允许的原则下推出"赠送套餐"的方式,促进车辆成交。

五、汽车备件展示方案

备件展示方面重视让客户更加方便地了解备件,做到让客户不用询问即可找到适合自己车辆的备件。除了备件超市外,制作加装备件项目和价格表,让客户了解备件的功能、优势及使用备件的好处。

设立独立备件超市,位于经销店入口处,位置明显,一目了然,方便客户参观选购。充分显示出对纯正备件的重视,纯正备件展示随处可见。

给所有展车都加装备件,在展车的前风窗玻璃上放置加装备件目录产地及报价,让客户更直观地了解。

对于汽车备件的销售是与整车销售相辅相成的,如果销售工作做得到位,就能够起到相互促进的作用,并且共同提高客户的满意度,而在销售技巧中又有许多共同的地方,这都需要我们在以后的实际工作中总结和提高。

第五节 汽车备件管理系统

近年来,计算机技术的发展突飞猛进,同时各行业要处理的信息也越来越繁杂,这使得计算机软件应用在企业业务管理中的地位不断提升。传统的汽车备件企业业务管理办法是用纸张记录备件的进销存信息,这种方式浪费了大量的人力、物力,而且计算数据的准确性也无法保证。所以,汽车备件销售服务企业引入一套汽车备件管理系统是非常必要的。

汽车备件销售服务企业在日常管理中,有大量的备件信息需要处理,可以说是数以万计的备件种类信息。汽车备件管理系统能够有效地减少工作量,将备件销售、管理工作科学化、规范化,提高工作效率,创造更大的利润。

一、汽车备件管理软件特点

汽车备件管理软件是一套通用行业的企业管理软件,具有专门针对商品进、销、存、财务(汽车备件店)流程管理的管理软件(包括备件管理、财务管理、客户关系管理等),其功能模块包括备件的进货、销售、库存管理、财务管理、客户关系管理、短信群发、经营日报表、经营状况表、月结盘点表等综合报表统计,提供一系列的优质服务。销售单据提供多样化的打印格式,基础资料提供导入与导出功能,数据库备份与恢复、数据情况功能,还可将所有单据导出Excel。这是进销存软件、汽车备件软件、客户管理软件完美结合的一款专业企业通用管理软件,具备通用性、界面友好、操作简便、功能实用的特点。

系统专业、先进、稳定,模块设计简洁实用,共有进销(备件)业务、进销(备件)报表、库存管理、客户管理、财务管理、系统管理六大功能模块,每一个功能在设计上本着"简单、实用、易学、高效"的原则,力求操作直观方便,为管理节省人力、物力。

二、主要功能介绍

1. 备件进销存管理

汽车备件管理主要是对备件的销售、进货、退货、库存管理等进行记录和统计，使烦琐的备件管理业务规范化、透明化。在使用系统的备件管理前，需要先对仓库的备件库存信息进行初期的盘库建档处理，以建立与实际仓库库存相符的真实备件进销存管理，只需把汽车备件的名称、数量信息录入相应仓库中即可。

（1）订货单。订货单又称采购订货单，可在每月制订相应的采购计划，根据仓库情况和出库情况制作订货单。补充库存计划定期制订一次，如在每月月底制订。补充库存计划是针对常备库存备件，为了满足日常销售的需要而补充的订货。如果销售非常平稳且安全库存量足够的话，那么定期的补充库存计划就可以满足日常销售的需要。销售量的起伏性可能使备件突然缺档，因此，我们每天还应当巡查库存，看看哪些备件的库存已经低于库存低限，对于低于库存低限的备件，应当马上制订紧急订货计划。针对非常备库存的备件，只要发现客户有订货，在紧急订货计划中也要马上反应。在订货入库中，可以根据供应商调出所有的订货单，有选择性地入库，也可以在采购入库单中直接选中订货单的整单入库。

（2）入库管理。入库管理包括订货入库、采购入库、工具入库、扫描入库、调拨入库、销售退货入库、领料退料、盘盈入库（直接入库），录入备件的供应商、备件名称、编码、规格、价格、数量以及所入的仓库信息，财务复核后进行入账处理，财务管理模块中会生成相应的入库付款记录。

其中，采购入库一般用于未做订单直接入库，或是一些零散的入库；工具入库是指企业内部用的工具、常用消耗性办公用具等的入库；扫描入库针对那些经常大批量入库的客户，可以先在库存中定义好条形码，再到扫描入库时用条码枪扫描备件入库，提高入库效率；入库退货单用于对发现有问题的备件进行退货处理。

（3）客户订单。如果分销商或客户向公司订货，一般是通过发传真、电话、邮件 EXCEL 表等方式发来，然后，我们可以将订单录入到本软件的销售订单中，客户订单又可以转化为本软件中的销售单。在订单销售中可以根据客户调出所有未出库的客户订单，有选择性地出库，订单销售完成后会自动改写已出库数量，也可以在销售单中直接选中客户订单整单出库。

（4）出库管理。出库管理包括订单销售、销售单出库、领料单出库、扫描销售出库、入库退货出库、调拨出库、盘亏出库（直接减库存）等，录入备件名称、编码、规格、数量、仓库及相关信息，复核后系统自动进行入账处理，财务管理模块中会生成相应的销售收款记录等。其中，销售单出库一般用于未做订单直接出库，或是一些零散的出库；工具出库指企业内部用的工具、常用消耗性办公用具领用登记等；扫描销售针对那些经常大批量入库的客户，在扫描销售出库中用条码枪扫描备件出库，提高出库效率；入库退货单出库是对发现有问题备件进行退货处理。

(5) 库存管理。库存管理包括备件库存查询、库存修改、盘点、报损、备件价格维护、库存警戒线设置及库存报警等功能。管理员可及时通过本系统轻松掌握库存资料,制订相应的进货计划。

(6) 备件业务统计报表。备件业务统计报表包括销售出库单查询、入库单查询、订货单明细账、入库汇总账、入库明细账、入库退货明细和汇总账、工具入库账、工具领用出库账、销售明细账和汇总账、销售退货明细账和汇总账、客户订单明细账、备件进销存明细账盘点损益表、库存调拨报表、货品损耗账目等。

2 财务收、付款管理

(1) 财务收款。系统中的财务收款信息包括备件销售收款单、入库退货的应收款项。在汽车备件模块进行了入账业务操作后,财务收款模块会自动记录相应的收款信息。进行各项单据的财务收款操作时,可对某一笔业务进行入账,也可以一次性对多张业务单据进行入账。收款时会自动填写收款金额、收款人、收款日期、收款方式、业务单号、当次应收、实收、优惠等数据,以便于之后财务数据的稽核和统计。对于记账客户,应记录承诺付款日期,便于款项催收。

(2) 应付账款结算。财务中的应付账款主要是备件采购时对供应商的备件款项结算,对应的采购入库、工具入库、订货入库、扫描入库等所有入库单和销售退货单的应付款,与收款类似,财务付款时也需录入付款金额、付款日期、发票号、付款方式、付款人、业务单号、当次应付、实付、优惠信息等。

(3) 收付款查询、财务收支汇总账和经营状况统计表包括对应收、应付款查询、已收已付款、收款人汇总等查询,便于企业及时了解财务状况、资金分布情况。

(4) 财务对账单。财务对账单包括所有收款单、付款单的对账,可以跟供应商、客户进行一定日期范围内预收款、应收款、预付款、应付款等进行对账。

3 财务核算管理

备件成本核算。系统可在客户维修和销售出库后,统计维修中用料的成本价格、领料价格以及销售出库时备件成本价和销售价,整体了解维修以及销售时的成本和毛利。

4 工具管理

在系统中,平时需要使用的工具与备件是分开入库,工具管理主要管理工具的借出、归还以及报废情况,通过对工具的台账来了解现有工具的入库、借出、报废以及库存数量,方便对工具的管理。

5 客户关系管理

(1) 客户档案。现代企业的经营管理越来越重视客户服务、客户反馈、客户信息挖掘分析及客户关怀,留住了客户即是留住了企业的生命线。本系统内的客户关系管理完整、细致,而且功能强大,完全等同于一个专业的客户关系管理系统。

在客户管理中,客户档案是录入的一个最主要模块,主要信息有客户的姓名、联系方式、车辆信息、客户生日、客户类型、地区、分类、客户来源等,字段设置简洁实用,先进合理,除了在此模块可以查询客户的详细资料,更方便以后对客户多种数据的统计和查询,便于客户管理工作的展开。客户档案可以处理供应商、销售客户、合作伙伴等所有资源,通过客户类型来区分。如果客户是一个企业,还可以建立多个联系人,并记录联系记录,同时可以设置日期自动提醒,这样就能够不错过任何一个工作安排或任何一个合作机会。这里还有短信功能,能够及时联系、问候客户。

(2)客户分析模块。客户分析包括客户资料按不同的信息分析统计、客户价值分析、热销产品分析、销售分析、销售走势、业绩排名等。

6 系统安全管理

(1)客户权限管理。在系统中,每个操作员都必须使用自己的登录名和客户密码来登录系统,客户采用按模块授权和功能按钮控制的方法,每个客户只能看到已授权的模块信息,只能进行已授权的操作(比如删除单据、新增单据、打印等这些权限是分开的),严格控制了操作员的管理权限,在备件管理部分,还可以对操作员按仓库授权,客户只能查看到已有权限的仓库信息,每一个报表我们都进行了权限控制,通过系统控制有效保证客户数据的安全性。

(2)数据备份和数据导入、导出。系统数据库基于大型规模关系数据库开发,为了防止病毒侵入或突然断电等事故造成的系统破坏,应该经常对数据库进行备份,这样即使操作系统被破坏后,也一样能够把数据备份时的资料信息恢复过来。系统每隔两天检查备份,可以自动备份数据库,省去了数据库损坏或丢失之忧。

除了数据备份外,本系统还支持部分或全部数据的导出、清除、导入等操作,可进行任意数据的转移操作。

先进的管理软件能够帮助个人,帮助企业提升工作效率,使工作更科学、更细致,但是只有良好的个人管理、软件管理、企业管理结合到一起,才会形成一个好的良性循环,使得个人和企业不断发展。

知识拓展:备件管理中的安全管理

汽车备件中有大量易燃易爆等危险物品,比如各种油料、橡胶件、塑料件等,在管理和转移过程中,稍有不慎很容易引起火灾。火灾是备件仓库安全管理的最大威胁,消防就是消灭火灾和防止火灾。消防工作应当贯彻"预防为主,防消结合"的方针。同时,在搬运大型汽车总成备件时,还需要运用正确的搬运方式和搬运工具,如果操作有误,也可能造成工伤事故。下面针对汽车备件管理过程中所涉及的安全知识进行介绍。

1. 防火

只要做好防火宣传和组织工作,采取行之有效的得力措施,火灾事故是可以避免的,具体要采取以下措施。

(1) 领导要高度重视仓库安全工作。

(2) 广泛、深入地宣传火灾的危害性，提高防火自觉性是防止火灾事故的重要保证。

(3) 确定防火责任人和岗位防火责任制。把防火工作落实到人，并通过岗位责任制使其制度化、经常化。

(4) 严格分区，分类管理。凡是易燃、危险物资，一定要进危险仓库，凡是忌高温的物资，一定要存放在通风、不经常被日光暴晒的位置等。

(5) 严格控制火种、火源和电源。凡是需要禁止一切火种的地方，要坚决防止引发一切火种生成的可能。如在严禁烟火的区域进行明火作业时，必须经有关部门和人员批准，并采取预防措施，在确保安全的条件下进行作业。工作完毕后，要及时清理现场，消灭明火残迹，严防死灰复燃而酿成火灾。冬季确实需要采用火炉取暖的库区内办公室，一定要有专人负责，并做到人走火灭。

2. 灭火

灭火方法基本上有3种：一是隔离法，就是使燃烧物质与周围可燃物质隔开，使燃烧因无可燃物而停止；二是窒息法，就是阻止空气进入燃烧区，使燃烧物质得不到足够的氧气而熄灭，如用化学泡沫灭火剂扑灭油类火灾；三是冷却法，就是使燃烧物质温度降到燃点以下，燃烧也就停止了，如用水灭火就是冷却灭火法。

各种灭火剂的特点各不一样，使用对象也有所不同，如果使用不当，不但不能灭火，还会扩大损失。以下是几种常用灭火剂的特点和使用范围。

(1) 水。水是最易得、最经济、最方便、最常用的灭火物质，灭火效果也比较好。但是有的火灾在一般情况下不能用水去扑救。如电气设备、带电系统发生火灾而在电源切断之前，与精密仪器及设备或汽油相关的火灾等，一般不能用水扑救。在特定情况下，水通过喷雾装置，在某种程度上也可以起到灭火作用。

(2) 化学泡沫灭火剂。化学泡沫灭火剂是扑灭易燃液体和油类火灾的有效灭火剂，也能扑灭电器火灾，但它不适用于化学物品引发的火灾。

(3) 空气泡沫灭火剂。空气泡沫灭火剂可以扑灭一般固体和液体发生的火灾。

(4) 二氧化碳灭火剂。二氧化碳灭火剂对于扑灭电器、电子设备和某些忌水物资的火灾最适宜，灭火后不留痕迹，无腐蚀作用。

(5) 干粉灭火剂。干粉灭火剂适用于扑灭油类、可燃液体、气体、电气设备的火灾，其粉末无毒、无腐蚀作用。

3. 搬运

大型汽车备件需要利用吊车、拖车等搬运器械进行搬运；搬运力不能及的重物时，应找人帮忙；体积很小、很紧凑的零部件有时也可能很重，或者不好掌握平衡，切忌猛然用力，应先试探，量力而行，使用腿部力量将物品搬起。正确的人工搬运姿势如图4-19所示。

注意在搬动重物时脊柱的变化

先将两脚分开以使重心下调，两脚的角度扩大，弯下大腿，达到重心下移但又稳定的效果

先将胯部靠近重物，双手持重物测量其质量，然后会逐渐把身体靠近重物，身体和重物基本成为一个"负重物"，重心移到原来的重物上

慢慢调整身体的姿势，防止站起时身体会不舒服

要提高重心了，他会先把重心移到双脚上方以保持平衡

重物得到支撑后，角色还会调整姿势

再次抬起重物时，先把头后仰以拉动重物

原本的拱形反转，头部拉直

图 4-19　正确的人工搬运姿势示意图

第五章 客户关系管理

学习目标

通过本章的学习,你应:
1. 理解客户关系管理定义和意义;
2. 正确完成客户开发与管理;
3. 正确掌握客户投诉的处理方法和技巧;
4. 了解汽车销售客户管理系统;
5. 了解汽车售后服务流程及意义。

第一节 客户关系管理概述

一、客户关系管理概念的产生

最早发展客户关系管理的国家是美国,在1980年初便出现了所谓的"接触管理"(Contact Management),即专门收集客户与公司联系的所有信息;1985年,巴巴拉·本德·杰克逊提出了关系营销的概念,使人们对市场营销理论的研究又迈上了一个新的台阶;到1990年,则演变成包括电话服务中心支持资料分析的客户关怀(Customer Care)。

1999年,Gartner Group Inc公司提出了CRM(Customer Relationship Management,即客户关系管理)概念。Gartner Group Inc在早些提出的ERP概念中,强调对供应链进行整体管理。而客户作为供应链中的一环,为什么要针对它单独提出一个CRM概念呢?原因之一在于,在ERP(Enterprise Resource Planning企业资源计划系统)的实际应用中,人们发现由于

ERP系统本身功能方面的局限性,也由于IT技术发展阶段的局限性,ERP系统并没有很好地实现对供应链下游(客户端)的管理,针对3C因素中的客户多样性,ERP并没有给出良好的解决办法。另一方面,到20世纪90年代末期,互联网的应用越来越普及,CTI、客户信息处理技术(如数据仓库、商业智能、知识发现等技术)得到了长足的发展,结合新经济的需求和新技术的发展,Gartner GroupInc提出了CRM概念。从20世纪90年代末期开始,CRM市场一直处于一种爆炸性增长的状态。

二、客户关系管理的概念

我们先通过几个案例来了解什么是客户关系管理。

案例一:一位男士,在下班回家的路上,走进自家附近的杂货店,拿起一瓶酱油,看了看说明及价格,然后放了回去,3min后他又回到那家杂货店,再拿起那瓶酱油看了又看。(这时你如果是杂货店的老板,你会怎么做?)这家商店的老板会走向那位先生然后告诉他,"张先生,您太太平常买的就是这种酱油,它含有较丰富的豆类成分,味道鲜美。另外您太太是我们这里的老客户,可以记账消费月结,而且都打9.5折。您太太上次买酱油大概也有一个月了,应该差不多用完了,您只要签个名,就可以顺道带回去了,您太太一定会非常高兴。"

案例二:在你为你母亲的生日订购鲜花之后,花店会于第二年你母亲生日来临之前提醒你这个重要的日子,并送上祝福。

案例三:经过了一次旅行,旅行社会记得你喜欢靠窗的座位和备有有线电视的旅馆房间等,并记录你旅游的喜好,定期向你推荐行程。

这样的商家会给你怎样的体验和感觉?你愿意继续在这里消费吗?

从这些故事中我们可以看出,其实客户关系管理早就不知不觉地被人们所实践。只是一个具有一定规模的企业能够像那个杂货店老板一样记住每一个熟客的详细信息,并采用相应的服务策略吗?如果您的企业也想拥有像杂货店老板那样良好的客户关系,那么客户关系管理对您的企业无疑会有很大的帮助。

CRM概念引入中国已有数年,其字面意思虽是客户关系管理,但其深层的内涵却有许多的解释。以下摘录国外研究CRM的几位专家对CRM的不同定义,通过这些定义让我们对CRM有一个初步的认识。

CRM(Customer Relationship Management)就是客户关系管理。从字义上看,是指企业用CRM来管理与客户之间的关系。CRM是选择和管理有价值客户及其关系的一种商业策略,CRM要求用以客户为中心的商业哲学和企业文化来支持有效的市场营销、销售与服务流程。如果企业拥有正确的领导、策略和企业文化,CRM应用将为企业实现有效的客户关系管理。

CRM的实施目标就是通过对企业业务流程的全面管理来降低企业成本,通过提供更快速和周到的优质服务来吸引和保持更多的客户。作为一种新型管理机制,CRM极大地改善了企业与客户之间的关系,实施于企业的市场营销、销售、服务与技术支持等与客户相关的领域。

综上,客户关系管理(CRM)有三层含义:体现为新态企业管理的指导思想和理念;是创新的企业管理模式和运营机制;是企业管理中信息技术、软硬件系统集成的管理方法和应用解决方案的总和。

CRM 的核心思想是:客户是企业的一项重要资产,客户关怀是 CRM 的中心,客户关怀的目的是与所选客户建立长期和有效的业务关系,在与客户的每一个"接触点"上都更加接近客户、了解客户,最大限度地增加利润和利润占有率。

CRM 的核心是客户价值管理,它将客户价值分为既成价值、潜在价值和模型价值,通过一对一营销原则,满足不同价值客户的个性化需求,提高客户忠诚度和保有率,实现客户价值持续贡献,从而全面提升企业盈利能力。

三 客户关系管理在实践中的误区

1 把 CRM 的实施看成是一个软件的引入

CRM 首先是个管理理念,同时 CRM 又是一种旨在改善企业与客户之间关系的需求,保证客户实现的终生价值。CRM 的实施是一项复杂的系统工程,需要各个企业根据具体情况实施,不同企业都有适合于自己的不同实施方法和实施步骤。

2 将呼叫中心等同于 CRM

很多厂商以为呼叫中心就是 CRM,建立呼叫中心采集客户信息,进行客户关怀和回访,就是 CRM 了,其实这是一个很大的误解。呼叫中心的核心在于降低成本,提高效率,而 CRM 的核心在于客户细分和客户价值定位。

3 在 CRM 管理上试图建立统一的客户战略

在不同的产品线、不同的销售区域和不同实力的经销商等角度,客户视图和客户流程是有差异的,因此客户战略也是有差异的。而有一些汽车厂商却试图通过 CRM 系统推广统一的流程,没有考虑到差异化的因素并预留个性化定制的空间。

四 客户关系管理在汽车行业的应用

综观国内汽车行业的 CRM,我们可以将汽车行业 CRM 应用分为四个层次,每个层次又因为不同的角色分为多种特色的实践,即使是同一层次同一角色也会因为具体的企业环境和管理因素而体现出不同的 CRM 需求。

1 第一层次——基于呼叫中心的客户服务

基于热线、销售咨询和品牌关怀等方面的动机,大部分汽车厂商都建立了呼叫中心系统作为客户服务中心的热线,部分有实力的经销商也建立了呼叫中心系统。

这一层次更多的还是被动式的服务和主动关怀的尝试,价值体现在节约成本,提高客户低层次的满意度上。

典型代表有:上海大众、一汽大众、神龙汽车、福田汽车、江铃汽车等。

2 第二层次——客户信息管理与流程管理

客户信息管理的重点对于整车厂商、经销商和零部件商是不同的,对于汽车行业的客户信息档案的采集分析,在三个不同角色的体现也是不同的,整车厂商更多的是已购车的客户信息,经销商更多的是潜在客户和意向客户的信息管理,零部件商更多关注的是维系维修客户的信息,因此,客户信息管理对于整个汽车行业价值链而言并非一个简单的事情。

流程管理主要分为销售流程、服务流程和关怀流程。在一个客户购买使用一辆车的前前后后,要经历整车厂商、经销商和维修服务商等多个流程,这些流程的标准化和规范化如何去体现,又是整个汽车行业价值链的一个关键问题。

这一层次上,很多整车厂商通过 ERP 系统和 DMS(经销商管理系统)来进行部分客户信息管理和交易流程的管理,但也有部分厂商部署了专业的 CRM 系统来管理客户信息,同时部分厂商的经销商体系也建立了 CRM 系统,比较整体地管理客户的信息。零部件厂商也开始关注客户信息和流程,通过 CRM 战略实现客户导向。

典型代表有:

整车厂商——上海通用、一汽大众、神龙汽车、东风襄樊旅行车等。

经销/维修服务体系——上海通用经销商(服务站)、一汽大众经销商(服务站)等。

零部件厂商——东风朝柴、东风康明斯发动机、江淮等。

3 第三层次——客户细分与客户价值、客户满意度与忠诚度

这一层次只有在第二层次完善和积累的基础上才有可能进行,因为对客户的细分和对细分之后的客户价值的定位,没有详细的客户信息和过程信息是不可能完成的。基于积累的真实有效的客户相关数据进行建模分析,细分客户群,并分辨客户细分群的不同价值,从而能够实现客户的差异化对待。

当竞争激烈的时候,如何吸引客户并持续消费,客户满意度就是一个重要因素,只有满意才能确保客户不流失。而当前的二手置换等服务使客户的转移成本降低,换新车不再是痛苦而有损失的事情,因此客户满意度与忠诚度必将成为汽车行业最关注的问题。

在这一层次,因为国内企业部署 CRM 的时间还比较短,所以只有像 2000 年就部署了 Siebel 系统的上海通用,在积累了多年的客户数据后能够开始部分分析和预测工作。

典型代表有:上海通用、上海大众等。

4 第四层次——企业价值链协同

在汽车行业的客户生命周期中,要经历汽车制造、新车经销商、汽车维护、二手置换、汽车贷款、汽车保险、装潢装饰、汽油消耗、汽车维修、备品备件、汽车租赁等多项服务。而这些服务,又是由整个汽车价值链中的不同角色分别承担,如何有效地管理整个客户的生命周

期,就意味着整个汽车行业的价值链内的相关企业要建立企业协同体系,有效地共享资源和管理资源。

整车厂商关注销售收入和收益,但是他们没有与客户直接接触的渠道,客户信息是他们的迫切需要。销售经销商在共享销售信息上就会体现出两种态度:一方面,乐于接受整车厂商通过其网站和其他媒介得到的销售线索和潜在客户信息,另一方面又不愿共享他们收集到的潜在客户信息。客户生命周期,跨越潜在客户、销售(经销商)、服务(维修商)、置换(中介/专卖店)、汽车金融(贷款、保险)多个价值链的环节,企业价值链的协同成为关键,信息共享的级别和权限尤为重要。

五、客户关系管理在实践中的不足

(1)忽视客户资料信息的建立和利用,未严格地执行客户回访制度,影响到与客户的各种情感服务。

(2)客户接待服务、对客户新车介绍的能力及新车交付质量等方面,令客户满意还有一定的差距。

(3)服务流程不能够适应CRM的需要。因为CRM是一个把企业包括市场、技术和服务支持、企业管理、内部财务制度等全部经营要素应用到能够提高客户满意上来,因此需要与CRM相关的部门进行协调,在共享服务信息的基础上,快速完整地处理客户需求。

(4)以客户为中心的观念停留于形式,服务观念还很淡泊,没有认识到CRM的重要性,认为CRM仅仅是一种技术,购买了一套CRM软件,构建一个平台,就认为CRM实施成功了。

(5)缺乏有效的客户价值管理方法,比如在汽车经销企业,他们也在努力区分客户价值,以期把最好的服务给予最有价值的客户,但区分的方法过于简单,并没有达到把最有效的服务提供给最有价值客户的目的。

(6)缺乏对客户信息的分析和挖掘。一些汽车服务企业可能通过实施CRM拥有了很多客户和潜在客户的资料,但绝大部分信息都处于闲置阶段,不能够对数据进行科学分析,也就不能制订科学的汽车客户服务计划。

六、客户关系管理对策研究

汽车客户服务指实行全方位覆盖客户购买要求的发展战略。客户有什么样的要求,就供给什么样的产品,提供什么样的服务。做到不断挖掘客户的需求,不断了解客户的满意度,并努力超越他们的期望。

建议:CRM在汽车服务行业中的实施,必须将客户为中心贯穿整个实施过程。

(1)完善客户资料信息,深度挖掘客户信息。组织专门人员来集中管理客户信息,保证客户关系管理的正常运作。

(2)要充分考虑客户信息的收集,利用在服务过程中收集到的各种潜在客户、现有客户的有效信息,建立一个客户资料库以及客户价值评估体系。

(3)在 CRM 系统掌有大量现有与潜在客户信息的基础上,对其进行分析,使得决策者所掌握的信息更全,从而作出相关的服务决策。

(4)要与客户建立一个统一的交流渠道,CRM 的实施要让客户通过互联网或者企业建立起来的呼叫中心与企业服务人员以及企业进行交流,而且确保这种交流是连贯的、方便客户的、有效的。

(5)让汽车服务企业各部门的员工都能共享客户信息,让服务人员掌握第一手客户信息,同时保证各个服务部门和 CRM 功能模块之间数据的连贯性。

(6)设立一个高效的 CRM 项目小组,负责监督整个项目的实施过程,并控制 CRM 的实施进度,同时与企业员工进行定期沟通,定期向领导汇报 CRM 实施情况。

(7)强化与 ERP 功能的集成。CRM 与 ERP 在财务、制造、库存、分销等联系起来,从而提供一个闭环的客户互动循环,这样还能使企业在系统间收集相关的商业情报。

第二节 客户开发与管理

一 客户开发与管理概述

1 什么是客户开发

客户开发工作是销售工作的第一步,通常来讲是业务人员通过市场调查初步了解市场和客户情况,对有实力和有意向的客户重点沟通,最终完成目标区域的客户开发计划。但以上只是一个企业客户开发工作的冰山一角,要成功做好企业的客户开发工作,企业需要从企业自身资源情况出发,了解竞争对手在客户方面的一些做法,制定适合企业的客户开发战略,再落实到销售一线人员客户开发执行,是一个庞大的系统工程。

2 客户开发的前提

客户开发的前提是确定目标市场,研究目标客户,从而制定客户开发市场营销策略。营销人员的首要任务是开发准客户,通过多种方法寻找准客户并对准客户进行资格鉴定,使企业的营销活动有明确的目标与方向,使潜在客户成为现实客户。

3 汽车企业可持续的竞争优势

在越来越激烈的市场竞争环境下,对于汽车销售服务企业来说,必须具备三个方面的优势才能保持自身的竞争力,即产品好、服务好、客户关系好(图5-1)。

4 客户开发与管理的漏斗原理

我们将客户的开发与管理比作一个漏斗来分析其过程(图5-2)。

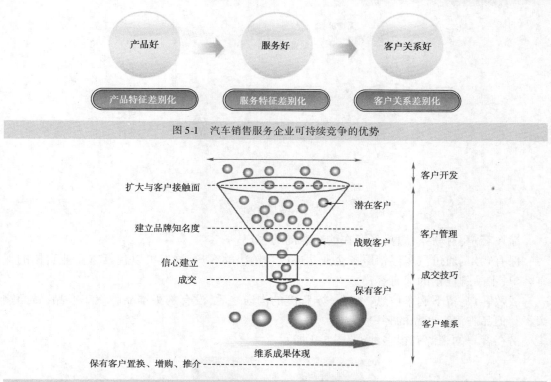

图 5-1　汽车销售服务企业可持续竞争的优势

图 5-2　客户开发与管理的漏斗原理

根据漏斗原理,我们所要做的就是扩大漏斗的上端,建立品牌知名度,扩大宣传,增加展厅客流量,提高留档客户的质量与数量;让漏斗变扁,积极缩短成交时间;扩大漏斗下口,争取更多的客户成交。

二、客户的分类

1 客户的购买周期

我们要对客户进行分类,先要从客户的角度分析客户的购买周期以及心理变化,然后才能准确判断客户处于哪个心理阶段,进而根据客户对车辆需求的急迫程度进行分类(图 5-3)。

客户在各个购买阶段的转变过程可以归纳为四个阶段,先产生注意,通过查阅产品资料、电话与经销商接触,然后通过分析产品给客户带来的益处而产生兴趣,再经过销售顾问的产品介绍、试乘试驾而产生购买愿望,最后经过协商,达成购买的行为。

2 客户的分类及定义

在不同的购买阶段,可以将客户分为潜在客户、保有客户和战败客户三类。

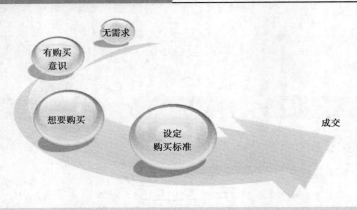

图 5-3　客户购买周期

潜在客户：有联系信息，且存在购车意向的客户。

保有客户：通过汽车经销服务企业达成成功销售的客户，这里可以包括本企业自销的保有客户、本品牌他销的保有客户。

战败客户：留下购车信息，经过一定程度的沟通之后，没有购买本品牌汽车产品，转而购买了其他品牌汽车产品的客户。

潜在客户的来源有很多种，如图 5-4 所示。

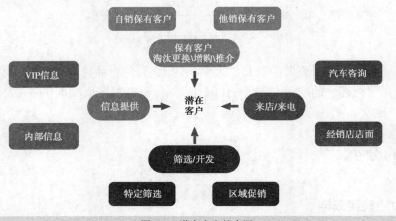

图 5-4　潜在客户的来源

3　客户分级

前面总结了构成销售的三个要素——信心、需求、购买力，三个要素同时具备时，才能完成销售。根据三个要素可以进行潜在客户的分级。

H 级潜在客户：信心 + 需求 + 购买力。

A 级潜在客户：信心 + 需求 + 购买力。

B 级潜在客户：需求 + 购买力。

C 级潜在客户：信心 + 购买力。

O 级潜在客户:订单客户。

其中 H 级和 A 级客户又是根据计划购买的时间进行分类,H 级的潜在客户相比 A 级潜在客户希望更快的拥有汽车产品。除这五个级别的客户意外,具有购买能力、准备购买但尚未接触你的企业所经营的品牌的客户都将是你的潜在客户。

4 客户级别的判定与跟踪

客户级别判定的依据:从时间判断,可以根据客户首次留下可联系信息到下订单的时间段以及从跟踪回访的时间起到客户下订单的时间段的长短进行判断;从现象判断,按照地区法规、生活习惯并结合时间段来判断;从销售顾问在客户接待中需求分析的深层次分析来判断(表5-1)。

客户级别判定　　　　　　　　　　　　　　　　表 5-1

级　别	确度判别基准	购 买 周 期	客户跟踪频率
O 级（订单）	购买合同已签 全款已交但未提车 已收订金	预收订金	至少每周一次维系访问
H 级	车型、车色、型号已选定 已提供付款方式及交车日期 分期手续进行中 二手车置换进行处理中	7 日内成交	至少每两日一次维系访问
A 级	车型、车色、型号已选定 商谈付款方式及交车日期 商谈分期付款手续 要求协助处理旧车	7 日以上～15 日以内成交	至少每四日一次维系访问
B 级	已谈判购车条件 购车时间已确定 选定下次商谈日期 再次来看展示车辆 要求协助处理旧车	15 日以上～一个月内成交	至少每周一次维系访问
C 级	购车时间模糊 要求协助处理旧车	一个月以上时间成交	至少每半个月一次维系访问

5 各类客户跟进措施

根据不同的客户,销售顾问必须采用不同的跟进措施(表5-2)。

各类客户的跟进措施及工作内容　　　　　　　　　　　　　表 5-2

描　述	目标对象	工作内容	
相关服务手续工作	已成交客户	车款作业 领牌作业 保险作业	备件工作 交车作业

续上表

描 述	目标对象	工作内容	
销售促进措施	H、A、B级潜在客户	强化商品信心 购买抗拒处理 疑问的答疑	促进成交 购车流程说明 购车需求分析
客户维护	VIP 保有客户 战败客户	提供相关产品 提供相关活动咨询 维护客户关系 宣传售后服务	
客户开发	C级潜在客户	帮助树立品牌信心 介绍汽车产品卖点 销售顾问自我介绍 搜集整理客户资料 对有望购车者,商定下次来访时间	

三 潜在客户开发流程

通过制定潜在客户开发的有效流程,可以提高客户的开发程序性和时效性,潜在客户开发的流程如图5-5所示。

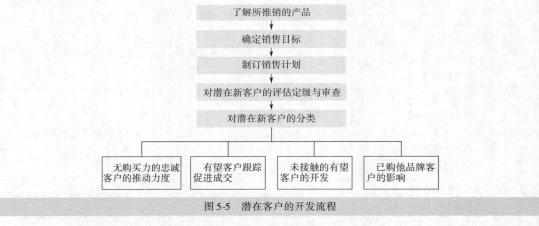

图5-5 潜在客户的开发流程

对自己所销售的汽车产品的熟知是一切销售计划的开始,然后对所有客户进行有效的分类,再根据不同的客户制订不同的销售计划。

四 保有客户的管理

1 新客户与保有客户对比

有调查表明,维系保有客户的成本是开发新客户成本的1/6,保有客户和开发新客户的差异见表5-3。

新客户与保有客户对比　　　　　　　　　　　　表 5-3

比较项目	新客户	保有客户
满意度	不确定	高
忠诚度	低	高
信用度	待确定	已确定
信任度	低	高
劳务量	高	低
成交时间	长	短
销售利益	少	多

❷ 保有客户维系管理的目的和意义

保有客户的良好管理能够为企业和个人创造利润。保有客户的维系管理，能够在客户身上产生"化学连锁反应"，客户会告诉身边的人自己的购车体验，宣传销售顾问和汽车销售服务企业；保有客户也存在车辆的更换，也是潜在客户的一部分；保有客户会来店进行维修、美容等业务，为汽车销售服务企业继续创造利润。

保有客户的管理要求建立完善的客户信息，以便后续有效追踪；有系统、有重点、有次序地追踪客户；适时地给客户提供信息和帮助；在合适的时机与客户保持联系；避免遗忘对重要客户的追踪；提高销售顾问的工作效率和最终成交率。

❸ 保有客户管理原则

保有客户属于公司的财产而非销售顾问的个人财产，因此要将销售顾问个人资源转换为经销商的资源；保有客户的资料要经常更新、定期盘点，确保资料的正确性；保有客户的维系是有周期性的，不同阶段要有不同的维系方式，主要是以客户关怀和客户提醒为目的。

❹ 保有客户的维系回访

对保有客户的维系，主要是根据销售顾问收集的客户信息，在特定的时间对客户进行回访（表 5-4）。

保有客户的回访　　　　　　　　　　　　表 5-4

类　型	回访内容
即时回访	祝贺购买汽车产品，在客户最高兴的时刻予以回访，增进经销店与客户之间关系； 对购买汽车产品的客户致谢，建立经销商与客户之间的感情联络； 在客户购买后 2 天内必须进行回访
7 天回访	对购买汽车产品的客户致谢，建立经销商与客户之间的感情联络； 及时把握客户在最初使用阶段对汽车产品的反馈信息； 宣传售后服务、进行首保提醒； 请求车主推荐亲朋好友购买

续上表

类　型	回访内容
1个月回访	了解汽车产品使用情况； 宣传售后服务、进行首保提醒； 请求车主推荐亲朋好友购买
每3个月定期回访	问候车主、了解汽车产品使用情况； 提醒车主5000~7500km免费维护及定期维护； 协助解决车主使用汽车产品中存在的问题； 推荐精品装饰、零配件等
12个月、24个月定期回访	问候车主、了解汽车产品使用情况； 请求车主续保、提醒车主年检事宜； 协助解决车主使用汽车产品中存在的问题； 推荐精品装饰、零配件等； 请求车主推荐亲朋好友购买
36个月、48个月、60个月定期回访	问候车主、了解汽车产品使用情况； 请求车主续保、提醒车主年检事宜； 协助解决车主使用汽车产品中存在的问题； 引导车主换购车型； 推荐精品装饰、零配件等； 请求车主推荐亲朋好友购买

五 客户管理流程及工具

无论是潜在客户、战败客户还是保有客户，都需要我们进行有效的管理，才能使销售工作更具时效性，客户管理流程如图5-6所示。

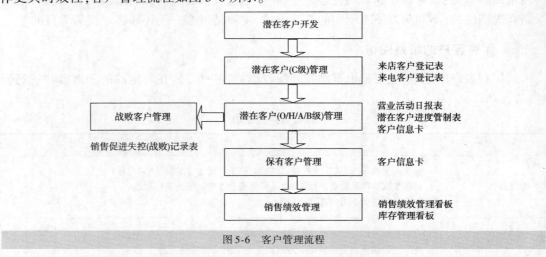

图5-6　客户管理流程

每个品牌的汽车经销企业都有自己记录、收集客户信息的表格、单据或软件，我们以其中两个为例进行学习。

(1)来电客户登记表(表5-5)。

来电客户登记表　　　　　　　　　　　　　　　　　　表5-5

来电客户登记表

年　　月　　日

序号	客户姓名	电话	地址	想购车型	想购车色	商谈内容	意向确定	销售顾问	渠道
1									
2									
3									
4									
5									
6									
7									
8									
9									
10									
11									
12									
13									
14									
15									
16									
17									
18									
19									
20									

(2)客户A-C卡登记表(表5-6)。

客户A-C卡登记表　　　　　　　　　　　　　　　　　表5-6

A卡 ⇨ C卡　　　　　建档日期____年____月____日
销售人员姓名：

预计购买日		A.一个月内	B.三个月内	C.六个月内	意向车型		新购/换车/增购	
个人	姓名		男/女	年 月 日生	公司(行业)			
	住址		电话		决策者			
公司	公司名			负责人			电话	
	地址			电话(公司)			行业	
	联系人		电话	总保有台数	丰田 台、其他品牌 台,合计 台			
来店契机		①平日来店;②来电;③店头/店外展示;④他销客户;⑤DM;⑥DH;⑦访问;⑧广告宣传等;⑨自销客户;⑩介绍						
合适面谈时间		星期____ ____时(AM/PM)店头/私宅/公司			竞争车型		竞争店	
家庭成员及兴趣爱好					介绍人/关系			

续上表

购入车种		车牌号		上牌时间		支付方法		现金/贷款（　　期）银行名	
替换车种(车型)		车牌号		使用年数		行驶里程	km	新/二手车	
共有车型	车名	使用月数	经销店	保险公司	车牌号	备注(其他事项)			

第三节　客户关系管理系统

一、客户关系管理系统概述

CRM（Customer Relationship Management）客户关系管理是一种以"客户关系一对一理论"为基础，旨在改善企业与客户之间关系的新型管理机制。

客户关系管理系统（CRM）可以利用信息科学技术，实现市场营销、销售、服务等活动自动化，是企业能更高效地为客户提供满意、周到的服务，以提高客户满意度、忠诚度为目的的一种管理经营方式。客户关系管理既是一种管理理念，又是一种软件技术。以客户为中心的管理理念是CRM实施的基础。

CRM系统的宗旨是：为了满足每个客户的特殊需求，同每个客户建立联系，通过同客户的联系来了解客户的不同需求，并在此基础上进行"一对一"个性化服务。通常CRM包括销售管理、市场营销管理、客户服务系统以及呼叫中心等方面。

"以客户为中心"，提高客户满意度，培养、维持客户忠诚度，在今天这个电子商务时代显得日益重要。客户关系管理正是改善企业与客户之间关系的新型管理机制，越来越多的企业运用CRM来增加收入、优化盈利性，从而提高客户满意度。

二、汽车销售客户关系管理系统

汽车销售客户关系管理系统是对汽车行业的经营特点及行业发展需求，专门为汽车行业经营管理量身定做的管理系统，主要是对潜在客户跟踪促进，系统集客户登记、客户审核、客户回访、确认客户购车成功/失败等功能模块为一体，可随时查看今日成功客户、今日失败客户、今日咨询客户、今日需回访客户等情况，使销售顾问对本店的业务经营了如指掌。

三、汽车销售客户关系管理系统功能

1 输入记录功能

汽车销售客户关系管理系统提供了对客户级别、信息来源、竞品车型、车辆颜色、从事行业、购车形态、购车预期、关注点、衣着打扮、交通方式、购车用途、欲购车型、参考竞品、客户登记、客户审核、客户回访等的模式录入和表格界面录入,可使售车顾问全面记录掌握客户信息。

2 查询提醒功能

在与客户的接触、进行销售及对其回访的过程中,随时查看客户的信息及销售进度等信息,定时提醒每日、每周、每月需要回访、电话联系的客户,帮助销售顾问完成工作任务。

3 报表分析功能

对所有人员录入的信息进行分析,形成报表,时刻了解汽车销售服务企业情况、客户流量情况、客户分类、销售计划,并进行分析,形成数据图。

四、系统界面举例

不同品牌、不同地区的汽车销售服务企业都有各自的一套客户关系管理系统,功能上都包含客户的信息记录、客户跟踪提醒、销售计划、数据分析、资料查询、资源共享等内容,我们以一些操作界面进行举例学习。

(1)系统登录界面(图5-7)。

图5-7　客户关系管理系统登录界面

(2)基础信息录入界面(图5-8)。

图5-8　客户关系管理系统基础信息录入

(3)业务管理界面(图5-9)。

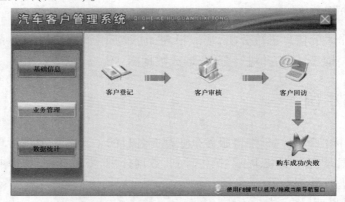

图5-9　汽车销售客户关系管理系统业务管理

(4)数据统计界面(图5-10)。

图5-10　汽车销售客户关系管理系统数据统计

(5) 客户信息登记界面(图 5-11)。

图 5-11　客户信息登记界面

对汽车销售客户关系管理系统的有效利用，可以大大加强我们销售工作的条理性、时效性，方便我们对客户的管理以及对自身工作的日常管理，进而提升了我们的工作效率、工作质量和销售水平，能够最大限度地促进我们销售工作的最终达成。从企业角度来看，客户关系管理系统的应用提升了企业收集、认识客户的能力，缩减了销售成本以及销售管理成本，提升了新、老客户的满意度和忠诚度，扩大了企业利润，使企业的管理更加科学、有效。

知识拓展：客户开发实例

假设你接到这样一个任务，在一家超市推销一瓶红酒，时间是一天，你认为自己有能力做到吗？你可能会说："小菜一碟。"那么，再给你一个新任务，推销汽车，一天一辆，你做得到吗？你也许会说："那就不一定了。"

如果是连续多年都是每天卖出一辆汽车呢？您肯定会说："不可能，没人做得到。"可是，世界上就有人做得到，这个人在 15 年的汽车推销生涯中总共卖出了 13001 辆汽车，平均每天销售 6 辆，而且全部是一对一销售给个人的。他也因此创造了吉尼斯汽车销售的世界纪录，同时获得了"世界上最伟大推销员"的称号，这个人就是乔·吉拉德先生。

那么乔·吉拉德的销售秘诀是什么呢？我们来看看其中关于客户开发的几条。

(1) 名片满天飞——向每一个人推销。每一个人都使用名片，但乔的做法与众不同：他到处递送名片，在餐馆就餐付账时，他要把名片夹在账单中；在运动场上，他把名片大把地抛向空中；在打公用电话时，他把名片留在电话机上。名片漫天飞舞，就像雪花一样，飘散在运动场的每一个角落。你可能对这种做法感到奇怪。但乔认为，这种做法帮他做成了一笔笔生意。

乔认为，每一位推销员都应设法让更多的人知道他是干什么的，销售的是什么产品。这样,当他们需要他的产品时,就会想到他。乔抛散名片是一件非同寻常的事,人们不会忘记这种事。

当人们买汽车时,自然会想起那个抛散名片的推销员,想起名片上的名字——乔·吉拉德。同时,要点还在于,有人就有客户,如果你让他们知道你在哪里,你卖的是什么,你就有可能拥有得到更多生意的机会。

(2) 建立客户档案——更多地了解客户。乔说:"不论你推销的是任何东西,最有效的办法就是让客户相信——真心相信——你喜欢他,关心他。"如果客户对你抱有好感,你成交的希望就增加了。要使客户相信你喜欢他、关心他,那你就必须了解客户,搜集客户的各种有关资料。

乔中肯地指出:"如果你想要把东西卖给某人,你就应该尽自己的力量去搜集他与你生意有关的情报。不论你推销的是什么东西。如果你每天肯花一点时间来了解自己的客户,做好准备,铺平道路,那么,你就不愁没有自己的客户。"

刚开始工作时,乔将搜集到的客户资料写在纸上,塞进抽屉里。后来,有几次因为缺乏整理而忘记追踪某一位准客户,他开始意识到自己动手建立客户档案的重要性。他去文具店买了日记本和一个小小的卡片档案夹,把原来写在纸片上的资料全部做成记录,建立起了他的客户档案。乔认为,推销员应该像一台机器,具有录音机和电脑的功能,在和客户交往过程中,将客户所说的有用情况都记录下来,从中把握一些有用的材料。乔说:"在建立自己的卡片档案时,你要记下有关客户和潜在客户的所有资料,他们的孩子、嗜好、学历、职务、成就、旅行过的地方、年龄、文化背景及其他任何与他们有关的事情,这些都是有用的推销情报。"

所有这些资料都可以帮助你接近客户,使你能够有效地跟客户讨论问题,谈论他们自己感兴趣的话题,有了这些材料,你就会知道他们喜欢什么、不喜欢什么,你可以让他们高谈阔论,兴高采烈,手舞足蹈。只要你有办法使客户心情舒畅,他们不会让你大失所望。

(3) 猎犬计划——让客户帮助你寻找客户。乔认为,干推销这一行,需要别人的帮助。乔的很多生意都是由"猎犬"(那些会让别人到他那里买东西的客户)帮助的结果。乔的一句名言就是"买过我汽车的客户都会帮我推销"。

在生意成交之后,乔总会把一叠名片和猎犬计划的说明书交给购车客户。说明书告诉购车客户,如果他介绍别人来买车,成交之后,每辆车他会得到25美元的酬劳。

几天之后,乔会寄给客户感谢卡和一叠名片,以后至少每年他会收到乔的一封附有猎犬计划的信件,提醒他乔的承诺仍然有效。如果乔发现客户是一位领导人物,其他人会听他的话,那么,乔会更加努力促成交易并设法让其成为猎犬。实施猎犬计划的关键是守信用——一定要付给客户25美元。乔的原则是:宁可错付50个人,也不要漏掉一个该付的人。猎犬计划使乔的收益很大。

1976年,猎犬计划为乔带来了150笔生意,约占总交易额的三分之一。乔付出了1400美元的猎犬费用,收获了75000美元的佣金。

在竞争激烈的市场中,能否通过有效的方法获取客户资源往往是企业成败的关键。况且客户越来越明白如何满足自己的需要和维系自己的利益,客户是很难轻易获得与保持的。因此,加强客户开发管理对企业的发展至关重要。

第六章 汽车销售顾问的自我管理与提升

学习目标

通过本章的学习,你应能:
1. 叙述职业道德的基本内容;
2. 掌握汽车销售顾问应该遵守的职业道德;
3. 正确执行汽车销售顾问的自我管理;
4. 叙述职业规划的基本概念;
5. 正确运用职业规划的简单步骤和原则,进行职业规划。

第一节 汽车销售顾问的职业道德

1 职业的概念

人们参与社会分工,利用专门的知识和技能,为社会创造财富,获得合理报酬,以满足物质生活和精神生活,这样的社会工作就是职业。

2 道德的概念

道德一词,最早见于老子《道德经》一书。"道生之,德蓄之;物形之,势成之;是以万物莫不尊道而贵德。道之尊,德之贵;夫莫之命而常自然。"行于万物为"道",通于天地为"德"。

"道"是自然运行和人世共通的真理,而"德"则是品行、德性。形象的比喻道为"路",德为"车"。"道德"合在一起,则为调节人同人及人同社会之间行为规范的总和。

3 职业道德的定义

职业道德就是指同人们的职业活动紧密联系的道德准则、道德情操、道德品质的总和。

4 职业道德的内容

（1）爱岗敬业。爱岗敬业是个人生存和发展的需要,是社会存在和进步的需要。爱岗敬业的表现:守业和乐业,守业是责任、乐业是境界;岗位成才、岗位建功、岗位创新;认真做事、用心做事。

（2）诚实守信。诚实守信是为人之本,立业之要。人不诚,业不兴,家不旺,国不强;诚者,天之道,思诚者,人之道也。诚实守信表现为:真诚对别人,求实做自己;修合无人见,存心有天知。

（3）遵纪守法。没有规矩不成方圆,法纪就是国家的规矩。遵纪守法是一种自我约束;遵纪守法是从"自律"到"自觉";遵纪守法就是踩制动,善于踩制动,驰骋千里;不踩制动,滑进监狱;法纪无时不在,无处不在。

（4）团结互助。互助是人的属性,没有互助,就没有人类,就没有现代文明。团结互助要从点滴做起、从自己做起;团结互助的基础是包容;团结互助无处不在,无时不有。快乐是生命的理由,互助是快乐的根源。

（5）文明礼貌。文明礼貌是中华民族的传统美德,是和谐社会的重要特征,是人类社会追求的最高状态。广义的文明是:物质文明、精神文明、制度文明、社会文明(经济高度发达,社会公平正义,个人全面发展)。狭义的文明是:言谈举止、举手顿足。文明礼貌表现为:家庭文明,职业文明,社会文明。

5 职业道德的意义

职业道德不仅是从业人员在职业活动中的行为标准和要求,而且是本行业对社会所承担的道德责任和义务。职业道德是社会道德在职业生活中的具体化,无论从事什么样的职业都应该有良好的职业道德,俗语说:"要做生意,就要先做人"。德才兼备才是真正的人才,否则再有才能也是枉然,没有发挥的空间。良好的职业道德有利于促进个人、企业、社会的共同发展。

6 汽车销售顾问的职业道德

作为一名汽车销售顾问,必须具有高尚的品质和情操,诚实严谨、恪尽职守的态度,廉洁奉公、公道正派的作风。其原因是,汽车这种产品的价值很高,并且是一件复杂产品,如果汽车销售顾问欺骗客户,客户会受到较大的损失,同时还可能给汽车销售商带来更多的经济损失(图6-1)。因为汽车销售顾问的一言一行、一举一动都代表着企业,企业的形象则是靠汽车销售顾问来向社会大众展示的,所以也可以说汽车销售顾问是一个企业的外交官,我们不仅销售的是汽车,我们推销出去的更是个人形象、企业形象、品牌形象。

汽车销售顾问的职业道德内容包括礼貌的接待、真诚的沟通、周到的服务、专业的知识、过硬的产品、合理的推荐、善待投诉等。下面我们共同学习《上海市汽车销售行业协会章程》中制定的上海市汽车销售行业销售人员职业道德规范,其他各地汽车销售人员可以参照学习。

图6-1 职业道德与利益的权衡

第一条　总　　则

为维护上海市汽车销售行业销售人员的职业声誉,全面提高汽车销售员工队伍的道德水准,规范汽车销售人员的销售行为,保障汽车销售人员切实履行对国家和消费者所承担的责任和义务,依据有关法律和《上海市汽车销售行业协会章程》,特制定上海市汽车销售行业销售人员职业道德规范。

一、遵守法律法规,执行规章制度。

二、掌握汽车销售技能,规范汽车销售行为。

三、做好汽车销售业务,严禁损企利己。

四、注重文明经商,诚信对待客户。

五、构建和谐关系,融入企业氛围。

第二条　汽车销售人员职业道德规范内涵

一、遵守法律法规:遵纪守法,维护公德,陶冶品行,注重修养,珍视汽车销售人员职业声誉。执行规章制度:服从分配,令行禁止,忠于职守,工作有序,维护企业文化和形象。

二、掌握汽车销售技能:科学求真,业精技强,开拓客户,建档回访,注重售前、售中、售后服务。规范汽车销售行为:诚实守信,履行合同,同行互助,公平竞争,共同提高汽车销售服务水平。

三、做好汽车销售业务:依法经营,服务到位,拓展思路,高效务实,努力完成企业各项指标。严禁损企利己:尊重企业,维护商誉,秉公办事,不谋私利,抵制有损企业利益的行为。

四、注重文明经商:仪表端庄,言语文雅,态度诚恳,讲究卫生,以真诚的态度接待客户。诚信对待客户:严谨求实,认真对待,热情服务,客户至上,提供周到和细致的汽车销售服务。

五、构建和谐关系:诚信友爱,和睦相处,相互协调,团队合作,融入企业凝聚力工程建设。融入企业氛围:爱岗敬业,尽心尽责,审视自我,参与管理,做个称职的汽车销售人员。

第三条　实施范围和操作办法

一、本规范适用于上海市汽车销售行业中的所有销售人员,售后服务人员、上牌服务人员可参照本规范执行。

二、对于违反本规范的汽车销售人员及服务人员,由其所在单位予以处理,处理意见报市汽车销售协会备案。

三、对于多次及严重违反本规范的汽车销售人员,市汽车销售协会经调查核实后,除企业合理处置外,并在协会的有关宣传平台上进行汽车销售行业的内部通报。

四、本规范实施后,要对行业内汽车销售人员进行培训发证,创造条件建立个人档案和人才交流数据库。

五、各汽车销售企业可以根据本规范制定实施细则。

第四条　附　则

一、本规范经上海市汽车销售行业协会理事会通过,在本市全行业试行。

二、本规范由上海市汽车销售行业协会负责解释。

三、本规范自发布之日起试行。

7 职业道德修养

职业道德修养是指从事各种职业活动的人员,按照职业道德基本原则和规范,在职业活动中所进行的自我教育、自我改造、自我完善;使自己形成良好的职业道德品质,达到一定的职业道德境界。

培养正确的职业道德修养的途径:正确的世界观、人生观、价值观是具有良好职业道德修养的前提;良好的习惯是职业道德修养的帮手,有什么样的习惯,就有什么样的人生;学习先进人物的优秀品质,不断激励自己,择善人而交,择善书而读,择善言而听,择善行而从。

第二节　汽车销售顾问的自我管理与成长

彼得·杜拉克说过:有伟大成就的人,向来善于自我管理,然而,这些人毕竟是凤毛麟角。但在当今社会,即使是资质平庸的人,也必须学习自我管理。汽车销售是一项充满压力和挫折的工作,销售人员要善于提高自己的自我管理能力、抗压能力和抗挫折能力以及对各种工作状况的应变适应能力。只有良好的自我管理,才能成就成功的事业。

一　自我管理的观念

下面我们先通过两个案例,来分析自我管理的重要性。

案例一:小玉早上慌慌张张赶到了公司,没有吃早饭还差点迟到,真险!早会上,小玉打开提包,突然发现里面只装了一个化妆袋,《工作笔记》和手机都忘在家里了,真糟糕!回不回去拿呢?小玉想来想去,最后还是决定今天就这样将就了。早会结束了,正好这时小玉的一个最要好的朋友打公司办公电话找小玉,说商场有很多衣服在做打折的活动,让小玉陪着逛街。就这样,小玉忍不住答应了邀请。小玉告诉主管,有一个重要的客户要去拜访,就走了……过了半年,小玉就辞职了。

提问:

(1)请问在小玉身上有没有你的影子?

(2) 你觉得这样的工作态度缺乏什么?
(3) 这样的工作能取得成功吗?

案例二:小任听到闹钟响,赶紧起床梳洗,按老习惯把家里人的早餐做了,吃了些东西,又回忆了一下昨晚是否把今天需要的东西都装好了,然后匆匆出了门。早会上,在主管的帮助下,小任又把昨晚填写好的《工作日志》拿出来,对全天的拜访计划做了一个周全的安排。早会一结束,小任首先拜访已约好的城南方向的第一个客户,看看地图,小任坐上了22路公共汽车,在车上,小任又想象了去见城南方向的另外几个客户可能出现的问题以及应对措施。小任的第一个客户在听完她介绍后,决定在下周一签单。小任按计划赶到第二个客户那儿,这是上周已经约好签单的客户,很快,小任签好了这份单子,在恭喜客户的同时,小任也在心里为自己祝贺。看看时间,已到午餐时间了,小任打电话约第三个客户出来共进午餐,可是这位客户临时有事,不能来。小任简单吃过午饭,又开始整理下午的拜访思路。中午还有一些时间,小任决定去见见她的一位老同学,看她现在过得如何,如果可能就把她也叫来和自己一起干。于是,小任接通了同学的电话……

两年后,小任已是全系统闻名的优秀部门经理。

提问:
(1) 小任与小玉相比有哪些优势?
(2) 这些优势给她带来了什么?
(3) 我们从小任身上可以学习哪些经验?

自我管理又称自我控制,是利用个人内在的力量改变行为的策略,普遍运用在减少不良行为以及增加优良行为的出现。自我管理注重的是一个人的自我教导及约束的力量,即行为的制约是通过内控的力量,而非传统的外控力量。成功的公式如图6-2所示。

管理不仅包括管理你的外在,更应该真正地把你的内在管理好(图6-3)。要想成为一个业绩最好的销售顾问,成为销售团队里最优秀的一位,必须克服自己的缺点,养成良好的习惯。随着经济的发展,各行各业都在不断地发展,市场的竞争也越来越激烈,个人与个人之间、企业与企业之间、品牌与品牌之间都存在着竞争,可以说,社会发展到今天,竞争无处不在。对于企业而言,企业之间的竞争不仅仅只在于单纯的市场地位竞争和利益的竞争,更主要的是人才的竞争。但是,在现今的大部分企业中,许多员工都对自己不负责,在工作中粗心大意、投机取巧、眼高手低,不按照公司的制度去执行。所以,现在的企业和个人面临的最重要的挑战之一便是自我管理。个人通过对自我的管理能够从意识和能力方面使自身变得更加完善,成为真正的企业需求型人才,从而实现自身和企业的共同发展。

图6-2 成功的公式

图6-3 自我管理的方向

汽车销售顾问工作中的自我管理

1 办公室规定

办公室内严禁吸烟、阅读报纸杂志和闲聊。汽车销售顾问的工作性质比较特殊,涉及大量的客户接待工作,有时候客户给销售顾问香烟,是一种信任的交流,销售顾问在应酬客户、工作需要的前提下可以在展厅内吸烟。其他时间如果企业员工有吸烟的需求,需要到指定地点,并尽量忍耐。

1 值得注意的办公细节

（1）进入他人办公室时,必须先敲门,再进入;已开门或没有门的情况下,应先打招呼,如"您好""打扰一下"等词语后,获得允许,再进入。

（2）传话时不可交头接耳,应使用记事便签传话;传话给客户时,不要直接说出来,而是应将事情要点转告客户,由客户与待传话者直接联系;退出时,按照上司、客户的顺序打招呼退出。

（3）会谈中途上司到来的情况,必须起立,将上司介绍给客户;向上司简单汇报一下会谈的内容,然后重新开始会谈。

2 办公秩序

（1）上班前的准备。上班前应充分计算时间,以保证准时出勤,作为一名社会人,一名有素质的汽车销售顾问,应以文明行为出现于社会、公司;如有可能发生缺勤、迟到等现象时,应提前通知领导(最好提前一天);计划好一天的工作内容。

（2）工作时间。在办公室不要私下议论、窃窃私语;办公台上应保持清洁和办公用品的整齐;以饱满的工作态度投入到一天的工作中;离开座位时,将去处、时间及办事内容写在留言条上,以便他人安排工作(离开座位前应将机密文件、票据、现金和贵重物品存放好);离开座位时,将办公台面整理好,椅子放回办公台下。

在走廊、楼梯、电梯间走路时,要舒展肩背,不要弯腰、驼背;有急事也不要跑步,可快步行走;按照右侧通行的原则,如在反方行走遇到迎面来人时,应主动让路;遇到客户找不到想要去的部门时,应主动为其指路;在电梯内为客户提供正确引导。

3 午餐

午餐时间为 12:00 ~ 13:30(具体按照各自规定执行);不得提前下班就餐;在食堂内,要礼让,排队有秩序;饭菜不浪费,注意节约;用餐后,保持座位清洁。

4 在洗手间、茶水间、休息室

上班前、午餐后等人多的时间,注意不要影响他人,要相互礼让;洗面台使用后,应保持清洁;不要忘记关闭洗手间、茶水间的水龙头,以避免浪费,如发现没有关闭的水龙头,应主动关好;注意保持洗手间、茶水间、休息室的清洁、卫生。

❺ 下班

下班前将第二天待处理的工作记录下来,以方便第二天工作;整理好办公台上的物品、文件(机密文件、票据和贵重物品要存放好);离开公司后,每个人都要记住自己是一位有素质的汽车销售顾问,出去的一言一行,代表着汽车销售企业的形象。

❷ 建立良好的人际关系

同事之间应建立良好的人际关系,这是正常、顺利工作的基本保证,因此,我们需要注意以下几点。

(1)守时守约。一个不遵守时间和遵守约定的人,往往不被他人所信任。
(2)尊重上级和老同事,与上级和老同事讲话时,应有分寸,不可过分随意。
(3)公私分明。上班时严禁接听私人电话,也不可将公共财物据为己有或带回家中使用。
(4)加强沟通、交流。工作要积极主动,同事之间要互通有无、相互配合。
(5)不回避责任。犯错误时,应主动承认,积极改正,不可回避责任,相互推诿。
(6)态度认真。过失往往是由于准备、思考不充分而引起的,如有难以把握的地方应对其再次确认检查。

❸ 做一名被上级信赖的部下

(1)把握上、下级的关系。公司的正常运转是通过上传下达、令行禁止维持的,上、下级要保持正常的领导与被领导关系。
(2)不明之处应听从上级指示。在工作中如遇到不能处理、难以判断的事情,应主动向上级汇报,听从指示。
(3)不与上级争辩。上级布置工作时,应采取谦虚的态度,认真听讲。
(4)听取忠告。听取忠告可增进彼此信赖。
(5)不应背后议论他人。背后议论他人表明自身的人格低下,是可耻的行为。

❹ 发扬团队精神

汽车销售事业能够得以顺利的发展,不只是靠每位员工的个人努力和奋斗,还靠的是集体力量。充分发扬团队精神,相互配合,相互支援,对公司的发展具有极其重要的意义(图6-4)。

在整个销售团队中,你应该谨记以下几点:问候时要热情、真诚;回答时要清晰、明了;处理事情时要正确、迅速;办公时要公私分明;听取上级意见比自己的判断更为重要;上级布置、下达命令前,应争取主动。

三 汽车销售顾问常用的自我管理办法

汽车销售工作是一项目标明确、富有挑战的工作;销售顾问是一个竞争激烈,专业性很强的职业。汽车销售顾问的工作性质、工作环境、工作内容,都决定了其对于自身的管理尤其重要,以下几个方面是汽车销售顾问进行自我管理的常用方法。

图6-4 团队精神

1 时间管理

美国一家调查机构充分的分析了一个人一生之中真正能运用到工作中的时间之有3.3年,当然因为行业不同、个人不同,分析有些苛求,但是细想不无道理,这足可证明我们创造事业能够利用的时间并不多。我们每个人都应该好好思考一下,应该如何管理时间,有哪些事情浪费了我们的时间,如何避免浪费时间。时光如梭、人生有涯,我们不能在时光流逝之后,才去感叹后悔,而是要把握现在,用有限的时间去实现更多的梦想。人生太短,只争朝夕,时间是稀有资源,稍纵即逝,一个人的成就有多大,完全取决于他怎样利用自己的每一分钟时间。不会管理时间的人,只能被时间管理,最后也只能碌碌无为。

有效管理时间的技巧:制订长期计划并编写"每日必作表";避开工作对象的繁忙工作时间;时间立体支配;养成使用备忘录、通信工具、交通工具等减少时间浪费的习惯;借鉴他人的成功经验;养成回避干扰的能力;立即行动,完成即止;善用工作记录对每一项工作的时间支配情况进行检查改善。

2 心态管理

好的心态决定好的事业。面对同样的工作环境,积极的和消极的两种心态带来的结果是截然不同的。一个不成功的销售顾问,跟不良的心态有很大的关系。心态管理在销售中的重要性如图6-5所示。调整好心态将会使自己乐观、自信;相反,心态调整不好,就很容易产生悲观、失望的情绪。销售顾问面对的情况是多变且复杂的,我们必须自己善于管理心态,才能有好的心态与他人沟通。

培养良好心态的方法:看到自己的优点;常想一想世上还有很多不幸的人;自我反省总结;主动迎接挑战;目标提示;客观面对现实,越挫越勇;励志书籍;找人分担,与乐观者交往;从事有益的娱乐活动;多听音乐。

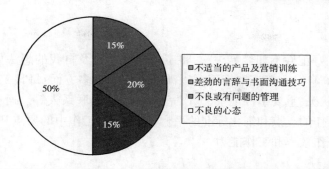

图 6-5　心态管理在销售中的重要性

警惕心态"杀手":傲慢自大,不可一世;鲁莽草率,任意行事;自私自利,牺牲别人;懒惰怠慢,不思进取;轻率寡信,过度承诺;急功近利,回避过失;孤芳自赏,远离团队;缺少宽容,苛求他人。

3　目标管理

每个销售顾问都会有销售任务和销售目标,每个人也都有自己的个人目标,而目标也分为短期目标和长期目标。目标的确立可以指明我们的工作方向,减少工作中不必要的弯路。有的人追求薪水的满足,有的人追求职位的提升,有的人追求自我的升华,但不管怎样,目标管理的第一步是确立目标,不能盲目追求目标的最大化,要认真地考虑目标的可行性、可操作性、挑战性以及期限性等。

目标管理计划的执行步骤如图 6-6 所示。

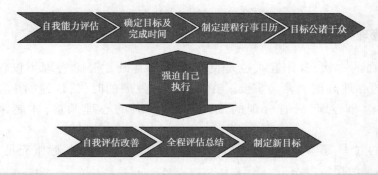

图 6-6　目标管理计划的执行步骤

目标管理的注意事项:确定目标的可行性;区分近、中、远期目标;切记莫把贪欲当目标;必须具备实用性;制定具体作业方式;确定操作进程;一定要努力、坚持;进行自我跟踪评估。

4　销售管理

销售管理承载着销售顾问的工作核心,涵盖了销售顾问所有自我管理与工作管理的综合要素:市场管理、客户管理、财务管理、自我检查、公共关系、目标量的设定、目标达成计划等。

5 笔记本管理

俗话说得好,"好记性不如烂笔头"。将工作中的重点及自我的想法如实准确地记录下来,才能有效地提高自己。笔记本管理可以涉及工作的很多方面:每日工作总结、第二天工作计划、财务支出状况、重要事件记录、工作完成计划、重要联系人等。通过笔记本管理可以给自己一个平衡工作的支点和细化标准的平台,随时记录工作中的要点和实践经验,可以迅速地提高自己的工作效率和工作能力。

6 自我形象管理

销售产品的过程也是销售自我的过程。销售工作最多的环节就是与人的沟通,销售工作也是接触的人最多、最复杂的工作。销售顾问的自身形象、自身修养、言行举止、文化素养都决定着销售最终能否成功。而对于企业来说,销售顾问是企业的窗口岗位,是企业的活动广告,销售顾问的形象就是企业的形象。为此,销售顾问在生活中要养成保持良好的自我形象的习惯,在工作中要时刻注意自我形象的管理。

7 自我财务管理

一个企业考虑的是短期的投资,长期的效益以及财务的收支合理。个人也是如此,私人财务的透支,能够直接影响生活状况,从而影响工作心态、工作效率。只有先管理好自己的财务,才能管理好客户的财务,帮客户出谋划策。个人财务混乱,表示个人心态浮躁、缺乏规划,目标不明确。

8 健康管理

身体是革命的本钱,身体健康也是良好工作的基础。健康管理不仅仅是我们的身体健康,我们的心理健康也尤为重要。在如今高速发展的时代,快速的生活节奏时刻压迫着我们的生活和心理,只有合理的饮食起居、及时的心理调整,才能保证高效率的工作。

健康管理的方法:了解健康常识,饮食营养搭配合理,坚持运动,睡眠充足,心态乐观,定期检查,疾病尽早治疗。

第三节 汽车销售顾问的职业生涯规划

"走好每一步,这就是你的人生。"人生之路说长也长,因为是一生意义的诠释,人生之路说短也短,因为生活的每一天都是你的人生。每个人都在设计自己的人生,都在实现自己的梦想。职业生涯规划是职业发展的核心,一个人事业的成败,很大程度上取决于有没有正确适当的目标。没有目标,如同驶入大海的孤舟,四野茫茫,没有方向;只有树立的目标,明确了职业规划,才能明确奋斗的方向,不断引导你取得事业的成功。

什么是职业生涯规划

有人曾问三个砌砖的工人:"你们在做什么?"
第一个工人说:"砌砖。"
第二个工人说:"我在挣工资。"
第三个人说:"我正在建造世界上最独特的房子。"
同样的工作,为什么三个人会有不同的理解?

每个人不同的职业生涯规划,决定不同的工作态度和工作心情。职业生涯规划是指个人和组织相结合,在对一个人职业生涯的主、客观条件进行测定、分析、总结研究的基础上,对自己的兴趣、爱好、能力、特长、经历及不足等各方面进行综合分析与权衡,结合时代特点,根据自己的职业倾向,确定其最佳的职业奋斗目标,并为实现这一目标做出行之有效的安排。对一个年轻人而言,职业选择是否适当,将影响其将来事业的成败、一生的幸福;对社会而言,个人择业是否适当,能决定社会人力供需是否平衡。如果每个人适才适所,则不仅每个人都有发展的前途,社会亦会欣欣向荣;相反的,则个人贫困,社会问题丛生。

通俗地讲,职业规划的意思就是:你打算选择什么样的行业,什么样的职业,什么样的组织,想达到什么样的成就,想过一种什么样的生活,如何通过你的学习与工作达到你的目标。

 为何要进行职业生涯规划

哈佛大学的专家曾经做过著名的调研,1953年召集100位大学生作了目标对人生影响的跟踪调查,调查对象是那些智力、学历和环境因素基本相同的学生(图6-7)。

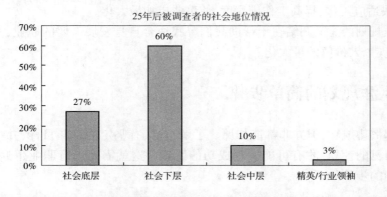

图6-7 哈佛大学调查分析图

25年之后,再对这些"年轻人"的生活进行调查。他们的状况如下:

3%有清晰且长期的目标的人,25年来几乎没有改变过自己的目标,并且向着这个目标不懈努力,最后,几乎都成为社会各界的精英、行业领袖。

10%有着清晰,但是短期目标的人,大部分生活在社会的中上层。他们的短期目标不断通过努力得以实现，生活水平稳步提高，成为社会各个行业中不可缺少的专业人士，如著名的医生、专家、学者、律师。

60%目标模糊的人，几乎都生活在社会的中下层面，虽然能够安稳地生活和工作，但是除此之外，没有其他特别的成绩。

27%没有目标的人，生活在社会的底层，经常处于失业状态，靠领取失业救济维持生活，对整个社会和世界充满怨恨。

凡事预则立，不预则废。人生需要有前进的方向和目标。没有了目标，我们就像轮船在大海里失去了航向和灯塔，会浪费大量的时间和精力。预先做好职业生涯规划，将个人生活、事业和家庭联系起来，会让以后的工作、生活充实而有条理。良好的职业生涯规划能为我们带来以下优势。

(1) 以既有的成就为基础，确立人生的方向，提供奋斗的策略。
(2) 突破生活的格线，塑造清新充实的自我。
(3) 准确评价个人特点和强项。
(4) 评估个人目标和现状的差距。
(5) 准确定位职业方向。
(6) 重新认识自身的价值并使其增值。
(7) 发现新的职业机遇。
(8) 增强职业竞争力。
(9) 将个人、事业与家庭联系起来。
(10) 扬长避短，发挥职业竞争力。
(11) 了解就业市场，科学合理地选择行业和职业。
(12) 提升个人实力，获得长期职业发展优势。
(13) 加快适应工作，提高工作满意度，使事业成功最大化。

职业生涯规划的意义归结在于帮助我们寻找适合自身发展需要的职业，实现个体与职业的匹配，体现个人价值的最大化。

三 职业生涯规划的简单步骤

每个人都渴望成功，但并非都能如愿。了解自己、有坚定的奋斗目标，并按照情况的变化及时调整自己的计划，才有可能实现成功的愿望。这就需要进行职业生涯的自我规划。职业生涯规划的步骤如下。

1 自我评估

自我评估的目的是认识自己、了解自己。因为只有认识了自己，才能对自己的职业作出正确的选择，才能选定适合自己发展的职业生涯路线，才能对自己的职业生涯目标作出最佳抉择。自我评估包括自己的兴趣、特长、性格、学识、技能、智商、情商、思维方式、思维方法、道德水准以及社会中的自我等。

2 职业生涯机会的评估

职业生涯机会的评估主要是评估各种环境因素对自己职业生涯发展的影响,每一个人都处在一定的环境之中,离开了这个环境,便无法生存与成长。所以,在制定个人的职业生涯规划时,要分析环境条件的特点、环境的发展变化情况、自己与环境的关系、自己在这个环境中的地位、环境对自己提出的要求以及环境对自己有利的条件与不利的条件等。只有对这些环境因素充分了解,才能做到在复杂的环境中避害趋利,使你的职业生涯规划具有实际意义。

环境因素评估主要包括组织环境、政治环境、社会环境、经济环境。

3 确定职业发展目标

俗话说:"志不立,天下无可成之事。"立志是人生的起跑点,反映着一个人的理想、胸怀、情趣和价值观。在准确地对自己和环境做出评估之后,我们可以确定适合自己、有实现可能的职业发展目标。在确定职业发展目标时,要注意自己性格、兴趣、特长与选定职业的匹配,更重要的是考察自己所处的内、外环境与职业目标是否相适应,不能妄自菲薄,也不能好高骛远。合理、可行的职业生涯目标的确立决定了职业发展中的行为和结果,是制定职业生涯规划的关键。

4 选择职业生涯发展路线

在职业确定后,向哪一路线发展,此时要作出选择,即是向行政管理路线发展,还是向专业技术路线发展,抑或是先走技术路线,再转向行政管理路线。由于发展路线不同,对职业发展的要求也不相同。因此,在职业生涯规划中,须作出抉择,以便使自己的学习、工作以及各种行动措施沿着你的职业生涯路线或预定的方向前进。通常职业生涯路线的选择须考虑以下三个问题。

(1)我想往哪一路线发展?
(2)我能往哪一路线发展?
(3)我可以往哪一路线发展?

对以上三个问题,进行综合分析,以此确定自己的最佳职业生涯路线。

5 制定职业生涯行动计划与措施

在确定了职业生涯的终极目标并选定职业发展的路线后,行动便成了关键的环节。这里所指的行动,是指落实目标的具体措施,主要包括工作、培训、教育、轮岗等方面的措施。对应自己的行动计划,可将职业目标进行分解,即分解为短期目标、中期目标和长期目标。其中,短期目标可分为日目标、周目标、月目标、年目标;中期目标一般为3~5年;长期目标为5~10年。分解后的目标有利于跟踪检查,同时可以根据环境变化制订和调整短期行动计划,并针对具体计划目标采取有效措施。职业生涯中的措施主要指为达成既定目标,在提高工作效率、学习知识、掌握技能、开发潜能等方面选用的方法。行动计划要对应相应的措施,要层层分解、具体落实,细致的计划与措施便于进行定时检查和及时调整。

6 评估与回馈

影响职业生涯规划的因素很多,有的变化因素是可以预测的,而有的变化因素难以预测。在此状态下,要使职业生涯规划行之有效,就必须不断地对职业生涯规划执行情况进行评估。首先,要对年度目标的执行情况进行总结,确定哪些目标已按计划完成,哪些目标未完成。然后,对未完成目标进行分析,找出未完成原因及发展障碍,制定相应解决障碍的对策及方法。最后,依据评估结果对下年的计划进行修订与完善。如果有必要,也可考虑对职业目标和路线进行修正,但一定要谨慎考虑。

四、职业生涯规划的基本原则

个人职业生涯规划应该遵守以下基本原则。

1 择己所爱

从事一项你所喜欢的工作。工作本身就能够带给你一种满足感,你的职业生涯也会从此变得妙趣横生。兴趣是最好的老师,是成功的必要条件。调查表明,兴趣与成功概率有着明显的正比关系。在设计规划自己的职业生涯时,务必要考虑自己的特点,珍惜自己的兴趣,选择自己所爱好的职业。

2 择己所长

任何职业都会要求从业者擅长一项能力,具备一定的条件,而一个人一生中肯定不能将所有技能都掌握,各有所长,所以你在选择职业时要突出自己的特长,最大可能地发挥自己的优势。要充分分析自己能够做什么,擅长做什么,再来做职业的抉择。

3 择己所需

社会的需求不断变化,以前的市场需求不一定是现在的市场所需求,新的人才需求不断产生。所以在设计自己的职业生涯时,必须将自身的需求、市场的需求、社会的需求综合的考虑,力求目光长远,能够准确抓住市场动向,尽可能地保持事业的生命力。

4 择己所利

职业最终还是个人的谋生的手段,其目的是通过个人努力创造个人幸福。所以,你在择业时,预期的收益是重要的考虑部分。明智的考虑是在收入、社会地位、成就感和工作付出等综合因素中实现幸福最大化。

五、职业生涯路线

个人职业生涯应该如何设计?我们可以选择一些常用的设计方法:家庭事业继承法、效仿成功人士法、典型案例分析法、他人指导法、自我分析法、综合法。

职业目标确定之后,发展路线就是关键。路线不同,实现目标的途径与速度就不同。职业发展路线的设计,要遵循可行、快速、经济的原则进行。

1 职业生涯设计路线类型(表6-1)

职业生涯设计路线类型　　　　　　表6-1

专业类型	性格	兴趣	思维能力	适合的职业	生涯路线
工具(语言、计算机、法律等)类	外向	与人打交道	直觉型,善于沟通、组织、协调	文化、教育、外贸、企业、政府文员、翻译、律师等	文员(翻译)—助理—经理(主管)—总经理(经纪人)—顾问
	内向	与事物打交道	思考型,善于从事操作性工作	语言文学研究、文学创作、文学翻译、法规研究	文字翻译—资料员—研究员—文学家(翻译家)
社科类	外向	与人打交道	直觉型,沟通、组织能力强	政府、福利、服务、事业、文化、教育调研员	公务员—政府部门主管—高级主管
	内向	与事物打交道	抽象思维能力强	社科研究,调研员、专家、学者等	助理研究员—研究员—社会科学家
研究类	外向	与自然打交道	直觉型,思维、想象能力强	天文、地质、宇宙、环境学研究	助理研究员—研究员—自然科学家
	内向	与理论打交道	逻辑思维、抽象能力强	物理、化学、数学	助理研究员—研究员—理论科学家
经营类	外向	与人打交道	判断型,善于沟通、推广、协调	经济、外贸、经营类企业职员、销售员、文员等	文员—经理助理—经理—总经理—企业家顾问
	内向	与业务打交道	思考型,善于从事操作性工作	出纳、会计、统计、管理员、质检员、策划员等	文员—经理助理—经理—总监(CFO)
管理类	外向	与人打交道	直觉型,沟通、组织、协调能力强	政府、福利、服务、文化、教育、企业等部门人力资源管理、行政管理	公务员—部门主管—主管—高级主管(CEO)
	内向	与事物打交道	思考型,学习、实践能力强	管理科学研究,专家、学者、教育工作者等	助理研究员—研究员—社会科学家—教育家
艺术类	外向	表演	情感型,艺术表演才能强	演员、歌手、乐手、舞蹈	演员—著名演员—艺术家
	内向	创作	情感型,创造性思维能力强	文艺创作、剧作家、雕塑家、画家、艺术家	创作员—剧作家—艺术评论家

2 职业生涯规划综合路线图(图6-8)

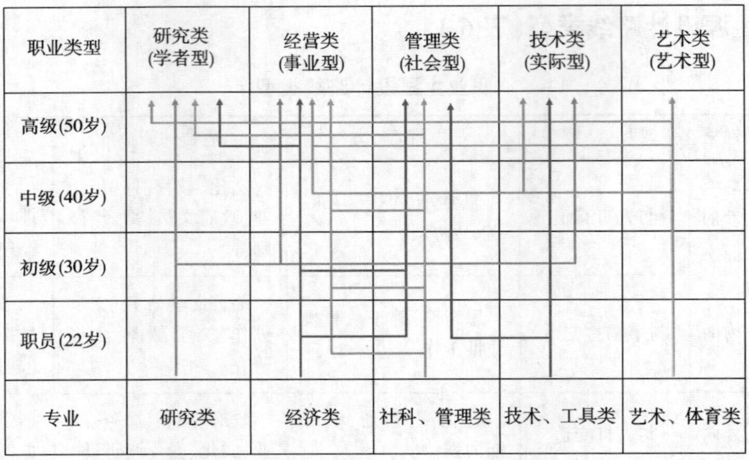

职业类型	研究类 (学者型)	经营类 (事业型)	管理类 (社会型)	技术类 (实际型)	艺术类 (艺术型)
高级(50岁)					
中级(40岁)					
初级(30岁)					
职员(22岁)					
专业	研究类	经济类	社科、管理类	技术、工具类	艺术、体育类

图6-8 职业生涯规划综合路线图

3 绘出你的职业发展蓝图

(1) 在大白纸上画出你的职业发展蓝图,说明各个阶段所要达到的目标及路径。

(2) 标明达到各级目标的预期时间、手段和保障措施。

(3) 把它挂在你的卧室里,每天早晚各看一次。早晨看时,要想今天应该做什么;晚上看时,要想今天的目标实现了吗。

(4) 让它成为你行动的指路明灯。

六 汽车销售顾问的职业规划

1 选择汽车销售之前的思考

选择汽车销售顾问这个职业之前,你需要做全面考虑,具体有以下建议。

(1) 良好健康的身体条件,要做好行千里路的思想准备。

(2) 百折不挠,愈挫愈勇,不服输的精神和顽强的毅力。

(3) 首先要是一个很好的听众,耐心倾听客户所讲的故事。一般他们都会讲他们的发家史。

(4) 诚恳朴实的工作态度。让人感到你讲的话可信,没有太多水分。

(5) 敏锐的洞察力。客户的一言一行,甚至于每一个细小的动作,能够感知他内心深处所思考的东西,以便于对症下药。

(6) 灵活清醒的大脑。任何时候都要保持高度清醒的头脑,所以酗酒是销售人员的大忌。

(7) 良好的口才。流利的语言表达能力是每一个销售人员都应该具备的首要条件。口才好并不等于要跟客户顶牛、激辩、强词夺理。记住：客户永远是对的！他有权力选择要不要与你合作。

(8) 换位思考的习惯。有时站在客户的立场去思考问题，所讲的话更容易被对方接受，让对方感到跟你合作将会是双赢的结果。

(9) 良好的心态。不要总是看别人的成功，却看不到别人成功背后的故事，看到别人住豪宅、开名车心里就不平衡。盲目攀比、嫉妒、浮躁，是销售员的大忌。记住：李嘉诚在当年也是从业务员做起来的。

(10) 严谨有尺，幽默有度。整天嘻嘻哈哈给人一种不办实事、不靠谱的感觉，反之，成天板着一张脸则给人一种压抑、透不过气的感觉。工作时认真，不失时机地开上几个玩笑，会让你的谈判事半功倍。

(11) 不断学习的能力。市场日新月异，科技飞速发展，新的知识层出不穷，只有不断地学习提高，走在市场的最前端，才能保持销售的生命力。

2 销售职业的优势

销售可以改变你的人生。因为销售不同于其他的职业，有人说销售是世上最伟大的职业，此话一定有其道理。销售决定企业的生存，销售决定利润的实现。从事销售工作的人会收获人生发展中重要而有意义的素质品质。

(1) 销售会培养人对目标导向的认识，习惯性思考、智慧决策。

(2) 销售会使人树立效率第一的观念，拥有敢于竞争的优秀品质。

(3) 销售会成就人多维度的人际关系，拥有合作双赢的现代观念。

3 销售的职业发展与职业机遇

(1) 顺行梯队：一个高端销售的能力并不比一个部门总监能力差，工作回报也不菲。另外，销售工作也是需要战略与战术的，职业机会的增加与销售能力的提升是成正比的，销售工作也是每天都会充满挑战的，所以销售是值得做一生的职业。

(2) 并行梯队：销售人员中，总有很多人由于卓越的能力、突出的业绩而被赋予更大的权力和责任，到公司的其他重要部门承担职责，比如市场部、客服部，甚至人力资源部等领域。另有诸多事实表明，销售工作培养出来的优秀人才都是商场的高手，自己创业的成功率相比其他职业要高很多。在全球500强的企业当中，大多数的CEO都是销售出身，由此可见，销售是一个充满了机遇和挑战的职业。

中国的汽车行业正在高速发展，对职业的汽车销售顾问的需求日趋旺盛，一个优秀的销售顾问将是市场供不应求的人才，在中国将拥有光明的前程。

知识拓展：职业生涯规划

根据个人的特点进行个人自我分析，做一份10年的职业生涯规划，明确每一个阶段的任务以及达到目标的方法。

个人评估：销售顾问评估方法

一、目的

销售顾问评估问卷的目的在于帮助销售人员自我理解，作为提升自己、发展未来的参考，本项评估与销售人员的绩效考核无关。请销售人员务必真实回答评估问题。

二、评估项目（销售顾问的七个核心实力）

(1) 沟通和人际关系方面的表现。

(2) 工作动机、学习意愿、任职准备。

(3) 思维敏捷（灵活性）。

(4) 独立和系统性行事的能力。

(5) 与人合作的团队协作能力。

(6) 个人素质。

(7) 运用各种销售方法的能力。

三、评估标准

每项评分1~6分。（6分，优；5分，好；4分，尚可；3分，不足；2分，弱；1分，很弱）

沟通和人际关系方面的表现

序号	项目	评分
1	外表/举止/个性	
2	进行接触和建立关系的能力	
3	口头表述能力/手势/面部表情、身体语言	
4	组织和控制谈话的能力	
5	自尊/接纳/面对面接触/接听电话的礼仪/积极的倾听	
6	雄辩能力和展现热情的能力	

评判方法：

(1) 通过对销售顾问的观察。

(2) 提问：客户进展厅后，你将通过何种手段来迅速拉近与客户的距离？（请举例说明）

(3) 提问：你觉得你的外表、举止、个性有哪些方面可以吸引他人？（同时进行观察）

(4) 给你2min，讲出你作为汽车销售顾问的优势。

(5) 观察（整个评判活动结束后，给出评判）。

(6) 给你2min，请讲出你的业余爱好是什么？为什么喜欢？你要让我也喜欢。

工作动机、学习意愿、任职准备

序号	项目	评分
1	职业价值	
2	清晰的事业发展目标	
3	服务态度	
4	学习的意愿	
5	奉献精神/准备承担责任/主动性	

评判方法：

(1) 你为什么选择汽车销售工作？什么样的销售代表才算是优秀？

(2) 在汽车销售行业里，你的工作预期目标是什么？你觉得要达到最近的职业目标，你还欠缺什么？

(3) 你每月成交客户的转介绍率是多少？给你2min，请你具体阐述一下，在不占用公司资源的前提下，如何来提升你个人的客户满意度？

(4) 你们公司销售最好的销售顾问是谁？你有没有单独向他进行过请教？

(5) 你最近一次帮助同事是什么时候？帮助的具体内容是什么？你当时是怎么想的？

思维敏捷(灵活性)

序号	项目	评分
1	创造能力(想象力)	
2	解决问题的能力(适应新环境)	
3	学习能力	

评判方法：

(1) 请你简述你从事销售以来最有创意的一次成交。

(2) 同时来两个客户，一个是签单，一个是交车，此时你应该怎样处理？

(3) 你是如何学习改进的？

独立和系统性行事的能力

序号	项目	评分
1	自我组织/运用各种方法完成任务的能力	
2	独立、自主	
3	个人的见解	
4	决策能力	

评判方法：

(1) 交车前突遇车辆出现故障(例如发现漆面受损)，此时公司的领导都不在公司，请问此时你将如何处理？收到一张假钱，你如何处理？

(2) 如果和同事一起去吃饭，你喜欢提出建议吗？

(3) 对于销售工作，你个人有什么独到的见解？

(4) 你在做销售的时候，遇到最难搞定的客户，你是如何搞定的？

与人合作的团队协作能力

序号	项目	评分
1	为实现共同利益而努力/与其他人融为一体	
2	处理分歧/接受批评的能力	
3	平衡利益/达成一致意见的能力	
4	宽容和接纳(态度)	
5	对团队工作的态度	

评判方法：

案例：最近半年内，有没有其他同事托付你帮助工作的？你具体是怎么做的？

第六章 汽车销售顾问的自我管理与提升

最近半年内,你有没有拜托其他同事帮助你工作的?你具体是怎么做的?
如果你的同事拒绝或工作没有达到你的要求,或对你帮他做的事情不满意,你怎么办?

个人素质

序号	项目	评分
1	具有说服力/给人信服的印象	
2	可信/值得信赖	
3	真诚的举止表现	
4	替别人着想	
5	可靠	
6	适应性强	

评判方法:
2、3、4、5、6题的评分根据前面问题的回答,综合评分。第1题可参考下面的"影响力"评测题。

"影响力"评测题

1. 在哪种情况下,人们更有可能被缺乏说服力而不是更具有说服力的证据所说服?
   A. 赶时间
   B. 对该话题根本不感兴趣
   C. 对该话题的兴趣一般
   D. A 和 B

2. 假设你正试着将拥有三种不同价位的同一产品(经济型、普通型、豪华型)推销给客户。研究表明在哪种情况下,你的销售成功率会更大?
   A. 从价格最便宜的产品开始,然后向上销售
   B. 从价格最贵的产品开始,然后向下销售
   C. 从价格适中的产品开始,然后让客户自己决定需要买哪一种

3. 研究表明,通常情况下,自尊与被说服之间的关系是_____。
   A. 自尊心不强的人,最容易被说服
   B. 自尊心一般的人,最容易被说服
   C. 自尊心强的人,最容易被说服

4. 假设你是一位理财顾问,你认为你的一位客户在投资方面太过保守。为了说服他投资风险较高、回报也较高的项目,你应该注重讲述_____。
   A. 与他相似的人是如何犯同样的错误的
   B. 如果他在那些风险更大的项目上投资,他会得到什么
   C. 如果他没有在那些风险较大的项目上投资,他会失去什么

5. 如果你有一则新消息,你会在什么时候说出它是新消息?
   A. 在讲述这则消息之前
   B. 在讲述这则消息当中

C. 在讲述完这则消息之后

D. 你不会提到这是一则新消息的

6.假设你正在介绍你的方案,而且你马上就要讲到关键内容了,这一部分包括那些极具说服力的用以支持你的观点的论据。请问,讲到这一部分时,你的语速会有多快?

A. 你的语速特别快

B. 你的语速稍微快一点

C. 你的语速适中

D. 你的语速很慢

正确答案:

1. D
2. B
3. B
4. C
5. A
6. D

你做得如何?(你可以利用下列方式鼓励一下被测人员)

(1)如果你答对了6个问题,你绝对是一个让人顺从的天才。你的影响力已经足够了。

(2)如果你答对了5个问题,说明你的说服力令人印象深刻。

(3)如果你答对了4个问题,说明你很擅长说服他人。

(4)如果你答对了3个问题,说明你需要采取一些改进措施。

(5)如果你答对的问题少于3个,我想说的是,如果我是销售员,我很愿意向你推销。

运用各种销售方法的能力

序号	项目	评分
1	理解需求分析的能力	
2	提建议的能力	
3	谈判及达成交易的能力	
4	准备和追踪客户信息的能力	
5	运用销售工具和知识的能力	
6	有效利用资源、系统的能力	

评判方法:

(1)在需求分析时,你都会向客户提哪些问题?

(2)针对你们公司市场部的活动,你有什么好的建议?

(3)你讨厌客户跟你讨价还价吗?你的绝招是什么?

(4)你在对客户进行回访时,都是如何与客户进行沟通的?请讲述具体案例。

(5)请检查销售顾问的"销售手册"。

(6)如果你的报价比其他竞争对手高出500元,你将如何来与客户进行沟通?你们公司的售后现在有哪些优惠活动?你们的售后服务在当地有哪些优势?

参考文献

[1] 彭朝晖.汽车配件管理与营销[M].北京:人民交通出版社,2011.
[2] 王彦峰.汽车营销[M].北京:人民交通出版社,2010.
[3] 刘有星,钟声.汽车配件管理[M].北京:人民交通出版社,2010.
[4] 石虹,胡伟.汽车营销礼仪[M].北京:北京理工大学出版社,2010.
[5] 李刚.汽车及配件营销实训[M].北京:北京理工大学出版社,2009.
[6] 韩宏伟.4S店必修课之销售篇:汽车销售流程及其应用[M].北京:北京大学音像出版社,2009.
[7] 孙路弘.汽车销售的第一本书[M].北京:中国人民大学出版社,2008.
[8] 戚叔林.汽车市场营销[M].北京:机械工业出版社,2010.
[9] 付慧敏,罗汉,郭玲.汽车营销实务[M].北京:教育科学出版社,2015.
[10] 杨运来,张燕,付昌星.汽车营销[M].长春:吉林大学出版社,2016.
[11] 陈斌,杨雪,张贺.汽车销售实务[M].北京:北京理工大学出版社,2015.